홀로 하는 공부라서 외롭지 않게 사람in이 동행합니다.

거의 모든 **행동**
표현의 스페인어

콘텐츠 기획 서영조

한국외국어대학교 영어과, 동국대학교 대학원 연극영화과를 졸업했다. 영어 교재
출판 분야에서 유익한 영어 학습 콘텐츠를 개발해 왔고, 전문 번역가로서
영어권 도서들과 부산국제영화제를 비롯한 여러 영화제 출품작들을 번역하고 있다.
저서로《영어 회화의 결정적 단어들》,《영어 문장의 결정적 패턴들》,《여행 영어의 결정적 패턴들》,
《거의 모든 행동 표현의 영어》 등이 있다.

스페인어 집필 설주희

한국외국어대학교 스페인어과를 졸업했다. 세계장애인대회 스페인어권 국가대표 회의에서 통역했다.
LG 몬테레이(멕시코) 법인에서 4년간 근무했으며, 다수의 스페인어 교재 편집에 참여했다.

스페인어 감수 Alejandro Sanchez Sanabria

통번역 학사. 외국인 대상 스페인어 교육 석사. 한국외대, 전북대와 덕성여대, 스페인 정부 문화 센터인
Instituto Cervantes에서 강사를 역임했다. 한국 정부와 회사 관련 프로젝트의 번역 업무에 참여했다.

거의 모든 행동 표현의 스페인어

지은이 서영조, 설주희
초판 1쇄 인쇄 2023년 3월 20일
초판 1쇄 발행 2023년 4월 3일

발행인 박효상   **편집장** 김현   **기획 · 편집** 장경희, 김효정   **디자인** 임정현
본문 · 표지디자인 고희선   **조판** 조영라
마케팅 이태호, 이전희   **관리** 김태옥

종이 월드페이퍼   **인쇄 · 제본** 예림인쇄 · 바인딩

출판등록 제10-1835호   **발행처** 사람in   **주소** 04034 서울시 마포구 양화로 11길 14-10 (서교동) 3F
전화 02) 338-3555(代)   **팩스** 02) 338-3545   **E-mail** saramin@netsgo.com
Website www.saramin.com

ISBN
978-89-6049-996-6 14770
978-89-6049-936-2 세트

우아한 지적만보, 기민한 실사구시 사람in

거의 모든 행동 표현의 스페인어

이런 행동은 스페인어로 뭐라고 하지?

궁금증이 시원하게 풀립니다!

축구를 하다
JUGAR al fútbol

커피를 내리다
hacer CAFÉ

옷을 수선하다
ARREGLAR la ropa

채소를 따다, 뜯다
RECOGER VERDURAS

Recojo verduras en el jardin y preparo una ensalada.

시선 [눈길]을 돌리다
evitar [apartar] la mirada

유튜브 영상을 보다

IR HACIA ATRÁS
후진하다 EL VEHÍCULO

데이트 신청을 하다
pedir una cita a ~

ver un vídeo en YouTube

De ACCIÓN

서영조 * 설주희 지음 | Alejandro Sánchez Sanabria 감수

사람in

이런 행동은 스페인어로 어떻게 표현할까?

스페인어를 처음 배우는 분들은 대개 학습용 표현을 많이 익힙니다. 소위 말하는 학습 교재에서 볼 수 있는 표현들이지요. 그래서 공부하는 년수가 늘수록 꽤 어렵고 고급 수준의 단어들을 구사하기도 합니다. 그런데 어려운 단어들은 스페인어로 뭔지 잘 알지만, '몸을 왼쪽으로 돌리다', '팔을 뻗다', '어깨가 뻐근하다'처럼 일상에서 자주 쓰는 표현들은 어떻게 표현하는지 모르는 경우가 다반사입니다.

이 책은 바로 그런 일상의 행동들을 스페인어로 어떻게 표현하는지 알려 주는 책입니다. 그런데 '스페인어 행동 표현들을 따로 배워야 하나?' 하고 생각하는 분들이 계실지도 모릅니다. 그 의문에 바로 답하자면 '그렇습니다.'입니다. 행동 표현들은 스페인어 회화, 즉 스페인어로 하는 대화의 많은 부분을 차지합니다. 우리가 같은 한국인들끼리 어떤 대화를 주고받는지 생각해 보세요. 아침에 출근해서는 어제 잠이 안 와 뒤척였다거나, 지하철을 놓쳤다거나 하는 말을 합니다. 주말에 뭐 했느냐는 대화를 하면서는 넷플릭스로 영화를 봤다거나, 캠핑을 다녀왔다거나 하는 얘기를 나누죠. 친구의 전화를 받으면서는 지금 빨래를 널고 있었다거나, TV를 보며 저녁을 먹고 있었다고 말합니다. 모두 행동을 표현하는 말들입니다.

대화하는 동료나 친구가 외국인이어도 마찬가지입니다. 하는 말이 한국어에서 스페인어로 바뀔 뿐 내용은 크게 다르지 않습니다. 그러니 스페인어 회화를 잘하려면 우리가 하는 행동을 스페인어로 자유롭게 표현할 수 있어야 합니다. 이 책은 그런 스페인어 행동 표현들을 한데 모아 두어 여러분에게 지름길을 제시하는 책입니다.

사람들은 자신에게 친근한 것을 기반으로 학습할 때 새로운 내용을 쉽게 받아들이고 그다음 단계로 나아갈 수 있습니다. 스페인어 단어를 학습할 때는 자기 주변의 일상적인 단어들부터 점차 고급 어휘로 범위를 넓혀 갑니다. 스페인어 회화도 자신에게 익숙하고 친근한 내용부터 시작해서 점차 추상적인 내용으로 나아가야 합니다. 평생 한 번 쓸까 말까 한 내용은 나중으로 미루고, 피부에 와 닿는 익숙하고 일상적인 '행동'들을 스페인어로 표현하는 것부터 시작하는 게 바람직합니다.

남들이 많이 하지 않는 언어를 선택해 공부하기에 대부분의 스페인어 학습자들이 스페인어를 잘하고 싶어 합니다. 한 언어를 잘한다고 가늠하는 기준은 여러 가지가 있을 수 있지만, 가장 기본은 하고 싶은 말을 막히지 않고 잘하는 것일 겁니다. 이 또한 다양한 스페인어 행동 표현을 알아야 하는 이유가 됩니다. 내가 했던, 내가 하는, 내가 할 '행동'을 스페인어로 명확하게 표현할 수 있다면 한 단계 높은 회화의 세계로 나아갈 기초는 마련된 것입니다.

이런 점들에 입각하여 《거의 모든 행동 표현의 스페인어》는 스페인어 회화의 기초가 될 수 있는 표현들을 크게 '신체 부위 행동 표현', '일상생활 속 행동 표현', '사회생활 속 행동 표현'으로 나누어 그림과 함께 제시합니다. 친숙한 표현들과 그에 맞는 그림들은 공부한다는 부담 없이 내용을 쉽게 받아들이고 기억하게 해 줄 것입니다. 그림을 넘겨보는 재미에 '아, 이런 행동은 스페인어로 이렇게 표현하는구나!' '아, 이런 행동까지 스페인어로 표현해 놨네?' 하는 감탄이 더해질 것입니다.

부탁드릴 것은 이 책에 있는 표현 하나하나를 다 외우겠다는 부담이나 욕심은 버리세요. 이 페이지 저 페이지 관심 가는 곳을 펼쳐 보면서 학습하세요. 궁금한 표현이 있으면 인덱스에서 찾아보세요. 그렇게 학습하다 보면 어느새 많은 스페인어 행동 표현들이 여러분의 것이 되어 있는 걸 발견하실 겁니다. 여러분의 스페인어 학습을 응원합니다!

이 책은 총 3부, 17장으로 이루어져 있습니다. PARTE 1은 우리의 신체 부위를 이용한 행동 표현을, PARTE 2는 일상생활 속 행동 표현을, PARTE 3는 사회생활 속 행동 표현을 다루고 있습니다.

이 책은 반드시 처음부터 끝까지 보아야 하는 책은 아닙니다. 물론 앞에서부터 차근차근 학습하는 게 좋은 분들은 그렇게 하셔도 좋습니다. 하지만 그렇게 하지 않아도 됩니다. 목차를 보고 눈길이 가는 부분이나 어떤 내용일지 궁금한 부분을 펼쳐서 먼저 공부하고, 또 다른 궁금한 부분으로 넘어가서 학습하면 됩니다. 그리고 스페인어로 궁금한 표현이 있다면 언제든 인덱스에서 찾아보면 되고요.

첫술에 배부를 수 없다는 건 스페인어 공부에서도 절대적인 진리입니다. 이 책은 한 번 읽었다고 끝이 아니라 여러 번 반복해서 읽어야 합니다. 이미 알고 있는 표현이라면 확인만 하고 넘어가고, 모르던 표현일 경우에는 여러 번 반복해 읽어서 자기 것으로 만들어야 합니다. 이때 머릿속으로만 읽지 말고 입으로 소리 내어 읽는 게 훨씬 효과적입니다.

추천하는 학습 방법은 각각의 한국어 표현을 읽고 스페인어로는 어떻게 말할지 생각해 본 다음 책에 나와 있는 스페인어 표현을 확인해 보는 것입니다. 학습이 어느 정도 이루어졌다는 생각이 들면 인덱스에 있는 한국어 표현을 보면서 스페인어로 말해 보고, 스페인어 표현을 보면서 우리말 뜻을 말해 보는 훈련을 하세요. 스페인어 행동 표현을 온전히 자기 것으로 만드는 과정이 될 것입니다.

스페인어 회화 실력 향상에 꼭 필요한《거의 모든 행동 표현의 스페인어》는
다음과 같이 구성되어 있습니다.

본문의 스페인어 표현과 FRASES PARA USAR의 스페인어 문장을 원어민이 정확한 발음으로 녹음했습니다.

본문은 우리말–스페인어 표현 순으로 제시됩니다. 표현에서 ducharse con agua caliente/fría처럼 /는 ducharse con agua caliente, ducharse con agua fría처럼 같은 위치의 단어를 해당 단어로 대체하면 다른 의미의 표현이 된다는 뜻입니다.

sumergirse en una[la] bañera는 sumergirse en una bañera, sumergirse en la bañera로 다른 단어를 대입해도 의미가 변하지 않는걸 의미합니다. 이 경우, sumegirse en una bañera 하나만 녹음했습니다.

FRASES PARA USAR는 위에서 배운 표현이 실제 회화 문장에서 쓰이는 예를 보여줍니다. 때에 따라 표현의 다양성을 위해 위에 제시한 것 외에 다른 표현을 쓰기도 했습니다.

어느 정도 학습이 되었다고 판단되면 인덱스의 한국어 부분을 보면서 스페인어 표현을, 스페인어 부분을 보면서 우리말 표현을 말해 보세요. 이렇게 하면 여러분의 어휘 실력이 몰라볼 만큼 성장할 것입니다.

들어가는 글　　**4**
이 책의 구성과 활용법 ⋯⋯⋯⋯⋯⋯⋯⋯⋯⋯⋯⋯⋯⋯⋯⋯⋯⋯⋯⋯ **6**

PARTE 1 　　　　　　　　　신체 부위 행동 표현

CAPÍTULO 1　얼굴 LA CARA

UNIDAD 1　고개(La cabeza) ⋯⋯⋯⋯⋯⋯⋯⋯⋯⋯⋯⋯⋯⋯⋯⋯ **16**
UNIDAD 2　머리(La cabeza, El cerebro) ⋯⋯⋯⋯⋯⋯⋯⋯⋯⋯ **17**
UNIDAD 3　머리(El cabello, El pelo) ⋯⋯⋯⋯⋯⋯⋯⋯⋯⋯⋯ **18**
UNIDAD 4　이마(La frente), 눈썹(La ceja) ⋯⋯⋯⋯⋯⋯⋯⋯ **20**
UNIDAD 5　눈(dos ojos), 코(La nariz) ⋯⋯⋯⋯⋯⋯⋯⋯⋯⋯ **21**
UNIDAD 6　입(La boca), 입술(El labio) ⋯⋯⋯⋯⋯⋯⋯⋯⋯⋯ **24**
UNIDAD 7　혀(La lengua), 치아(Dos dientes) ⋯⋯⋯⋯⋯⋯⋯ **26**
UNIDAD 8　귀(La oreja), 턱(La barbilla), 볼·뺨(La mejilla) ⋯ **28**
UNIDAD 9　목(El cuello, La garganta) ⋯⋯⋯⋯⋯⋯⋯⋯⋯⋯ **30**
UNIDAD 10 얼굴 표정(La expresión facial) ⋯⋯⋯⋯⋯⋯⋯⋯ **31**

CAPÍTULO 2　상반신 EL CUERPO SUPERIOR

UNIDAD 1　어깨(El hombro) ⋯⋯⋯⋯⋯⋯⋯⋯⋯⋯⋯⋯⋯⋯⋯ **34**
UNIDAD 2　팔(El brazo), 팔꿈치(El codo) ⋯⋯⋯⋯⋯⋯⋯⋯⋯ **35**
UNIDAD 3　손목(La muñeca), 손(La mano), 손등(El dorso de la mano), 손바닥(La palma) **38**
UNIDAD 4　손가락(El dedo), 손톱(La uña) ⋯⋯⋯⋯⋯⋯⋯⋯⋯ **41**
UNIDAD 5　등/허리(La espalda), 허리(La cintura), 배(El abdomen, El vientre) ⋯⋯ **43**

CAPÍTULO 3　하반신 EL CUERPO INFERIOR

UNIDAD 1　엉덩이(La cadera, El trasero), 골반(La pelvis) ⋯ **48**
UNIDAD 2　다리(La pierna), 허벅지(El muslo) ⋯⋯⋯⋯⋯⋯⋯ **49**
UNIDAD 3　무릎(La rodilla), 종아리(La pantorrilla), 정강이(La espinilla) ⋯ **52**
UNIDAD 4　발(El pie), 발목(El tobillo), 발바닥(La planta del pie), 발꿈치(El talón) ⋯ **54**
UNIDAD 5　발가락(El dedo del pie), 발톱(La uña del pie) ⋯ **57**

CAPÍTULO 4　전신 TODO EL CUERPO

UNIDAD 1　움직임과 자세 ⋯⋯⋯⋯⋯⋯⋯⋯⋯⋯⋯⋯⋯⋯⋯⋯ **60**
UNIDAD 2　몸 관리 ⋯⋯⋯⋯⋯⋯⋯⋯⋯⋯⋯⋯⋯⋯⋯⋯⋯⋯⋯ **63**
UNIDAD 3　기타 ⋯⋯⋯⋯⋯⋯⋯⋯⋯⋯⋯⋯⋯⋯⋯⋯⋯⋯⋯⋯ **65**

PARTE2   일상생활 속 행동 표현

CAPÍTULO 1   의 LA ROPA

UNIDAD 1 옷 입기 70

UNIDAD 2 옷 관리 73

UNIDAD 3 옷 수선, 바느질, 옷 만들기 75

UNIDAD 4 셀프 빨래방 이용법 76

CAPÍTULO 2   식 LA COMIDA

UNIDAD 1 식재료 손질, 보관 80

UNIDAD 2 음식 조리 82

UNIDAD 3 주방용품, 조리 도구 사용 85

UNIDAD 4 음식 먹기, 대접하기 87

CAPÍTULO 3   외식 COMER AFUERA

UNIDAD 1 카페에서 92

UNIDAD 2 음식점에서 94

CAPÍTULO 4   주 LA VIVIENDA

UNIDAD 1 장소별 행동 ① – 침실 100

UNIDAD 2 장소별 행동 ② – 거실, 서재 102

UNIDAD 3 장소별 행동 ③ – 주방 104

UNIDAD 4 장소별 행동 ④ – 욕실 106

UNIDAD 5 장소별 행동 ⑤ – 세탁실, 베란다, 창고 108

UNIDAD 6 장소별 행동 ⑥ – 주차장/차고, 옥상, 마당 110

UNIDAD 7 집 청소, 기타 집안일 111

UNIDAD 8 가전제품 사용 113

UNIDAD 9 집 관리, 집수리, 인테리어 116

CAPÍTULO 5   건강, 질병 LA SALUD, LA ENFERMEDAD

UNIDAD 1 생리현상 122

UNIDAD 2 통증, 상처, 치료 124

UNIDAD 3 병원 – 진료, 검사 129

UNIDAD 4 병원 – 입원, 수술 132

UNIDAD 5 체중 감량 136

UNIDAD 6 죽음 138

PARTE 3

사회생활 속 행동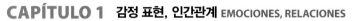

CAPÍTULO 1 감정 표현, 인간관계 EMOCIONES, RELACIONES

UNIDAD 1 감정 표현, 태도 ···································· 146

UNIDAD 2 관계, 갈등 ···································· 149

UNIDAD 3 연애, 결혼, 이혼 ···································· 150

CAPÍTULO 2 일, 직업 TRABAJO, EMPLEO

UNIDAD 1 사무직 ···································· 154

UNIDAD 2 서비스직 ···································· 160

UNIDAD 3 제조업 ···································· 162

UNIDAD 4 농업, 수산업 ···································· 164

UNIDAD 5 경제 활동 전반 ···································· 167

CAPÍTULO 3 쇼핑 COMPRAS

UNIDAD 1 오프라인 쇼핑 ① – 편의점, 슈퍼마켓, 재래시장, 대형 마트 ······· 170

UNIDAD 2 오프라인 쇼핑 ② – 각종 상점, 백화점, 면세점 ··············· 172

UNIDAD 3 미용 서비스 시설 이용 ···································· 173

UNIDAD 4 온라인 쇼핑 ···································· 175

CAPÍTULO 4 출산, 육아 NACIMIENTO, CRIANZA

UNIDAD 1 임신, 출산 ···································· 180

UNIDAD 2 육아 ···································· 184

CAPÍTULO 5 여가, 취미 OCIO, AFICIONES

UNIDAD 1 여행 ···································· 192

UNIDAD 2 TV, 유튜브, 넷플릭스 ···································· 198

UNIDAD 3 스포츠, 운동 ···································· 200

UNIDAD 4 등산, 캠핑 ···································· 202

UNIDAD 5 호캉스, 해수욕 ···································· 205

UNIDAD 6 영화, 연극, 뮤지컬 ···································· 208

UNIDAD 7 음악, 콘서트 ···································· 211

UNIDAD 8 미술, 전시회, 사진 ···································· 212

UNIDAD 9 반려동물 ···································· 214

CAPÍTULO 6   스마트폰, 인터넷, 소셜 미디어 TELÉFONO INTELIGENTE, INTERNET, SNS

UNIDAD 1   전화, 스마트폰 ⋯⋯⋯⋯⋯⋯⋯⋯⋯⋯⋯⋯⋯⋯⋯⋯ 218

UNIDAD 2   인터넷, 이메일 ⋯⋯⋯⋯⋯⋯⋯⋯⋯⋯⋯⋯⋯⋯⋯⋯ 221

UNIDAD 3   소셜 미디어(SNS) ⋯⋯⋯⋯⋯⋯⋯⋯⋯⋯⋯⋯⋯⋯ 225

CAPÍTULO 7   대중교통, 운전 TRANSPORTE PÚBLICO, CONDUCCIÓN

UNIDAD 1   버스, 지하철, 택시, 기차 ⋯⋯⋯⋯⋯⋯⋯⋯⋯⋯ 230

UNIDAD 2   비행기, 배 ⋯⋯⋯⋯⋯⋯⋯⋯⋯⋯⋯⋯⋯⋯⋯⋯⋯⋯ 234

UNIDAD 3   운전 ⋯⋯⋯⋯⋯⋯⋯⋯⋯⋯⋯⋯⋯⋯⋯⋯⋯⋯⋯⋯ 236

UNIDAD 4   차량 관리(주유, 세차, 정비) ⋯⋯⋯⋯⋯⋯⋯ 242

CAPÍTULO 8   사회, 정치 SOCIEDAD, POLÍTICA

UNIDAD 1   사고, 재해 ⋯⋯⋯⋯⋯⋯⋯⋯⋯⋯⋯⋯⋯⋯⋯⋯⋯ 246

UNIDAD 2   범죄 ⋯⋯⋯⋯⋯⋯⋯⋯⋯⋯⋯⋯⋯⋯⋯⋯⋯⋯⋯⋯ 250

UNIDAD 3   법, 재판 ⋯⋯⋯⋯⋯⋯⋯⋯⋯⋯⋯⋯⋯⋯⋯⋯⋯⋯ 254

UNIDAD 4   선거, 투표 ⋯⋯⋯⋯⋯⋯⋯⋯⋯⋯⋯⋯⋯⋯⋯⋯⋯ 256

UNIDAD 5   종교 ⋯⋯⋯⋯⋯⋯⋯⋯⋯⋯⋯⋯⋯⋯⋯⋯⋯⋯⋯⋯ 258

UNIDAD 6   군대 ⋯⋯⋯⋯⋯⋯⋯⋯⋯⋯⋯⋯⋯⋯⋯⋯⋯⋯⋯⋯ 263

ÍNDICE

한국어 인덱스 ⋯⋯⋯⋯⋯⋯⋯⋯⋯⋯⋯⋯⋯⋯⋯⋯⋯⋯⋯⋯⋯⋯ **266**

스페인어 인덱스 ⋯⋯⋯⋯⋯⋯⋯⋯⋯⋯⋯⋯⋯⋯⋯⋯⋯⋯⋯⋯ **296**

PARTE 1

신체 부위

행동 표현

CAPÍTULO

1

얼굴

LA CARA

고개(La cabeza)

MP3 001

고개를 들다
levantar la cabeza

고개를 숙이다[떨구다]
bajar la cabeza

고개를 끄덕이다
asentir con la cabeza

고개를 젓다
negar con la cabeza

(~쪽으로) 고개를 돌리다
girar la cabeza
(hacia ~)

고개를 뒤로 젖히다
inclinar la cabeza
hacia atrás

고개를 기울이다
(뒤로/앞으로/왼쪽/오른쪽으로)
inclinar la cabeza (hacia atrás/hacia adelante/
hacia la izquierda/hacia la derecha)

고개를 까딱거리다
mover[menear]
la cabeza

고개를 갸웃하다
ladear la cabeza,
mover de lado la cabeza

고개를 내밀다
sacar la cabeza

FRASES PARA USAR

고개를 들고 심호흡을 해.
Levanta la cabeza y respira profundo.

그의 설명을 들으며 그녀는 천천히 고개를 끄덕였다.
Escuchando su explicación, ella asintió con la cabeza lentamente.

우리는 소리가 나는 쪽으로 고개를 돌렸다.
Giramos la cabeza hacia el sonido.

그녀는 고개를 뒤로 젖히고 얼굴로 비를 느꼈다.
Ella inclinó la cabeza hacia atrás y sintió la lluvia en su cara.

아이는 문 밖으로 고개를 내밀었다.
El niño asomó la cabeza por la puerta.

2 머리(La cabeza, El cerebro)

MP3 002

머리를 숙이다, 머리 숙여 인사하다
inclinar[agachar] la cabeza

(난처하여) 머리를 긁다
rascarse la cabeza

머리를 쓰다듬다
acariciar la cabeza de alguien

(~의) 머리를 때리다
golpear en la
cabeza (a alguien)

머리를 다치다
lastimarse la cabeza,
tener una herida en
la cabeza

(~에 대해) 걱정하다
preocuparse
(sobre ~)

머리를 쓰다[굴리다]
usar el cerebro,
poner el cerebro a trabajar

머리를 쥐어짜다
exprimir la cabeza,
pensar profundamente

FRASES PARA USAR

그 정치가는 모여 있는 시민들에게 머리를 숙였다.
El político inclinó la cabeza ante la multitud de ciudadanos.

그는 할 말을 찾지 못하고 머리를 긁적였다.
Se rascó la cabeza incapaz de encontrar nada que decir.

그녀는 아이의 머리를 쓰다듬었다.　　　Ella acarició al niño en la cabeza.

그는 그 교통사고로 머리를 다쳤다.　　　Se lastimó la cabeza en el accidente de coche.

그러지 말고 머리를 좀 써.　　　Vamos, usa tu cerebro.

3 머리(El cabello, El pelo)

MP3 003

머리를 감다
lavarse el pelo

머리를 헹구다
enjuagarse
el pelo

수건으로 머리를
감싸다
envolverse
el pelo con
una toalla

머리를 말리다
secarse
el pelo

머리를 빗다
peinarse
[cepillarse]
el pelo

머리를 자르다[깎다]
cortarse el pelo

머리를 박박 깎다
afeitarse el pelo
[la cabeza]

머리를 다듬다
arreglarse
[recortarse]
el pelo

머리를 퍼머하다
hacerse
la permanente

머리를 염색하다

머리를 손질하다

(직접)
teñirse[pintarse]
el pelo

(다른 사람이)
tener el
pelo teñido

(직접)
peinarse

(미용실에서)
peinarse en
la peluquería

흰머리를 뽑다
sacar[arrancar, quitar]
una cana

FRASES PARA USAR

자기 전에 머리를 잘 말리세요.

그는 새로 생긴 미용실에서 머리를 깎았다.

우리 엄마는 한 달에 한 번 머리를 염색한다.

저녁에 데이트가 있어서 머리를 손질하고 있어.

Sécate bien el pelo antes de irte a la cama.

Él se cortó el pelo en la nueva peluquería.

Mi madre se tiñe el pelo una vez al mes.

Me estoy peinando porque tengo una cita esta noche.

머리를 기르다
dejarse[crecer]
el pelo

머리를 뒤로 묶다
atarse[hacerse]
el pelo
hacia atrás

머리를 포니테일로 묶다 (동작)
atarse[hacerse] el pelo
en una cola de caballo

포니테일 머리를 하다 (상태)
llevar una cola de
caballo

머리를 땋다
llevar trenza

머리를 틀어 올리다
hacerse
un moño

머리를 풀다
soltarse el pelo

(왼쪽/오른쪽으로) 가르마를 타다
peinarse con la raya
(a la izquierda/derecha)

머리를 헝클다
despeinarse
el pelo

(절망이나 괴로움으로)
머리를 쥐어뜯다
arrancarse el pelo,
tirarse del pelo

머리가 빠지다
perder pelo,
caerse el pelo

머리를 심다
hacerse un
transplante de pelo

FRASES PARA USAR

머리를 길러 볼까 생각 중이에요.   Estoy pensando en dejarme crecer el pelo.

그 소녀는 고무줄로 머리를 뒤로 묶었다.   La niña se ató el pelo hacia atrás con una banda elástica.

그 여성은 포니테일을 하고 있었다.   La mujer llevaba una cola de caballo.

그는 보통 왼쪽으로 가르마를 탄다.
Normalmente se peina con la raya del pelo a la izquierda.

그는 어떻게 해야 할지 몰라 머리카락을 쥐어뜯었다.   Sin saber qué hacer, se arrancó el pelo.

최근에 머리가 너무 많이 빠진다.   Últimamente he estado perdiendo demasiado pelo.

4 이마(La frente), 눈썹(La ceja)

MP3 004

이마

이마를 찡그리다
fruncir la frente

이마의 땀을 닦다
limpiarse el sudor
de la frente

이마를 두드리다
tocarse la frente

(열이 있는지) 이마를 짚어 보다
tocar la frente (para sentir
si alguien tiene fiebre)

이마를 탁 치다
golpearse
en la frente

이마를 맞대(고 의논하)다
discutir, debatir

눈썹

(족집게로) 눈썹을 뽑다
depilarse las cejas
(con pinzas)

눈살을 찌푸리다
fruncir el ceño

(당황, 놀람, 경멸의 의미로)
눈썹을 치켜 올리다
levantar las cejas

눈썹을 그리다
delinear[dibujar]
las cejas

눈썹을 밀다
afeitarse
las cejas

FRASES PARA USAR

이마 찡그리지 마. 주름살 생겨.
No frunzas la frente, te saldrán arrugas.

그는 손등으로 이마의 땀을 닦았다.
Él se limpió el sudor de la frente con el dorso de la mano.

그녀는 열이 있는지 보려고 아이의 이마를 짚어 보았다.
Ella tocó la frente de su hijo para ver si tenía fiebre.

그의 행동에 눈살을 찌푸리지 않을 수 없었다.
No pude evitar fruncir el ceño ante su comportamiento.

그녀는 아침마다 눈썹을 그린다.
Ella se dibuja las cejas todas las mañanas.

5 눈(Los ojos), 코(La nariz)

MP3 005

눈

눈을 감다
cerrar los ojos

눈을 사르르/지그시 감다
cerrar los ojos
suavemente

눈을 뜨다
abrir los ojos

눈을 치켜뜨다
(지루함, 짜증, 불만을 표현)
poner los ojos
en blanco

~를 곁눈으로 보다,
의심의 눈초리로 보다
mirar con
sospecha[recelo]

~를 노려보다, 흘겨보다
mirar fijamente
[ferozmente]

시선[눈길]을 돌리다
evitar[apartar] la mirada

곁눈질하다, 흘낏 보다
mirar de reojo,
mirar disimuladamente

FRASES PARA USAR

나는 무서운 장면에서 눈을 감았다.
Cerré los ojos en una escena de miedo.

그가 자기 자랑하는 걸 듣고 그녀는 눈을 치켜떴다.
Al oírlo presumir de sí mismo, ella puso sus ojos en blanco.

요즘 많은 이들이 공공 부문에서 일하는 사람들을 의심의 눈초리로 본다.
Estos días, muchas personas miran con sospecha a las personas que trabajan en el sector público.

그녀는 내 질문에 답하지 않고 나를 노려보기만 했다.
Ella no respondió mi pregunta y se quedó mirándome fijamente.

내가 그를 보고 있는 것을 그가 알아채는 바람에 나는 황급히 시선을 돌렸다.
Me sorprendió el mirarlo, así que rápidamente aparté la mirada.

눈을 깜박이다
parpadear
los ojos

눈을 가늘게 뜨다, 실눈을 뜨다
entrecerrar los ojos

눈을 찡긋하다, 윙크하다
guiñar, cerrar un ojo

눈 하나 깜짝 안 하다
no pestañear[parpadear]

눈을 내리깔다
bajar los ojos,
mirar hacia abajo

눈을 비비다
frotarse los ojos

눈을 가리다
taparse[cubrirse]
los ojos

눈을 붙이다
dormir,
echarse una siesta

FRASES PARA USAR

그녀는 눈을 가늘게 뜨고 간판을 쳐다보았다.	Ella entrecerró los ojos y miró el letrero.
제임스는 나에게 눈을 찡긋하며 지나갔다.	James me guiñó el ojo al pasar.
그는 얘기하면서 눈을 자주 깜박였다.	Él parpadeaba con frecuencia mientras hablaba.
그 아이는 눈을 내리깔고 아무 말도 하지 않았다.	El niño bajaba su mirada y no decía nada.
눈을 너무 자주 비비지 마.	No te frotes los ojos a menudo.

코를 골다
roncar

코를[콧물을] 닦다
limpiarse la nariz[los mocos]

코를 파다[후비다]
hurgarse la nariz

코를 풀다
sonarse la nariz

코를 킁킁하다, 훌쩍이다
sorberse la nariz

(화가 나서) 코를 벌름거리다
ensanchar las fosas
nasales

코를 긁다
rascarse
la nariz

~에 코를 박고 있다
estar concentrado leyendo
(책이나 잡지, 신문을 집중해서 읽는다는 의미)

큰코다치다
tener una amarga
experiencia

FRASES PARA USAR

그녀는 남편이 코를 너무 크게 골아서 함께 잠을 못 잔다.
Ella no puede dormir con su esposo porque él ronca muy fuerte.

그 아이는 만화책을 보면서 자꾸 코를 후빈다.
El niño sigue hurgándose la nariz mientras lee el cómic.

그만 훌쩍거리고 코 좀 풀어.　　　　　Deja de sorberte y sonarte la nariz.

사람이 코를 긁으면 거짓말을 하고 있다는 의미라고 한다.
Si una persona se rasca la nariz, significa que está mintiendo.

6 입(La boca), 입술(Los labios)

MP3 006

입

입을 다물다
cerrar la boca

입을 꼭[굳게] 다물다
cerrar la boca
firmemente

손으로 입을 가리다
cubrirse la boca con la mano

입을 벌리다, 입을 열다
(말하다, 이야기를 꺼내다)
abrir la boca
para decir algo

입을 크게 벌리다
abrir la boca
ampliamente

입을 닦다
limpiarse la boca

입을 맞추다
(뽀뽀하다)
besar

입을 맞추다(말을 맞추다)
ponerse de
acuerdo

입을 오물거리다
murmullar

FRASES PARA USAR

입 다물고 밥이나 먹어.	Cierra la boca y cómete la comida.
그는 입을 굳게 다물고 아무 말도 하지 않았다.	Él cerró la boca firmemente y no dijo nada.
눈은 감고 입을 벌려 주세요.	Por favor, cierra los ojos y abre la boca.
그녀는 휴지로 입을 닦았다.	Ella se limpió la boca con papel higiénico.
그녀는 그의 뺨에 가볍게 입을 맞췄다.	Ella le besó suavemente la mejilla.

입술을 핥다,
입맛을 다시다
lamerse los labios

입술을 깨물다
morderse los labios

입술을 오므리다
fruncir la boca

입술[입]을 삐죽 내밀다
hacer una mueca,
fruncir los labios

입술이 떨리다, 입술을 떨다
temblar los labios

입술에 손가락을 갖다 대다
ponerse el dedo en los labios
(입을 다물라는 신호)

입술에 ～를 바르다
aplicar[ponerse] ~ en los labios

FRASES PARA USAR

맛있는 음식들을 생각하며 그녀는 입맛을 다셨다.   Ella se lame los labios pensando en comidas deliciosas.

그녀는 입술을 깨무는 버릇이 있다.   Ella tiene la costumbre de morderse los labios.

그 아이는 엄마가 게임을 못 하게 하자 입술을 삐죽 내밀었다.
El niño hizo una mueca cuando su madre no le dejó jugar.

그 여자는 입술에 손가락을 갖다 대고 "쉿!"이라고 말했다.
La mujer se puso el dedo en los labios y dijo: "¡Shh!".

입술이 말랐구나. 입술에 립글로스 좀 바르렴.
Tus labios están secos. Aplica un poco de protector labial en los labios.

7 혀(La lengua), 치아(Los dientes)

MP3 007

혀

혀를 깨물다, 하고 싶은 말을 참다
morderse la lengua,
tolerar algo con dificultad

(~에게) 혀를 내밀다
sacar la lengua (a ~)

혀를 날름거리다
lamer, sacar y meter la lengua
hacia adentro y afuera

혀를 차다
chascar la lengua

혀를 굴리다
enrollar la lengua

혀를 놀리다, 지껄이다, 나불거리다
darle a la lengua, chismear,
parlotear

(강아지 등이) 혀를 빼물다
sobresalir la lengua
(de un perro)

혀를 빼물고
con la lengua
afuera

FRASES PARA USAR

나는 밥을 너무 빨리 먹다가 혀를 깨물었다.
Me mordí la lengua mientras comía demasiado rápido.

그 아이는 엄마에게 혀를 내밀고는 도망쳤다.　El niño le sacó la lengua a su madre y salió corriendo.

우리 엄마는 내 말을 듣고 혀를 찼다.　Mi madre chasqueó la lengua cuando me escuchó.

그는 쉬지 않고 혀를 놀렸다.　Él siguió dándole a la lengua.

날이 더워서 그 개는 혀를 빼물고 엎드려 있었다.
Como era un día caluroso, el perro estaba acostado con la lengua afuera.

이를 닦다, 양치질을 하다
cepillarse los dientes

치실질을 하다
asearse los dientes,
limpiarse con el hilo
dental

치간칫솔질을 하다
utilizar el cepillo
interdental

이를 뽑다
hacer una extracción
dental, quitarse un
diente

이를 치료하다
tratar
los dientes

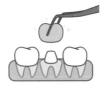
이에 금을 씌우다
ponerse un empaste de oro

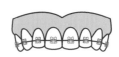
이를 교정하다
llevar aparatos
de ortodoncia

스케일링을 받다
hacerse una
limpieza dental

이를 갈다
rechinar los
dientes

분해서 이를 갈다
gruñir los
dientes

이를 악물다
apretar los
dientes

(이쑤시개로)
이를 쑤시다
limpiarse los
dientes (con palillos)

FRASES PARA USAR

양치질 후에 치실질이나 치간칫솔질도 해야 한다.
Debe usar hilo dental o usar un cepillo interdental después de cepillarse los dientes.

그 아이는 치아 교정을 하는 중이다.　　El niño lleva aparatos de ortodoncia.

스케일링을 매년 받는 게 좋다.　　Es bueno hacerse una limpieza dental cada año.

그 사람은 잘 때 이를 간다.　　Esa persona rechina los dientes cuando duerme.

통증이 너무 심해서 나는 이를 악물어야 했다.　　El dolor era tan fuerte que tuve que apretar los dientes.

귀(La oreja), 턱(La barbilla), 볼 · 뺨(La mejilla)

MP3 008

(~에) 귀를 기울이다
escuchar
atentamente (a ~)

~에 귀를 막대[닫다]
taparse las orejas

귀를 파다[후비다]
quitarse cera
de la oreja

귀를 뚫다
perforarse
las orejas

(~의) 귀를 잡아당기다
tirar de la oreja
(de alguien)

턱

턱을 들다
levantar la barbilla,
mantener la barbilla en alto

턱을 내밀다
empujar la barbilla

턱을 아래로 당기다
bajar la barbilla

턱을 만지다
tocarse la barbilla

턱을 쓰다듬다
acariciar
la barbilla

손으로 턱을 괴다
sostener la barbilla en la mano

* barbilla과 mandíbula
barbilla과 mandíbula는 모두
우리말로 '턱'이라고 하지만 차이
가 있다. mandíbula는 귀 밑의
얼굴 아래쪽 턱 전체를 가리키고,
mentón은 mandíbula의 앞 끝
부분을 가리킨다.

FRASES PARA USAR

그는 상사의 불평불만에 귀를 닫았다.
Él se tapó las orejas por las quejas de su jefe.

그는 사람들 앞에서 자꾸 손가락으로 귀를 후빈다.
Él se sigue quitando la cera de la oreja con los dedos frente a la gente.

나는 스무 살 때 귀를 뚫었다.
Me perforaron las orejas cuando tenía 20 años.

그 남자 후보는 토론회에서 말을 할 때마다 턱을 들었다.
El candidato levantaba la barbilla cada vez que hablaba en el debate.

그녀는 손으로 턱을 괴고 있었다.
Ella se sostenía la barbilla en la mano.

볼[얼굴]을 붉히다
sonrojarse, ponerse colorado

볼을 비비다
juntar las mejillas

(~의) 볼을 쓰다듬다
acariciar la mejilla (de alguien)

뺨을 부풀리다
inflar las mejillas

혀로 한쪽 볼을 부풀리다
inflar la mejilla
con la lengua

뺨을 때리다
darle una bofetada a alguien

뺨을 꼬집다
pellizcar la mejilla de alguien,
darle a alguien un pellizco en la mejilla

FRASES PARA USAR

그 소녀는 칭찬을 듣자 얼굴을 붉혔다.
La niña se sonrojó al escuchar el cumplido.

그 여성은 아기의 볼에 자기 볼을 비볐다.
La mujer frotó su mejilla contra la del bebé.

나는 고양이의 볼을 쓰다듬었다.
Acaricié la mejilla del gato.

아이는 심심한 듯 뺨을 부풀리고 있었다.
La niña inflaba las mejillas como si estuviera aburrida.

그 남자는 귀엽다면서 남자아이의 볼을 꼬집었다.
El hombre pellizcó la mejilla del niño diciendo que era lindo.

9 목(El cuello, La garganta)

MP3 009

목을 돌리다
girar el cuello

(~의) 목을 주무르다
masajear el cuello
(de alguien)

목을 뒤로 젖히다
inclinar el cuello
hacia atrás

목을 풀다
afinar[calentar]
la garganta

목을 가다듬다
aclarar la garganta

목에 ~이 걸리다
atragantarse

~의 목을 조르다
estrangular a alguien

~의 목을 졸라 죽이다
asfixiar a alguien
hasta la muerte

목을 매다
ahorcarse

FRASES PARA USAR

나는 뒷목이 아파서 주물렀다.
Me masajeé la parte de atrás del cuello porque me dolía.

그 가수는 노래하기 전에 목을 가다듬었다.　　El cantante afinó la garganta antes de cantar.

잠시 쉬려고 나는 의자에 앉아 목을 뒤로 젖혔다.
Para descansar un rato, me senté en una silla e incliné la cabeza hacia atrás.

범인은 피해자의 목을 졸라 죽였다.　　El criminal estranguló a la víctima.

그 사람은 목을 맸으나 죽지 않았다.　　El hombre se ahorcó pero no murió.

10 얼굴 표정(La expresión facial)

MP3 010

얼굴을 찡그리다
fruncir el ceño

미소 짓다
sonreír

이를 드러내며 웃다
reír

소리 내어 웃다
carcajear

킥킥거리다, 키득거리다
dar risa

~를 비웃다, 냉소하다
burlarse, ridiculizar,
reírse de ~

윙크하다
guiñar

코를 찡그리다
arrugar la nariz

눈물을 흘리다
llorar

흑흑 흐느껴 울다
sollozar, lloriquear

얼굴을 붉히다
sonrojarse,
poner la cara roja

눈을 치켜뜨다
(지루함, 짜증, 불만을 나타내는 표정)
rodar los ojos,
poner los ojos en blanco

FRASES PARA USAR

그 아이는 약을 보고 얼굴을 찡그렸다.
El niño frunció el ceño cuando vió la medicina.

그 남자는 어린 아들을 보고 이를 드러내고 웃었다.
El hombre miró a su hijo pequeño y sonrió, mostrando sus dientes.

그는 책을 읽으며 키득거렸다.
A él le dio risa mientras leía el libro.

그 여자는 음식물 쓰레기 냄새에 코를 찡그렸다.
La mujer arrugó la nariz cuando olió la basura de la comida.

영화의 그 장면에서 많은 이들이 흐느껴 울었다.
Mucha gente sollozó en esa escena de la película.

CAPÍTULO

2

상반신

EL CUERPO SUPERIOR

1 어깨(El hombro)

MP3 0 1 1

어깨를 으쓱하다
encoger los
hombros

어깨를 들썩거리다
sacudir los hombros,
mover los hombros
hacia arriba y abajo

어깨를 펴다
enderezar
los hombros

어깨를 움츠리다
encorvar
los hombros

～의 어깨를 주무르다
masajear
los hombros
de alguien

～의 어깨를 토닥이다
palmear a alguien,
dar una palmada en el
hombro a alguien

어깨를 감싸 안다
abrazar
el hombro

어깨에 ～를 둘러매다
llevar ~
en el hombro

어깨 동무를 하다
poner
los brazos sobre
los hombros

어깨동무를 하고
con los brazos
sobre los hombros

어깨를 나란히 하고 서다
pararse hombro
con hombro

어깨를 나란히 하다 (비유적)
ambos tener
la misma posición

FRASES PARA USAR

줄리아는 그의 질문에 말없이 어깨를 으쓱했다.
Julia se encogió de hombros en silencio ante su pregunta.

그녀는 추워서 어깨를 움츠리고 걸었다.　　Ella caminaba encorvada de hombros porque hacía frío.

그 소녀는 자주 할머니의 어깨를 주물러 드린다.　La niña masajea los hombros de su abuela a menudo.

선생님은 그 학생의 어깨를 토닥였다.　　El maestro palmeó al estudiante en el hombro.

두 아이는 어깨동무를 하고 걸어갔다.
Los dos niños caminaban con los brazos sobre los hombros.

2 팔(El brazo), 팔꿈치(El codo)

MP3 012

팔

(양)팔을 들다
levantar los brazos

(양)팔을 내리다
bajar los brazos

팔을 벌리다
abrir
los brazos

팔을 벌리고
con los brazos
abiertos

팔을 뻗다
estirar los
brazos

양팔을 앞으로 뻗다
extender los brazos
hacia adelante

팔을 구부리다
doblar los brazos

팔을 구부려 알통을 만들다
flexionar el brazo
para hacer bíceps

팔을 휘두르다
agitar el brazo

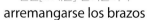

팔을[소매를] 걷어붙이다
arremangarse los brazos

팔을 베고 옆으로 눕다
acostarse con el brazo debajo
de la cabeza, acostarse usando
el brazo como almohada

FRASES PARA USAR

두 팔을 머리 위로 똑바로 드세요.
Levante los brazos rectos por encima de la cabeza.

아이는 팔을 활짝 벌리고 달려 왔다.
El niño llegó corriendo con los brazos abiertos.

나는 팔을 뻗어 옷장 선반에서 상자를 내렸다.
Estiré los brazos y bajé la caja de la estantería del armario.

그 남자는 팔을 구부려 알통을 만들어 근육을 과시했다.
El hombre mostró sus músculos al flexionar los brazos para hacer bíceps.

그 남자는 팔을 걷어붙이고 상자들을 나르기 시작했다.
El hombre se arremangó los brazos y comenzó a cargar cajas.

팔을 잡다
agarrar[sujetar] el brazo
de alguien

팔을 뿌리치다
rechazar el brazo
de alguien

팔을 잡아끌다
tirar del brazo de alguien

팔에 매달리다
colgarse de los brazos

팔짱을 끼다 **(혼자)**
cruzar los brazos

팔짱을 끼고[낀 채] **(혼자)**
con los brazos cruzados

~의 팔을 비틀다
torcer el brazo
de alguien

팔짱을 끼다 **(타인과)**
cruzar los brazos
con otra persona

팔짱을 끼고[낀 채] **(타인과)**
con los brazos cruzados
con otra persona

FRASES PARA USAR

누군가가 내 팔을 잡으며 내 이름을 불렀다.
Alguien me agarró del brazo y me llamó por mi nombre.

그녀는 팔짱을 낀 채 생각에 잠겨 있었다.
Ella estaba pensativa con los brazos cruzados.

그는 자기 어머니와 팔짱을 끼고 걸어가고 있었다.
Él iba del brazo con su madre.

팔꿈치를 ~에 올려놓다
poner el codo en ~

팔꿈치를 ~에 올려놓고
con los codos puestos en ~

팔꿈치로 찌르다
darle un codazo

팔꿈치로 헤치고 가다
empujar con el codo,
dar codazos

FRASES PARA USAR

팔꿈치를 식탁에 올려놓고 식사를 하는 건 예의에 어긋난다고 여겨진다.
Se considera una falta de respeto comer con los codos sobre la mesa.

그는 팔꿈치로 사람들을 밀치고 지나갔다.
Él se abrió el paso dando codazos entre las personas.

3 손목(La muñeca), 손(La mano), 손등(El dorso de la mano), 손바닥(La palma)

MP3 013

손목

손목을 잡다
agarrar la muñeca de alguien

손목을 돌리다
torcerse
la muñeca

손목을 삐다
girar
la muñeca

손

손을 들다
levantar
la mano

손을 들고
con la mano
arriba

손을 내리다
bajar las manos

(~와) 악수하다
saludar con la mano,
darse la mano (con alguien)

~의 손을 잡다
tomar la mano
de alguien

(두 사람이) 손을 잡다
agarrarse
de las manos

손을 잡고
mano a mano

(자신의) 두 손을 깍지 끼다
estrecharse
a sí mismo

FRASES PARA USAR

그가 내 손목을 잡았을 때 가슴이 뛰었다.

Mi corazón palpitaba cuando él agarró mi muñeca.

그는 농구를 하다가 손목을 삐었다.

Se torció la muñeca mientras jugaba al baloncesto.

그 아이는 손을 들고 횡단보도를 건넜다.

El niño cruzó el paso de peatones con la mano arriba.

시장은 참석자들과 악수했다.

El alcalde saludó con la mano a los asistentes.

아이는 엄마의 손을 잡고 있다.

El niño está sosteniendo la mano de la madre.

주먹을 쥐다
apretar
el puño

합장하다
juntar las palmas de las
manos, juntar las manos
delante del pecho

손을 펴다
abrir
la mano

손으로 햇빛을 가리다
cubrirse del sol
con las manos

~에 손을 넣다
meter la mano en ~

~에서 손을 빼다
sacar la mano de ~

손을 씻다
lavarse
las manos

손을 흔들다
agitar
la mano

~의 손을 움켜쥐다
agarrar la mano
de alguien

~의 손을 뿌리치다
rechazar la mano
de alguien

~에게 손을 내밀다
dar la mano a alguien

FRASES PARA USAR

그는 그 이야기를 듣고 화가 나 주먹을 꽉 쥐었다.   Al escuchar la historia, él se enfadó y apretó los puños.

그는 주머니에서 손을 뺐다.   Él sacó la mano de su bolsillo.

그 사람들은 활주로로 나아가는 비행기를 향해 손을 흔들었다.
La gente saludó al avión que se dirigía a la pista.

그녀는 그의 손을 뿌리치며 비명을 질렀다.   Ella le rechazó la mano y gritó.

앞서 올라가던 사람이 나에게 손을 내밀었다.
La persona que iba delante extendió la mano hacia mí.

손을 허리에 대다
poner las manos
en la cintura

손을 허리에 대고
con las manos
en la cintura

손을 떨다,
손이 떨리다
temblar
las manos

손을 비비다
frotarse
las manos

손을 호호 불다
soplar en
sus manos

손등, 손바닥

불에 손을 쬐다
calentarse las manos
junto al fuego

손등으로 이마의 땀을 닦다
limpiarse el sudor de la frente
con el dorso de la mano

손등으로 입을 닦다
limpiarse la boca con
el dorso de la mano

손등에 입을 맞추다
besar la mano, besar el
dorso de la mano de
alguien

하이파이브를
하다
chocar esas cinco

(서로) 손바닥을 맞대다
palmas juntas,
juntar nuestras[tus/sus]
palmas

남의 손바닥을 때리다
pegarle a alguien
en la palma

FRASES PARA USAR

슈퍼맨이 손을 허리에 대고 서 있다.
Supermán está de pie con las manos en la cintura.

그녀는 너무 긴장해서 손을 떨고 있었다.
Ella estaba tan nerviosa que le temblaban las manos.

나는 손이 시려서 두 손을 비볐다.
Me froté las manos porque estaban frías.

그는 손등으로 이마의 땀을 닦았다.
Él se limpió el sudor de la frente con el dorso de la mano.

서양에서는 남성이 여성의 손등에 입을 맞추는 것이 드문 일이 아니었다.
En Occidente, no era raro que los hombres besaran a las mujeres en el dorso de la mano.

4 손가락(El dedo), 손톱(La uña)

MP3 014

손가락

손가락을 짝 펴다
extender
los dedos

손가락을 접다
doblar los dedos

손가락으로 ~를 가리키다,
~를 손가락질하다
señalar con el dedo, apuntar

손가락으로 ~를 만지다
tocar con
el dedo a ~

손가락으로 ~의 수를 세다
contar con los dedos,
hacer la cuenta con los dedos

엄지척을 하다
dar un pulgar
hacia arriba

손가락에 반지를 끼다
ponerse el anillo en el dedo(동작),
llevar[tener] el anillo
en el dedo(상태)

손가락에서 반지를 빼다
quitarse el anillo
del dedo

FRASES PARA USAR

손가락을 짝 펴 보세요. 약지가 검지보다 길군요.
Extiende tus dedos. El dedo anular es más largo que el dedo índice.

손가락으로 달을 가리키는데 손가락만 보지 마라.
Cuando señalo con mi dedo a la luna, no mires solo mi dedo.

사람을 손가락질하는 건 예의에 어긋난 행동이다.　Señalar a las personas es una falta de respeto.

감독이 선수에게 엄지척을 해 보였다.　El entrenador levantó el pulgar hacia el jugador.

손가락 마디를 꺾어서
소리를 내다
**tronarse los nudillos
para hacer un sonido**

손가락을 빨다
chupar los dedos

손가락을 베이다
**cortarse
el dedo**

손가락 하나
까딱하지 않다
**no mover ni un dedo,
no dar pie ni patada**

손톱

손톱을 (짧게) 깎다
cortarse las uñas
(cortas)

손톱을 다듬다
**arreglarse
las uñas**

(긴장해서) 손톱을 물어뜯다
morderse las uñas
(por nervios)

손톱으로 긁다[할퀴다]
rascar con las uñas

네일을 받다
hacerse las uñas, hacerse la manicura
손톱에 매니큐어를 칠하다
aplicar esmalte en las uñas, pintarse las uñas

손톱이 빠지다
**caerse[desprenderse]
las uñas**

손톱이 부러지다
**quebrarse[romperse]
las uñas**

FRASES PARA USAR

손가락 마디를 꺾어서 소리를 내는 게 안 좋나요?   ¿No es bueno tronarse los nudillos?

종이에 손가락을 베었어요.   Me corté el dedo con el papel.

손톱을 너무 짧게 깎지 마세요.   No te cortes las uñas demasiado cortas.

그는 손톱을 물어뜯는 오랜 버릇을 최근에 버렸어요.
Recientemente, él rompió el viejo hábito de morderse las uñas.

애니는 매주 네일숍에서 네일을 받는다.
Annie se hace la manicura en el salón de belleza todas las semanas.

5 등/허리(La espalda), 허리(La cintura), 배(El abdomen, El vientre)

MP3 015

등/허리

등을[허리를] 펴다
estirar
la espalda[cintura]

허리를[몸을] 굽히다
inclinar
la espalda[cintura],
agacharse

허리를 굽실거리다,
아부하다
humillarse, tocar el
suelo con la frente

~에 등을 기대다
recostarse,
respaldarse

허리[상체]를 뒤로 젖히다
reclinarse hacia atrás

~에게 등을 돌리다
dar la espalda a ~

~의 등(짝)을 후려치다
golpear la espalda
de alguien

~의 등을 토닥거리다
palmear a alguien
en la espalda

~의 등을 떠밀다
empujar la espalda
de alguien

등에 ~를 업다
cargar ~ en
la espalda

FRASES PARA USAR

허리를 펴고 앞을 보세요.　　　　　　　Endereza la espalda y mira hacia adelante.

척추에 압박을 가하지 않고 몸을 굽히는 법을 익혀야 해요.
Tienes que aprender a inclinarte sin ejercer presion sobre tu columna.

그녀는 소파에 등을 기대고 앉아서 책을 읽고 있다.　　Ella está leyendo un libro recostada en el sofá.

그 사건 후로 대부분의 사람들이 그에게서 등을 돌렸다.
Después de ese incidente, la mayoría de la gente le dio la espalda.

옛날에는 엄마들이 아기를 등에 업는 경우가 많았다.
En el pasado, las madres llevaban a su bebé en la espalda.

허리가 아프다
dolor de espalda

등을 긁다
rascarse la espalda

등에 청진기를 대다
poner el estetoscopio
en la espalda

허리

허리를 다치다
lastimarse la cintura

허리를 삐다
torcerse la cintura

허리를 비틀다
torcer la cintura

허리띠를 하다
ponerse el cinturón

허리띠를 졸라매다, 절약하다
apretarse el cinturón,
ahorrar

'허리'를 뜻하는 단어들
- **espalda :** 등, 등에서 내려오는 뒤쪽 허리
- **cintura :** 허리의 잘록한 부분

FRASES PARA USAR

책상에 너무 오래 앉아 있었더니 허리가 아프다.
Me duele la cintura por estar sentado demasiado tiempo en mi escritorio.

그는 자로 등을 긁었다.   Él se rascó la espalda con una regla.

의사가 숨소리를 듣기 위해 환자의 등에 청진기를 댔다.
El médico pone el estetoscopio en la espalda del paciente para escuchar la respiración.

그 사람은 신발을 신다가 허리를 삐었다.   El hombre se torció la cintura mientras se ponía los zapatos.

우리는 수입이 줄어서 허리띠를 졸라매야 했다.
Tuvimos que apretarnos el cinturón debido a nuestros bajos ingresos.

배가 고프다
tener hambre

배가 부르다
estar lleno

배가 아프다
tener dolor de estómago

배에서 꼬르륵 소리가 나다
el estómago gruñe
de hambre

배를 내밀다
sacar el vientre

배를 내밀고, 불룩한 배로
con el vientre
abultado

배를 깔고 눕다, 엎드리다
acostarse boca abajo,
poner el estómago boca abajo

엎드려서
acostado

배를 문지르다
frotar el
vientre[la barriga]

배가 나오다
tener el
vientre[la barriga]
abultado

'배'를 뜻하는 단어들
• **estómago :** 배를 가리키는 일반적인 말로,
  '위장'과 관련 있을 때 주로 사용
• **vientre :** '배'라는 신체 부위를 가리키는 말
• **abdomen :** '복부'를 뜻하는 전문 용어

배가 들어가다,
뱃살이 빠지다
perder grasa del abdomen,
reducir el vientre[la barriga]

FRASES PARA USAR

배가 너무 고파서 뭐든지 먹을 수 있을 것 같아요.
Tengo tanta hambre que creo que puedo comer cualquier cosa.

그 여자는 배를 내밀고 걷는다.
La mujer camina con el vientre abultado.

엎드려서 책을 읽는 건 허리에 안 좋아요.
Leer un libro boca abajo no es bueno para la cintura.

강아지들은 사람들이 배 만져 주는 걸 좋아한다.
A los perros les gusta que la gente les rasque la barriga.

40이 되면서 배가 나왔어요.
Al cumplir 40 años, me salió barriga.

CAPÍTULO

3

하반신

EL CUERPO INFERIOR

엉덩이(La cadera, El trasero), 골반(La pelvis)

MP3 **016**

엉덩이

엉덩이를 실룩거리다
balancear las caderas

엉덩이를 들썩거리다
mover las caderas
hacia arriba y abajo

엉덩이를 흔들다
mover[sacudir] las caderas

엉덩이를 (자리에서) 떼다, 들다
levantar[quitar] el trasero
de la silla

엉덩이를 뒤로 빼다
mover hacia atrás
la cadera

엉덩이를 토닥거리다
dar una palmadita
en el trasero
de alguien

엉덩이를 긁다
rascarse el trasero

엉덩이를 찰싹 때리다
dar una nalgada
en el trasero

엉덩이의 먼지를 털다
sacudirse el trasero

엉덩이를 까다 (바지를 내리다)
bajarse los pantalones

골반

골반을 흔들다
sacudir[mover]
la pelvis

바지/치마를 골반에 걸치다
ponerse la falda/el pantalón
en la pelvis

cadera와 trasero
우리말로는 둘 다 '엉덩이'라고 하지만 실제로는
차이가 있다.
• **cadera** : 허리와 다리가 만나는 골반 부위
• **trasero** : 뒤에서 바라볼 때 보이는 둥그렇게
  튀어나온 부위
그 외에 nalgas, pompis, glúteos도 '엉덩이'라
는 뜻으로 쓰인다.

FRASES PARA USAR

무용수가 음악에 맞춰 엉덩이를 흔들고 있다.	El bailarín mueve las caderas al ritmo de la música.
그 남자 배우는 엉덩이를 실룩거리며 걷는다.	El actor camina balanceando las caderas.
엄마가 아기의 엉덩이를 토닥거렸다.	La madre le dio una palmadita en el trasero al bebé.
친구가 내 엉덩이를 찰싹 때렸다.	Mi amigo me dio una nalgada en el trasero.
그 춤을 출 때는 골반을 많이 흔들어야 한다.	Al realizar ese baile, tienes que mover mucho la pelvis.

2 다리(Las piernas), 허벅지(El muslo)

MP3 017

다리

다리를 꼬다
cruzar las piernas

다리를 꼬고 앉다
sentarse con las piernas cruzadas

책상다리를 하고 앉다
sentarse con las piernas cruzadas en el suelo

다리를 떨다
estar sacudiendo las piernas, tener ansiedad en las piernas

다리를 뻗다[쭉 펴다]
estirar las piernas

다리를 쭉 펴고
con las piernas estiradas

다리를 벌리다
abrir las piernas

다리를 벌리고 앉다
sentarse con las piernas abiertas

다리를 오므리다
cerrar las piernas

다리를 구부리다
doblar las piernas

다리를 주무르다
masajear las piernas

다리를 긁다
rascarse las piernas

FRASES PARA USAR

다리를 꼬고 앉는 건 골반에 안 좋다.
Sentarse con las piernas cruzadas es malo para la pelvis.

다리를 쭉 펴고 앉아서 상체를 다리 위로 구부리세요.
Siéntese con las piernas estiradas y doble la parte superior del cuerpo sobre las piernas.

지하철에서 다리를 벌리고 앉는 사람들이 있다.
Hay gente que se sienta con las piernas abiertas en el metro.

다리를 오므려서 자리를 좀 만들어 봐.
Cierra las piernas y haz algo de espacio.

그 소녀는 할머니의 다리를 주물러 드렸다.
La niña masajeó las piernas de su abuela.

한 다리로 서다
estar de pie sobre una pierna

다리를 끌다
arrastrar la pierna

(오른쪽/왼쪽) 다리를 절다
cojear (en la pierna derecha/izquierda)

다리가 저리다
tener las piernas entumecidas

다리에 쥐가 나다
tener un calambre en la pierna

다리를 다치다
lastimarse la pierna

다리가 부러지다
romperse la pierna, tener la pierna rota

다리를 절단하다
tener la pierna amputada

다리에 깁스를 하다
tener una férula [un yeso] en la pierna

~의 다리를 걸어 넘어뜨리다
tropezar con alguien, hacer una zancadilla a ~

FRASES PARA USAR

한 다리로 얼마 동안이나 서 있을 수 있어요?　　¿Cuánto tiempo puedes estar de pie sobre una pierna?

그는 허리 수술을 받은 후로 오른쪽 다리를 살짝 전다.
Él camina con una ligera cojera en su pierna derecha después de la operación de espalda.

오랫동안 책상다리를 하고 앉아 있었더니 다리가 저리다.
Después de sentarme mucho tiempo con las piernas cruzadas en el suelo, tengo mis piernas entumecidas.

그는 축구를 하다가 다리를 다쳤다.　　Él se lastimó la pierna mientras jugaba al fútbol.

그 남자는 다리에 깁스를 하고 있다.　　El hombre tiene un yeso en la pierna.

(남의) 허벅지를 쓰다듬다
**acariciar[tocar]
la pierna de alguien**

(남의) 허벅지를 때리다
**pegar[golpear] en el muslo
de alguien**

(자신의) 허벅지를 꼬집다
pellizcarse el muslo
(꿈인지 생시인지 믿기지 않아) 허벅지를 꼬집어 보다
pellizcarse el muslo para ver si está soñando

FRASES PARA USAR

그녀는 큰소리로 웃으면서 옆에 앉은 친구의 허벅지를 때렸다.
Ella se rio a carcajadas y le pegó en el muslo a su amiga sentada a su lado.

나는 시험 공부를 해야 했지만 몹시 졸렸다. 그래서 허벅지를 꼬집었다.
Tenía que estudiar para un examen, pero tenía mucho sueño. Así que me pellizqué los muslos.

3 무릎(La rodilla), 종아리(La pantorrilla), 정강이(La espinilla)

MP3 018

무릎

무릎을 구부리다	무릎을 세우다
doblar las rodillas	levantar las rodillas

무릎을 세우고
con las rodillas levantadas

무릎을 끌어안다
sujetar las rodillas

한쪽 무릎을 꿇다
arrodillarse en una rodilla

무릎을 꿇다	무릎을 꿇고
arrodillarse	estar arrodillado

~와 무릎을 맞대다
ponerse de rodillas con ~, estar rodilla con rodilla

무릎을 맞대고
con las rodillas juntas

무릎걸음으로 가다
ir de rodillas

~의 무릎을 베다
acostarse en el regazo de alguien

무릎을 치다, 때리다
golpear la rodilla [el regazo]

무릎이 까지다
tener las rodillas raspadas

rodilla와 regazo
둘 다 우리말로는 '무릎'이지만 차이가 있다.
- **rodilla** : 다리가 접히는 부분
- **regazo** : 자리에 앉았을 때 두 다리 위의 넓적한 부분

FRASES PARA USAR

그 자세를 할 때는 무릎을 90도로 구부려야 해요.
Debes doblar las rodillas noventa grados al hacer esa postura.

그녀는 무릎을 끌어안고 바닥에 앉아 있었다.　　Ella estaba sentada en el suelo sujetándose las rodillas.

그는 무릎을 꿇고 바닥에서 종이를 집었다.　　Él se arrodilló y recogió el papel del suelo.

나는 아직 신을 신은 채였기 때문에 무릎걸음으로 방에 들어갔다.
Entré a la habitación de rodillas porque todavía estaba con zapatos.

그는 잔디밭에서 여자 친구의 무릎을 베고 누워 있었다.
Él estaba acostado en el césped en el regazo de su novia.

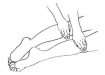

종아리를 마사지하다
masajear
las pantorrillas

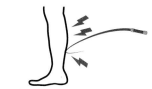

종아리를 때리다
golpear
la pantorrilla

종아리를 맞다
pegarse
en la pantorrilla

~의 정강이를 차다
patear a alguien en la espinilla

~에 정강이를 부딪치다
golpearse la espinilla en ~

pantorrilla와 espinilla
- **pantorrilla(종아리) :** 아래 다리(무릎과 발목 사이)의 뒤쪽 부분
- **espinilla(정강이) :** 아래 다리(무릎과 발목 사이)의 앞쪽 뼈가 있는 부분

정강이가 까지다
rasparse la espinilla

FRASES PARA USAR

달리기를 하고 나서 나는 종아리를 마사지했다.
Después de correr, me masajeé las pantorrillas.

나는 어렸을 때 잘못을 하면 부모님께 종아리를 맞았다.
Cuando era niño, mis padres me pegaban en las pantorrillas si hacía algo mal.

그 사람은 자기 부하 직원의 정강이를 발로 찼다.
El hombre pateó la espinilla de su subordinado.

나는 침대 모서리에 정강이를 부딪쳤다.
Me golpeé mi espinilla contra el borde de la cama.

그는 축구를 하다가 정강이가 까졌다.
Él se raspó la espinilla mientras jugaba al fútbol.

4 발(El pie), 발목(El tobillo), 발바닥(La planta de pie), 발꿈치(El talón)

MP3 019

발

발을 헛디디다
tropezar, perder
el equilibrio

~에 발이 걸려
넘어지다
tropezar con ~

발을 질질 끌다
arrastrar el pie

발을 마사지하다
masajear
los pies

발 스트레칭을 하다
estirar el pie

발을 구르다
patear el pie

발을 내딛다
dar un paso

발을 멈추다
parar

발(길)을 돌리다
darse la vuelta de paso

~를 발로 차다
patear a ~

~를 발로 밟다
pisar algo
con el pie

~와 발을 맞추다
mantener el paso
con ~

족욕을 하다
remojarse los pies
(en agua tibia)

FRASES PARA USAR

그는 계단에서 발을 헛디뎌서 굴러 떨어졌다.
Él tropezó en las escaleras y se cayó rodando hacia abajo.

그 영화에서 범인은 발을 질질 끌며 걸었다.　　En la película el criminal estaba arrastrando los pies.

도서관이 휴관이어서 우리는 발길을 돌려야 했다.
La biblioteca estaba cerrada, así que tuvimos que volver.

하이힐을 신은 여성이 지하철에서 내 발을 밟았다.　　Una mujer con tacones altos pisó mi pie en el metro.

～에서 발을 빼다 (관계를 끊다)
retirarse de ~,
cortar una relación

～계에 발을 들여 놓다
(～ 분야에서 일을 시작하다)
dar el primer paso,
empezar a trabajar en ~

～에 발을 끊다
cortar el pie,
mantener alejado de ~

발목

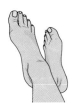

발목을 교차하다
cruzar los tobillos

발목을 삐다[접질리다]
torcerse el tobillo

발목을 돌리다
girar el tobillo

발목을 펴다
estirar el tobillo

발목을 몸쪽으로 당기다
estirar el tobillo
hacia el cuerpo

～에 발목 잡히다
estar atado a ~,
ser encadenado a ~

(발목에) 전자발찌를 차다
usar un brazalete
electrónico en el tobillo

FRASES PARA USAR

그는 그 밴드의 베이시스트로 음악계에 첫발을 내디뎠다.
Él dio su primer paso en la escena musical como bajista de esa banda.

나는 이제 전체 상황에서 발을 빼고 싶다.　　Ahora quiero retirarme de toda la situación.

그녀는 발목을 교차한 채 의자에 앉아 있었다.　　Ella estaba sentada en una silla con los tobillos cruzados.

나는 발이 피로해서 발 마사지를 하고 발목을 돌렸다.
Tenía los pies cansados así que me los masajeé y giré los tobillos.

발목을 폈다가 몸 쪽으로 당기세요.　　Estira los tobillos y muévelos hacia tu cuerpo.

발바닥

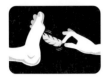

(~의) 발바닥을 간질이다

hacerle cosquillas en la planta del pie (a alguien)

발바닥을 긁다

rascarse la planta del pie

발바닥에 물집이 잡히다

tener una ampolla en la planta del pie

발바닥에 굳은살이 박이다

tener un callo en la planta del pie

발꿈치

발꿈치를 들다

levantar los talones

발꿈치를 들고 걷다, 발끝으로 걷다

caminar con los talones arriba, andar de puntillas

FRASES PARA USAR

내가 그의 발바닥을 간질였지만 그는 꿈쩍도 하지 않았다.
Le hice cosquillas en las plantas de los pies, pero no se movió nada.

오늘 하루 종일 새 구두를 신고 다녔더니 발바닥에 물집이 잡혔다.
Llevaba zapatos nuevos todo el día y me salieron ampollas en las plantas de los pies.

그 무용수는 발바닥을 비롯한 발 전체에 굳은살이 박였다.
El bailarín tenía callos en todos los pies, incluidas las plantas.

아기가 깰까 봐 우리는 발꿈치를 들고 걸었다.
Caminábamos con los talones arriba por si el bebé se despertaba.

5 발가락(El dedo del pie), 발톱(La uña del pie)

MP3 020

발가락

발가락을 꼼지락거리다
mover los dedos
de los pies

발가락을 쫙 펴다
estirar los dedos
de los pies

발가락을 구부리다
doblar los dedos
de los pies

발가락을 주무르다
masajear los dedos
de los pies

발톱

발가락을 쥐다
agarrar los dedos
de los pies

발가락을 깨물다
morderse los
dedos de los pies

발톱을 깎다
cortarse las uñas
de los pies

발톱을 다듬다
retocarse las
uñas de los pies

발톱을 칠하다
pintarse las uñas
de los pies

발톱이 빠지다
caerse la uña
del pie

발톱을 숨기다
(비유적 표현)
esconder las garras

발톱을 세우다
(비유적 표현)
afilar las garras

FRASES PARA USAR

아이는 발가락을 꼼지락거리며 TV를 보고 있었다.
El niño estaba viendo la televisión moviendo los dedos de los pies.

그녀는 발가락을 쫙 펴고 발톱을 칠하고 있었다. Ella estaba pintándose con las uñas de los pies abiertos.

아기는 자기 발가락을 깨물고 있었다. El bebé se mordía los dedos de los pies.

나는 3주에 한 번 정도 발톱을 깎는 것 같아.
Creo que me corto las uñas de los pies una vez cada tres semanas.

예전에 발톱 하나가 빠져서 고생을 했다. En el pasado se me cayó una uña del pie y sufrí mucho.

CAPÍTULO

4

전신

TODO EL CUERPO

눕다
acostarse

반듯이 눕다
acostarse
boca arriba

모로 눕다
acostarse de
lado[costado]

엎드리다
acostarse
boca abajo

몸을 웅크리고 눕다
acurrucarse,
acostarse en
posición fetal

잠을 못 자고
뒤척이다
dar vueltas
y vueltas

잠에서 깨다, 일어나다
despertarse,
levantarse

침대에서
벌떡 일어나다
levantarse
de un salto

자리에서 일어나다
levantarse (de ~)

벌떡 일어나다
levantarse
de repente,
ponerse de pie

똑바로 서다
ponerse
derecho[de pie]

까치발로 서다
(발끝으로 서다)
ponerse de puntillas

한 발로 서다
estar sobre un pie

한 발로 균형을 잡다
equilibrarse
en una pierna

FRASES PARA USAR

그는 옆으로 누워 있었다.	Él estaba acostado de lado.
그 아이는 소파에 엎드려 있었다.	El niño estaba acostado boca abajo en el sofá.
강아지가 몸을 웅크리고 누워 있다.	El perro está acurrucado.

그는 한참을 뒤척이다 잠들었다.
Él dio vueltas y vueltas por mucho tiempo y se quedó dormido.

그녀는 벨소리를 듣고 벌떡 일어났다.	Ella se puso de pie de un salto cuando escuchó el timbre.
한 발로 서서 얼마나 있을 수 있어?	¿Cuánto tiempo puede estar sobre un pie?

몸을 (왼쪽/오른쪽으로)
돌리대[틀다]
girar el cuerpo
(hacia la izquierda/
derecha)

몸을 앞으로
숙이다
inclinarse hacia
adelante

몸을 왼쪽/오른쪽으로
기울이다
inclinar el cuerpo
hacia la izquierda/
derecha

몸을 앞으로 굽히다
doblarse hacia
adelante

몸을 뒤로 젖히다
inclinarse hacia
atrás

탁자로
몸을 굽히다
inclinarse
sobre la mesa

책상에 엎드리다
acostarse en la mesa

몸을 뒤로 기울이다
reclinarse
hacia atrás

의자에 등을 기대고 앉다
recostarse en la silla,
sentarse respaldado en la silla

자세를 바로 하다
enderezar
la postura

몸을 흔들다
sacudir[mover]
el cuerpo

몸을 꼼지락거리다,
안절부절못하다
estar inquieto

FRASES PARA USAR

몸을 오른쪽으로 돌리고 왼쪽 팔을 드세요.
Gira tu cuerpo hacia la derecha y levanta el brazo izquierdo.

그녀는 몸을 앞으로 숙여서 바위에 적힌 글귀를 읽었다.
Ella se inclinó hacia adelante y leyó la escritura en la roca.

그는 몸을 뒤로 젖히고 하늘을 올려다보았다.   Él se inclinó hacia atrás y miró hacia el cielo.

그는 의자에 등을 기대고 낮잠을 잤다.   Él se recostó en su silla y tomó una siesta.

자세를 바로 하도록 늘 신경 써라.   Siempre ten cuidado al enderezar la postura.

쭈그리고 앉다
ponerse en cuclillas,
agacharse

몸을 움츠리다
encorvar el cuerpo

몸을 낮추다
agachar el cuerpo

몸을 옹송그리다, 웅크리다
(등을 둥글게 하고 팔다리를 몸에
가까이 붙인 자세)
acurrucarse

몸을 떨다
temblar,
estremecerse

비틀거리다
tambalearse

몸을 가누다,
균형을 유지하다
mantener el equilibrio

운동하다
entrenar,
hacer ejercicio

몸을 풀다, 준비운동을 하다
calentar, hacer ejercicios
de calentamiento

FRASES PARA USAR

그는 우체통 뒤에 쭈그리고 앉아 숨었다.　　　Él se agachó detrás del buzón y se escondió.

그 여자는 어느 추운 겨울밤에 담요를 덮고 몸을 옹송그렸다.
La mujer se acurrucó con una manta en una fría noche de invierno.

그 남자는 술을 많이 마셔서 비틀거렸다.　　　El hombre se tambaleó por beber demasiado.

규칙적으로 적당히 운동을 하는 것이 건강에 좋다.
Es bueno para la salud hacer ejercicio de forma regular y adecuada.

달리기 전에 준비운동을 해야 한다.　　　Debes calentar antes de correr.

2 몸 관리

MP3 022

몸을 청결하게 유지하다
mantener el cuerpo
limpio

샤워하다
ducharse

더운물로/찬물로 샤워하다
ducharse con agua
caliente/fría

몸에 비누칠을 하다
enjabonarse el cuerpo

목욕하다
tomar un baño,
bañarse

더운물로/찬물로 목욕하다
tomar un baño caliente/frío,
bañarse con agua caliente/fría

탕에 몸을 담그다
sumergirse en
una[la] bañera

반신욕을 하다
tomar un baño de la parte
inferior del cuerpo

몸을 녹이다
calentarse

FRASES PARA USAR

몸을 항상 청결하게 유지하는 게 좋다.   Es bueno mantener el cuerpo limpio siempre.

나는 여름에도 찬물로 샤워를 못 해요.   No puedo ducharme con agua fría ni siquiera en verano.

이제 집에 가서 뜨거운 물로 목욕을 할 거예요.   Ahora me voy a casa a bañarme con agua caliente.

일이 많은 날은 뜨거운 탕에 몸을 담그면 스트레스가 풀려요.
En los días que tengo mucho trabajo, sumergirme en un baño caliente me ayuda a aliviar
el estrés.

한국에서는 많은 사람들이 반신욕을 한다.
En Corea, muchas personas toman un baño de la parte inferior del cuerpo.

몸을 따뜻이 하다
mantenerse caliente

담요로 몸을 감싸다
envolverse en una manta

소파에 몸을 파묻다
acurrucarse
en el sofá

몸을 편하게 하다, 긴장을 풀다
relajarse

건강을 잃다/해치다
perder/arruinar la salud

회복하다
recuperarse, ponerse bien, mejorar

몸조심하다, 자기 몸을 돌보다
cuidar de uno mismo

FRASES PARA USAR

몸을 늘 따뜻하게 하도록 하세요.	Asegúrate de que tu cuerpo esté siempre caliente.
그녀는 소파에 몸을 파묻고 책을 읽고 있다.	Ella está leyendo un libro acurrucada en el sofá.
잠을 충분히 자지 않으면 건강을 해칠 수도 있어요.	Si no duerme suficiente, puede dañar su salud.

그는 뇌수술을 받았고, 지금 회복하고 있다.
Ella tuvo una cirugía cerebral y ahora se está recuperando.

혼자 사는 사람은 항상 자기 몸을 돌봐야 한다.	Las personas que viven solas siempre deben cuidarse.

3 기타

꾸미다, 몸을 치장하다
arreglarse

옷을 차려입다
vestirse

거울에 몸을 비춰 보다
mirarse en el espejo

몸을 숨기다
esconderse[ocultarse]
el cuerpo

~의 몸을 밀치다
empujar el cuerpo
de alguien

~의 몸을 수색하다
registrar[buscar] el cuerpo
de alguien

FRASES PARA USAR

그는 옷을 차려입고 데이트를 하러 갔다.
Él se vistió y salió a una cita.

그녀는 새 옷을 입고 거울에 자기 모습을 비춰 보았다.
Ella se puso su ropa nueva y se miró en el espejo.

그 사람은 속세로부터 몸을 숨겼다.
El hombre se escondió del mundo.

경찰이 용의자의 몸을 수색했다.
La policía busca el cuerpo del sospechoso.

PARTE II

일상생활 속

행동 표현

의

LA ROPA

1 옷 입기

MP3 024

* ponerse 다음에는
목적어가 와야 하지만
vestirse는 목적어가 필요 없다.
vestirse 자체로
'옷을 입다'라는 뜻이다.

옷을 입다
**vestirse,
ponerse la ropa**

옷을 벗다
**desvestirse,
quitarse la ropa**

~에 머리를 넣다
meter la cabeza en ~

소매에 팔을 넣다
**ponerse[meterse]
el brazo en la manga**

~의 단추를 채우다
**abotonarse,
abrocharse de ~**

~의 단추를 풀다
desabrocharse de ~

~의 지퍼를 올리다
**subirse la cremallera
de ~**

바지의 지퍼를 올리다
**subirse la cremallera
del pantalón**

지퍼를 내리다
**bajarse
la cremallera**

허리띠를 채우다
**abrocharse[ponerse]
el cinturón**

허리띠를 풀다
**desabrocharse
[quitarse] el cinturón**

FRASES PARA USAR

그는 외출하기 위해 옷을 입고 있다.
Él se está vistiendo para salir.

그녀는 집에 돌아와서 재킷을 벗고 소파에 누웠다.
Cuando ella regresó a casa, se quitó la chaqueta y se acostó en el sofá.

아이는 티셔츠 소매에 팔을 넣느라 고생하고 있다.
El niño lucha por meter el brazo en la manga de la camiseta.

오른손을 다쳐서 셔츠의 단추를 잠그기가 힘들다.
Como me lastimé la mano derecha, es difícil abotonarme la camisa.

그는 화장실에 다녀와서 바지 지퍼 올리는 걸 깜빡했다.
Él se olvidó de subirse la cremallera de su pantalón después de ir al baño.

소매를 걷다
arremangar,
doblar la manga
de la camisa

바짓단을 접다
hacerle un dobladillo
al pantalón, doblar el
pantalón

옷깃을 세우다
levantar el
cuello de la
camisa

(동작)
ponerse el
sombrero

모자를
쓰다

(상태)
llevar[usar]
el sombrero

모자를 벗다
quitarse
el sombrero

모자를 거꾸로
쓰고 있다
llevar la gorra
al revés

모자를 푹
눌러 쓰고 있다
usar un sombrero
profundo

목에 스카프를 두르다
ponerse[usar]
una bufanda
alrededor del cuello

넥타이를 매다
atarse[anudarse]
la corbata

넥타이를 풀다
desatarse[quitarse]
la corbata

넥타이를 고쳐 매다
arreglar[acomodar]
la corbata

셔츠의 커프스 단추를 채우다
ponerse[colocar]
gemelos

FRASES PARA USAR

그는 날씨가 더워서 셔츠의 소매를 걷었다.　　　Hacía calor así que él se arremangó la camisa.

그 아이는 바지가 너무 길어서 바짓단을 접었다.
El niño se dobló los pantalones porque eran demasiado largos.

바람이 세게 불어서 그녀는 트렌치코트의 옷깃을 세웠다.
El viento soplaba tan fuerte que se subió el cuello del abrigo.

그는 모자를 벗고 선생님께 고개 숙여 인사했다.
Él se quitó el sombrero y saludó inclinando la cabeza al maestro.

범인은 모자를 푹 눌러 쓰고 있어서 우리는 그의 얼굴을 알아볼 수 없었다.
El criminal llevaba un sombrero que le cubría los ojos, por lo que no pudimos distinguir su cara.

장갑을 끼다

(동작)
ponerse
los guantes

(상태)
llevar[usar]
los guantes

장갑을 벗다

quitarse
los guantes

신발을 신다

(동작)
ponerse
los zapatos

(상태)
llevar[usar]
los zapatos

신발을 벗다
descalzarse,
quitarse los zapatos

귀걸이/목걸이/팔찌/반지를 하다

(동작)
ponerse accesorios
(aretes/collar/pulsera/anillo)

(상태)
llevar accesorios
(aretes/collar/pulsera/anillo)

(귀걸이/목적이/팔찌/번지)

외투를 어깨에 걸치다

ponerse el abrigo
en el hombro

옷을 꺼입다
abrigarse

옷을 갈아입다
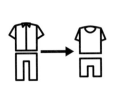
cambiarse
de ropa

입을 옷/정장/셔츠를 고르다

escoger ropa de vestir/
trajes/camisas

FRASES PARA USAR

한국에서는 집에 들어갈 때 신발을 벗어야 한다.
En Corea, hay que quitarse los zapatos al entrar a la casa.

그녀는 새로 산 진주 귀걸이를 했다.　　Ella lleva puestos sus nuevos aretes de perlas.

그는 어깨에 스웨터를 걸쳤다.　　Él se puso un suéter sobre el hombro.

추워서 나는 오늘 옷을 꺼입었다.　　Hacía mucho frío, así que me abrigué.

그는 땀을 많이 흘려서 옷을 갈아입었다.　　Como había sudado mucho, él se cambió de ropa.

2 옷 관리

세탁물을 분류하다
separar la ropa para lavar

흰 빨랫감과 색깔 있는 빨랫감을 분리하다
separar la ropa blanca y de color

빨래하다, 세탁하다
lavar la ropa

세탁기를 돌리다
usar la lavadora

(~를) 손빨래하다
lavar a mano (algo)

세탁기에 빨래를 넣다
poner la ropa en la lavadora

세제/섬유유연제를 넣다
agregar detergente/suavizante

빨래를 헹구다
enjuagar la ropa

빨래를 탈수하다
centrifugar la ropa

세탁기에서 빨래를 꺼내다
sacar la ropa de la lavadora

(세탁기에서 꺼낸) 옷을 털다
sacudir la ropa
(de la lavadora)

(빨랫줄에) 빨래를 널다
colgar la ropa
(en el tendedero)

FRASES PARA USAR

오늘 빨래해야 해요.   Tengo que lavar la ropa hoy.

나는 속옷은 손빨래한다.   Lavo a mano mi ropa interior.

세탁기에 빨래를 넣은 다음 세제를 넣으세요.
Ponga su ropa en la lavadora, luego agregue el detergente.

섬유유연제를 꼭 넣어야 할까요?   ¿Debo agregar suavizante de telas?

세탁기에서 빨래를 꺼내서 널어 말려 주세요.
Saque la ropa de la lavadora y cuélguela para que se seque.

빨래를 걷다
desenganchar la ropa del tendedero
빨래를 건조기에 넣다
poner la ropa en la secadora
빨래를 건조기에서 꺼내다
sacar la ropa de la secadora

빨래를 말리다
secar la ropa

빨래를 개다
doblar, organizar la ropa

빨래를 삶다
hervir la ropa

옷에 풀을 먹이다
almidonar a (la ropa)

옷을 다림질하다
planchar la ropa

~에 물을 뿌리다
rociar sobre ~

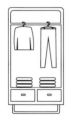

~(옷)을 (옷장에) 걸다
poner[colgar] ~ (en el armario)

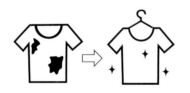

옷을 표백하다
blanquear la ropa

~을 드라이클리닝 맡기다
pedir ~ limpieza en seco

FRASES PARA USAR

빨래를 건조기에서 꺼냈으면 개야죠.
Después de sacar la ropa de la secadora, debe doblarla.

오늘 셔츠 5개를 다림질해야 해요.
Hoy tengo que planchar cinco camisas.

다림질하기 전에 옷에 물을 뿌려야 해요.
Debes rociar agua sobre la ropa antes de plancharla.

다림질한 셔츠를 옷장에 걸어 주세요.
Por favor, cuelgue su camisa planchada en el armario.

흰색 셔츠는 가끔 표백해야 한다.
Las camisas blancas deben blanquearse ocasionalmente.

오늘 코트와 재킷을 포함하여 많은 옷을 드라이클리닝 맡겼다.
Hoy dejé un montón de ropa, incluido un abrigo y una chaqueta, para que los lavaran en seco.

옷을 수선하다
arreglar la ropa

바지/치마/소매 길이를 줄이다

(직접)
acortar[ajustar] el largo del
pantalón/de la falda/
de la manga

(남에게 의뢰)
pedir ajustar el largo del
pantalón/de la falda/
de la manga

~(옷)의 품을 줄이다

(직접)
acortar[ajustar]
el ancho[pecho]
de la ropa

(남에게 의뢰)
pedir ajustar
el ancho[pecho]
de la ropa

바느질하다,
꿰매다
coser

바늘귀에
실을 끼우다
enhebrar el hilo
en la aguja

양말의 구멍을 꿰매다
coser el agujero del
calcetín, remendar
el calcetín

옷을 직접 만들다
hacerse su propia
ropa

재봉틀을 사용하다
usar
una máquina
de coser

재봉틀로 ~를 박다
coser ~ en la máquina
de coser

FRASES PARA USAR

나는 의류 수선집에서 치맛단을 줄였다.	Corté la falda en un taller de costura.
그는 바느질할 줄을 모른다.	Él no sabe coser.
나는 양말에 난 구멍을 꿰매서 다시 신었다.	Cosí un agujero del calcetín y me lo volví a poner.
그 여성은 가끔 옷을 직접 만들어 입는다.	La mujer a veces hace su propia ropa.
그녀는 재봉틀을 써서 쿠션을 만들었다.	Ella hizo el cojín usando la máquina de coser.

4 셀프 빨래방 이용법

MP3 027

동전을 준비하다
tener las
monedas listas

지폐를 동전으로 교환하다
conseguir cambio,
cambiar el billete
por monedas

세제와 섬유유연제
시트를 구입하다
comprar el detergente
y hojas de suavizante

세탁기를 선택하다
seleccionar
la lavadora

세탁물을 세탁기에 투입하다
cargar[poner] la ropa
en la lavadora

세제를 넣다
agregar el
detergente

세탁기 문을 닫고
손잡이를 돌려 밀폐하다
cerrar la puerta y girar
la manija para sellarla

세탁 코스를 선택하다
seleccionar el
ciclo de lavado

동전을 넣다
insertar la moneda

세탁기에서
세탁물을 꺼내다
sacar la ropa
de lavadora

세탁물을 건조기에 넣다
poner la ropa
en la secadora

섬유유연제 시트를 넣다
agregar la hoja
de suavizante

secar en
temperatura baja
(저온 건조)

secar en
temperatura media
(중간 온도 건조)

secar en
temperatura alta
(고온 건조)

건조 온도를 설정하다
programar la temperatura
de la secadora

시작 버튼을 누르다
presionar
el botón de inicio

Pedir
ajustar

el largo

del.

pantalón.

CAPÍTULO

2

식

LA COMIDA

식재료 손질, 보관

~를 찬장에 넣다
poner ~ en
el mueble

~를 냉장고[냉장실]에/
냉동고[냉동실]에 넣다
poner ~ en el
refrigerador/congelador

~를 냉장 보관하다
mantener ~
en el refrigerador,
mantener refrigerado

~를 냉동 보관하다
mantener ~ en el
congelador,
mantener ~ congelado

~를 냉장고[냉장실]/
냉동고[냉동실]에서 꺼내다
sacar ~ del
refrigerador/congelador

~를 냉동하다
congelar ~

~를 해동하다
descongelar ~

쌀을 씻다
lavar el arroz

쌀을 물에 불리다
remojar el arroz
en el agua

채소를 씻다
lavar las verduras

채소를 다듬다, 손질하다
cortar las verduras,
lavar las verduras

고기에서 기름을 떼어 내다
quitarle la grasa
a la carne

FRASES PARA USAR

그는 사 온 식품을 바로 냉장고에 넣었다.
Él puso inmediatamente la comida que había comprado en el refrigerador.

이 제품은 냉동 보관해야 한다.   Este producto debe mantenerse congelado.

나는 고기를 냉동실에서 꺼내어 해동했다.   Saqué la carne del congelador y la descongelé.

쌀을 씻어서 물에 불려 두었다.   Dejé el arroz lavado y remojado en agua.

우리 어머니는 밭에서 뜯어 온 채소를 다듬으셨다.
Mi madre cortó[limpió] las verduras que había juntado del campo.

생선을 손질하다
limpiar el pescado
생선 내장을 빼다
destripar el pescado

상한 부분을 도려내다
quitar[cortar]
la parte podrida

껍질을 벗기다
pelar

자르다, 썰다
cortar

~을 토막 내다
cortar ~ en
pedazos

고기나 생선의 뼈나
가시를 발라내다
cortar en filetes

잘게 썰다
picar

채썰다
cortar
en tiras

얇게 썰다
rebanar,
cortar en rodajas

깍둑썰기하다
cortar ~ en
cubos

다지다, 고기를 갈다
moler la carne,
picar finamente

갈다, 빻다
moler

강판에 갈다
rallar

즙을 짜다
exprimir,
apretar

FRASES PARA USAR

생선 손질하는 건 어렵다.　　　　　　　　Es difícil limpiar un pescado.

고등어는 두 토막 내 주세요.　　　　　　Corte la caballa en dos piezas, por favor.

김밥에 넣을 당근은 채썰어야 해요.　　Tienes que cortar en tiras las zanahorias para el kimbap.

카레에 넣을 감자는 깍둑썰기해 주세요.　Por favor, corte las patatas en cubos para el curry.

만두를 만들기 위해 고기를 다졌다.　　Piqué finamente la carne para hacer empanadillas.

생강을 강판에 갈아서 생강차를 만들었다.　Hice té de jengibre rallando el jengibre con un rallador.

2 음식 조리

MP3 029

밥을 짓다, 밥을 하다
**hacer el arroz,
cocinar el arroz**

김치를 담그다
hacer kimchi

소금에 절이다
salar
소금에 절인
salado

오이 피클을 만들다
escabechar pepinillos

양념에 재워 두다
marinar
양념에 재워 둔
marinado

양념하다, 무치다
sazonar
양념한
sazonado

찌다
vaporizar

채소를 데치다
**hervir
verduras**

끓이다, 삶다
hervir

약한 불로 끓이다
**hervir a fuego
lento**

부치다, 기름에 굽다
**cocinar[asar]
en aceite**

기름에 튀기다
freír en aceite

FRASES PARA USAR

그는 난생 처음 밥을 해 보았다.
Él cocinó arroz por primera vez en su vida.

김치를 담그는 일은 생각보다 어렵지 않았다.
Hacer kimchi no fue tan difícil como pensaba.

한국인들은 갈비를 양념에 재워 뒀다가 요리한다.
Los coreanos marinan las costillas antes de cocinarlas.

나는 된장과 참기름을 넣어 나물을 무쳤다.
Sazoné las verduras con pasta de soja fermentada y aceite de sésamo.

달걀은 15분 정도 삶아.
Hierve los huevos durante unos quince minutos.

오징어를 통째로 튀겨 본 적 있어요?
¿Alguna vez has freído un calamar entero?

볶다
saltear

뒤집다
voltear

(빵을) 굽다
hornear (el pan)

(오븐이나 불에) 굽다
asar a fuego

(석쇠나 그릴에) 굽다
asar (a la parrilla)

고기를 통째로 굽다,
직화로 굽다
asar carne entera

젓다, 섞다
revolver,
remover

섞다, 버무리다
mezclar

으깨다
aplastar

(달걀 등을) 휘저어 거품을 내다
batir, agitar

FRASES PARA USAR

양파와 파프리카, 소시지를 볶다가 케첩을 넣어서 맛을 내요.
Saltea la cebolla, el pimiento y la salchicha. Después agrega kétchup al gusto.

부침개를 깔끔하게 뒤집는 건 쉽지 않다.　　　　No es fácil voltear perfectamente el buchimgae.

오븐에 구운 쇠고기와 그릴에 구운 쇠고기 중 어느 걸 더 좋아해요?
¿Qué prefieres, carne asada o carne a la parrilla?

삶은 감자를 으깨서 마요네즈, 소금, 후추와 함께 버무리세요.
Aplaste las patatas hervidas y mezcle con mayonesa, sal y pimienta.

달걀에 기름과 식초를 넣고 한참 휘저으면 마요네즈가 된다.
Agrega aceite y vinagre a los huevos y bate un tiempo, tendrás mayonesa.

붓다
verter

뿌리다
espolvorear

(버터, 잼 등을) 펴 바르다
untar (mantequilla,
mermelada)

달걀을 깨다
romper un huevo

밀가루를 반죽하다
hacer masa de harina

반죽을 치대다
amasar la masa

반죽을 발효시키다
fermentar la masa

밀어서 납작하게 만들다
estirar la masa

쿠키 틀을 사용하다
usar molde de galletas

FRASES PARA USAR

파스타 위에 파슬리 가루를 뿌리면 보기 좋다.
Espolvorea perejil encima de la pasta para que se vea bien.

그 아이는 달걀을 생전 처음 깨 보았다.　　　La niña rompió un huevo por primera vez en su vida.

반죽을 30분 정도 치대야 해요.
Hay que amasar la masa durante unos treinta minutos.

반죽을 1시간씩 2번 발효시키세요.　　　Fermenta la masa dos veces cada hora.

나는 별 모양 쿠키 틀을 사용했다.　　　Yo usé el molde de galletas en forma de estrella.

3 주방 용품, 조리 도구 사용

MP3 030

가스 불을 줄이다/키우다
**reducir/aumentar
el fuego del gas**

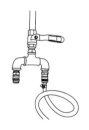

가스를 차단하다
cerrar[apagar] el gas

가스레인지를 켜다/끄다
encender/apagar la estufa de gas

가스 밸브를 잠그다/열다
cerrar/abrir la válvula de gas

밥솥으로 밥을 하다
**cocinar arroz en
una arrocera**

전자레인지에 ~를 데우다
**calentar ~ en
el microondas**

토스트를 굽다
tostar, hacer tostadas

오븐에 빵을 굽다
hornear pan en el horno

오븐에 고기를 굽다
**asar la carne
en el horno**

에어프라이어로 ~를 요리하다
**cocinar[hacer] ~
en la freidora de aire**

FRASES PARA USAR

찌개가 끓기 시작하면 불을 줄이세요.
Baje el gas cuando el guiso empiece a hervir.

가스레인지를 사용하고 나면 가스 밸브를 잠그세요. Cierre la válvula de gas después de usar la estufa de gas.

전자레인지에 1분 정도 데워서 드세요.
Coma después de calentar en el microondas aproximadamente un minuto.

토스트를 구운 다음 버터와 잼을 발라 커피와 함께 먹었다.
Después de hacer tostadas unté mantequilla y mermelada y lo tomé con una taza de café.

에어프라이어로 기름을 사용하지 않고 튀김 요리를 만들 수 있다.
Puede hacer comidas fritas con la freidora de aire sin usar aceite.

주전자로/전기주전자로
물을 끓이다
hervir el agua en la
tetera/tetera eléctrica

커피 메이커로
커피를 내리다
preparar[hacer] café
con una cafetera

도마에서 ~를 자르다[썰다]
cortar[picar] ~
en una tabla de cortar

믹서로 ~를 섞다
licuar ~
con licuadora

주방 저울로
~의 무게를 달다
pesar[medir] ~ con
una báscula de cocina

체에 ~를 거르다
colar ~
por un tamiz

행주로 식탁을 닦다
limpiar la mesa con
un paño de cocina

주방 후드를 켜다
encender
la campana
de la cocina

식기세척기에 그릇을 넣다
poner un recipiente
en el lavavajillas

식기세척기의
전원을 켜다
encender
el lavavajillas

식기세척기를 돌리다
usar el lavavajillas

앞치마를 두르다

(동작)
poner
el delantal
de cocina

(상태)
llevar
el delantal
de cocina

FRASES PARA USAR

전기 주전자로 물 좀 끓여 주세요.
Por favor hierva un poco de agua con el hervidor eléctrico.

그녀는 도마에 대고 두부를 잘랐다.　　Ella cortó tofu en la tabla de cortar.

그녀는 채소와 과일을 믹서에 넣고 섞었다.　　Ella mezcló las frutas y verduras en la licuadora.

주방 저울로 그 가루의 무게를 달아 보았다.　　Medí el peso del polvo con la báscula de cocina.

식기세척기에 그릇을 넣어 주렴.　　Pon los platos en el lavavajillas.

4 음식 먹기, 대접하기

MP3 031

식사를 하다
comer, tener una comida

아침/점심/저녁을 먹다
comer[tener] el desayuno/
el almuerzo/la cena

간식을 먹다
comer[tener]
una merienda

간식으로 ~을 먹다
comer ~ como merienda

야식을 먹다
cenar tarde

음식을 덜어 먹다
poner la comida
en el plato y comer

음식을 나눠 먹다
compartir comida
con otros

음식을 권하다
ofrecer comida

상을 차리다
poner la mesa

상을 치우다
limpiar la mesa

국자로 ~를 뜨다
servir ~ con un cucharón

주걱으로 밥을 푸다
sacar arroz con
una espátula de arroz

FRASES PARA USAR

간식으로는 토마토와 사과, 우유를 드세요.　　Para la merienda, coma tomates, manzanas y leche.

나는 야식 먹는 습관을 버려야 한다.
Necesito romper el hábito de cenar tarde.

전염병을 예방하려면 음식은 각자 접시에 덜어서 먹어야 한다.
Para prevenir enfermedades infecciosas, debe servirse en un plato y luego comerla.

요리가 거의 다 되었으니 상을 차려 주세요.
Casi termino de cocinar, por favor ponga la mesa.

조리사들이 직원들에게 국자로 국을 떠 주고 있다.
Los cocineros están sirviendo sopa con cucharón para los empleados.

숟가락으로 ~(음식)를 뜨다
cucharear ~,
sacar ~ con la cuchara

젓가락으로
~(음식)를 집다
agarrar ~ con
los palillos

포크로 ~(음식)를 찍다
agarrar ~
con un tenedor

숟가락/젓가락/ 포크/
나이프를 사용하다
usar una cuchara/
unos palillos/
un tenedor/un
cuchillo

칼로 ~(음식)를 자르다
cortar ~ con un cuchillo

~(음식)를 씹다
masticar ~

~(음식)를 우물거리다
masticar ~,
seguir masticando ~

~(음식)를 삼키다
tragar ~

국물을 마시다
tomar el caldo

~를 벌컥벌컥 마시다
tragar ~ rápidamente

고기를 상추와 깻잎에 싸 먹다
comer carne envuelta en
hojas de lechuga y perilla

FRASES PARA USAR

나는 젓가락질을 잘 못해서 젓가락으로 음식을 집는 게 힘들다.
No soy bueno usando palillos así que es difícil agarrar la comida.

나는 오른쪽 어금니가 아파서 그쪽으로는 음식을 씹지 못한다.
Me duele la muela derecha y no puedo masticar comida en ese lado.

음식을 삼키기 어려운 사람들도 있다.
Hay algunas personas que tienen dificultad para tragar alimentos.

한국에서는 고기를 상추와 깻잎에 싸서 먹는다.
En Corea, la carne se come envuelta en hojas de lechuga y perilla.

〜(음식)를 게걸스럽게 먹다, 허겁지겁 먹다
devorar, comer ~ a toda prisa

〜(음식)를 깨작거리다
comer con desgana,
mordisquear en ~

쩝쩝거리다 (시끄럽게 소리 내며 먹다)
comer ruidosamente con la boca abierta,
lamerse los labios mientras se come

〜(음식)를
억지로 삼키다
tragar ~

〜(음식)를 뱉다
escupir ~

냅킨으로 입을 닦다
limpiarse la boca
con la servilleta

〜(음식)를 내놓다
servir ~

〜(음식)를 싸 주다
entregar ~ para
llevar a casa

FRASES PARA USAR

그 남자는 배가 너무 고파서 허겁지겁 밥을 먹었다.
El hombre tenía tanta hambre que comió a toda prisa.

깨작거리지 말고 많이 좀 먹어.
No mordisquees tu comida. Come bien.

그 남자는 쩝쩝거리면서 밥을 먹어서 거슬려.
Me molesta que el hombre coma ruidosamente con la boca abierta.

우리 고양이는 입맛에 안 맞는 음식은 바로 뱉는다.
Mi gato escupe la comida de inmediato si no le gusta.

우리 엄마는 내가 엄마를 보러 갈 때마다 여러 가지 반찬을 집에 가져가라고 싸 주신다.
Cada vez que voy a ver a mi madre, me empaca un montón de guarniciones para que me las lleve a casa.

CAPÍTULO

3

외식

COMER FUERA

카페에서

MP3 032

마실 음료를 고르다
elegir una bebida,
seleccionar que beber

음료를 주문하다
pedir una bebida

음료 값을 계산하다
pagar por
las bebidas

기프티콘을 음료로 교환하다
cambiar tarjetas de
regalo por bebidas

기프티콘으로 음료를 구매하다
comprar una bebida
con una tarjeta de regalo

기프티콘 바코드를 찍다
escanear el código
de barras de
una tarjeta de regalo

키오스크에서
주문하다
pedir en
el quiosco

전광판에서 번호를 확인하다
verificar el número en
la pantalla electrónica

진동벨이 울리다
sonar el timbre

주문한 음료를 받다
recoger tu pedido
de bebida

~에 시럽을 추가하다
añadir jarabe a ~

FRASES PARA USAR

요즘은 카운터에서 음료를 주문해야 하는 카페가 많다.
Estos días, hay muchos cafés donde tienes que pedir las bebidas en el mostrador.

자리에 앉아 종업원에게 음료를 주문하는 카페도 여전히 있다.
Todavía hay cafés donde puedes pedir sentado las bebidas al camarero.

나는 친구에게 선물 받은 기프티콘으로 음료를 구매했다.
Compré una bebida con la tarjeta de regalo que me dio mi amigo.

진동벨이 울리면 카운터에 가서 음료를 받아 오면 된다.
Cuando suene el timbre, puedes pasar al mostrador y traer la bebida.

음료를 주문한 후 주문한 음료를 받아서 자리로 가져간다.
Después de pedir una bebida, recoges tu pedido y la llevas a tu asiento.

(카페 등에서) 자리를 잡다
conseguir una mesa[asiento]

~를 마시다
tomar ~,
beber ~

대화를 나누다, 수다 떨다
hablar, charlar,
tener una charla

커피를 마시며
tomando el café

화장실을 이용하다
usar el baño

~를 테이크아웃하다
comprar[pedir] ~ para llevar

QR코드를 찍다
registrar con código QR,
escanear el código QR

빈/사용한 컵과 쟁반을 반납하다
devolver tazas y bandejas vacías/usadas

FRASES PARA USAR

우리는 카페에서 커피를 마시며 수다를 떨었다.   Charlamos mientras tomamos un café en la cafetería.

그녀는 화장실을 이용하기 위해서 카페에 가서 음료를 한 잔 구입했다.
Ella compró una bebida en un café para usar el baño.

나는 아이스 카페라떼 한 잔을 테이크아웃했다.   Compré un vaso de café con leche helado para llevar.

요즘은 카페에 들어갈 때 QR코드를 찍어야 한다.
Estos días, tienes que escanear un código QR para entrar a un café.

그 카페를 나올 때는 빈 컵과 쟁반을 반납해야 한다.
Tienes que devolver tus tazas y bandejas vacías cuando salgas de la cafetería.

2 음식점에서

MP3 033

~명 자리를 예약하다
reservar una mesa para ~ (personas),
hacer una reserva para ~ (personas)

줄 서서 기다리다
hacer fila

대기 명단에 이름을 올리다
poner el nombre
en la lista de espera

메뉴를 고르다
elegir un menú[plato]

종업원을 부르다
solicitar[llamar]
un empleado[camarero]

메뉴 추천을 부탁하다
pedir una recomendación
del menú

와인 리스트를
부탁하다
pedir la lista
de vinos

식사를 주문하다
pedir[ordenar]
la comida

식탁에 수저를 놓다
poner la cuchara y
los palillos en la mesa

잔에 물을 따르다
verter agua
en un vaso

FRASES PARA USAR

나는 그 식당에 전화로 6명 자리를 예약했다.
Yo llamé al restaurante y reservé una mesa para seis personas.

그 식당은 인기가 많아서 줄 서서 기다려야 해요.
Ese restaurante es tan popular que tienes que esperar haciendo fila.

나는 그 식당에서 대기 명단에 이름을 올리고 30분쯤 기다렸다.
Puse mi nombre en la lista de espera del restaurante y esperé unos treinta minutos.

나는 식당에서 메뉴를 고르는 게 쉽지 않다.　　　No es fácil para mí elegir del menú en un restaurante.

그는 음식을 기다리면서 식탁에 수저를 놓고 잔에 물을 따랐다.
Mientras él esperaba la comida, puso cucharas y palillos en la mesa y vertió agua en el vaso.

여분의 접시/앞접시[개인접시]를
부탁하다
solicitar un plato
extra/individual

음식을 추가로 주문하다
pedir más[extra]
comida

고기를 굽다

(오븐에)
asar la carne
al horno

(석쇠나 불판에)
asar la carne
a la parilla

고기를 뒤집다
voltear la carne

고기를 (요리용) 가위로 자르다
cortar la carne
con tijeras (de cocina)

스테이크를 썰다
cortar la carne,
rebanar la carne

스파게티를 포크에 돌돌 말다
enrollar los espaguetis
en el tenedor

음식 사진을 찍다
sacarle fotos
a la comida

음식을 흘리다
dejar caer
la comida

물을 쏟다
derramar
el agua

음식에서 머리카락을
발견하다
encontrar un pelo
en la comida

음식에 관해
불평하다
quejarse de
la comida

FRASES PARA USAR

우리는 식당 종업원에게 앞접시를 부탁했다.
Le pedimos platos extra al camarero del restaurante.

한국에서는 고기를 구울 때 가위로 자른다.
En Corea, cuando asas carne, la cortas con tijeras.

스파게티는 포크에 돌돌 말아서 먹는 거래.
Los espaguetis se comen enrollándolos en el tenedor.

많은 사람들이 음식 사진을 찍어서 SNS에 올린다.
Muchas personas toman fotos a la comida y las publican en las redes sociales.

오늘 식당에서 식사를 하는데 음식에서 머리카락이 나왔다.
Hoy estaba comiendo en un restaurante y encontré un pelo en la comida.

남은 음식을 포장해서
집에 가져가다/가져오다
**envolver sobras y
llevar/traer a casa**

화장실을 이용하다
usar el baño

계산서를 요청하다
pedir la cuenta

음식값을 계산하다
**pagar la cuenta,
pagar por la
comida**

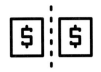

더치페이하다(각자 내다)
**pagar individual
[cada quien lo suyo]**

반반씩 내다
**pagar mitad y
mitad**

여럿이 나눠서 내다
dividir la cuenta

QR코드를 찍다
**registrarse con códigos QR,
escanear el código QR**

~(음식)을 포장 주문하다
pedir ~ para llevar

전화로 음식을 주문하다
**pedir comida
por teléfono**

배달앱으로 음식을 주문하다
**pedir comida
por la aplicación**

FRASES PARA USAR

식당에서 남은 음식을 포장해서 집에 가져왔다.
Envolví las sobras del restaurante y las traje a casa.

그 식당은 음식값 계산이 선불이다.
Tenemos que pagar la comida por adelantado en ese restaurante.

친구들과 만나서 식사를 하면 우리는 음식값을 나눠서 낸다.
Cuando nos reunimos con amigos para comer, dividimos la cuenta.

나는 엄마를 드리려고 같은 음식을 하나 더 포장 주문했다.
Pedí para llevar de la misma comida, para darle a mi madre.

요즘은 배달앱으로 음식을 주문하는 사람들이 많다.
Estos días, muchas personas piden comida por aplicaciones.

Compré un café con leche helado para llevar.

CAPÍTULO

4

주

LA VIVIENDA

장소별 행동 ① – 침실

잠자리에 들다
irse a la cama,
irse a dormir

~에게
잘 자라고 인사하다
decir buenas
noches a ~

~시로 알람을 맞추다
configurar la alarma
para ~

(수면용) 안대를 하다
ponerse
un antifaz
para dormir

잠 못 들고 뒤척이다
dar vueltas en la
cama y no poder
dormir

잠들다
quedarse
dormido

잠을 자다
dormir

똑바로 누워서 자다
dormir derecho
[boca arriba]

옆으로 누워서 자다
dormir de lado
[de costado]

자면서 몸을 뒤척이다
dar vueltas y vueltas
mientras duerme

잠꼬대를 하다
hablar en sueños

코를 골다
roncar

자면서 이를 갈다
rechinar los dientes
al dormir

FRASES PARA USAR

내일 일찍 나가야 해서 알람을 5시로 맞췄다.
Tengo que salir temprano mañana, así que configuré la alarma a las cinco en punto.

나는 보통 옆으로 누워서 잔다.　　　　Suelo dormir de lado.

너 어젯밤에 잠꼬대하더라.　　　　　　Anoche estabas hablando en sueños.

우리 남편은 코를 심하게 골아요.　　　Mi esposo ronca fuerte.

내 동생은 자면서 이를 간다.　　　　　Mi hermano rechina los dientes al dormir.

침대를 정리하다
hacer la cama

방바닥에 이부자리를 펴다
hacer la cama
en el piso

이부자리를 개다
organizar
y doblar
las sábanas

이불을 덮다
cubrirse con
la colcha

(자면서) 이불을 차다
patear
la colcha

침대 시트를 갈다
cambiar
las sábanas
de la cama

베개 커버를 갈다
cambiar la
funda de la
almohada

잠에서 깨다
despertarse

잠자리에서 일어나다
levantarse,
salirse de la
cama

(자다가) 침대에서
떨어지다
caerse de la cama
mientras duerme

알람을 끄다
apagar
la alarma

기지개를 켜다
estirar el cuerpo,
desperezarse

하품하다
bostezar

잠옷을 입다/벗다
ponerse/quitarse
el pijama

~(옷)을 입다
ponerse ~

FRASES PARA USAR

매일 침대를 정리해야지.
Debes hacer tu cama todos los días.

우리 할머니는 주무시려고 방바닥에 이부자리를 펴셨다.
Mi abuela hizo la cama en el piso para dormir.

베개 커버를 얼마나 자주 갈아요?
¿Cada cuánto cambias las fundas de tus almohadas?

그녀는 잠자리에서 일어나서 기지개를 켰다.
Ella se levantó de la cama y se estiró.

그는 잠옷을 벗고 옷을 입었다.
Él se quitó el pijama y se puso la ropa.

2 장소별 행동 ② – 거실, 서재

MP3 035

휴식을 취하다
descansar,
tomar un descanso

소파에 눕다
acostarse en el sofá

창밖을 내다보다
mirar por la ventana

책을 읽다
leer un libro

그림을 그리다
dibujar, pintar un cuadro

피아노/기타를 연주하다
tocar el piano/la guitarra

FRASES PARA USAR

그녀는 퇴근 후에는 거실에서 TV를 보며 느긋하게 쉰다.
Después del trabajo, ella se relaja viendo la televisión en el salón.

지난 일요일, 나는 하루 종일 소파에 누워 TV를 보았다.
El domingo pasado, me acosté en el sofá viendo la televisión todo el día.

우리 고양이는 캣타워에 앉아서 거실 창밖을 내다보는 걸 좋아한다.
A mi gato le gusta sentarse en la torre para gatos y mirar por la ventana del salón.

그는 주말에는 서재에서 책을 읽거나 그림을 그린다.
Los fines de semana él lee o dibuja en su escritorio.

맨손체조를 하다
hacer ejercicios a manos libres

요가를 하다
hacer[practicar] yoga

인터넷 서핑을 하다
navegar por Internet

컴퓨터로/노트북에 글을 쓰다
escribir en
la computadora/el portátil

SNS를 하다
usar redes sociales,
publicar comentarios en ~,
subir fotos en ~

TV/영화/넷플릭스/유튜브를 보다
ver la TV/películas/Netflix/vídeos en YouTube

FRASES PARA USAR

나는 매일 거실에서 맨손체조를 한다.
Hago ejercicios a manos libres en el salón todos los días.

나는 서재에서 인터넷 서핑을 하거나 넷플릭스를 보면서 시간을 보낸다.
Paso mi tiempo navegando por Internet o viendo Netflix en mi estudio.

그녀는 매일 몇 시간을 SNS를 하면서 보낸다.
Todos los días ella pasa varias horas en las redes sociales.

그는 퇴근 후 저녁을 먹으면서 유튜브 동영상을 본다.
Después del trabajo él ve vídeos en YouTube mientras cena.

3 장소별 행동 ③ — 주방

MP3 036

요리하다, ~(음식)를 만들다
cocinar, hacer ~

빵을 굽다
hornear el pan

커피를 내리다
hacer[preparar] café

도시락을 싸다
preparar el almuerzo

식탁을 차리다
preparar la mesa

~(음식)을 먹다
comer ~

아침/점심/저녁 식사를 하다
desayunar/almorzar/
cenar

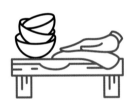

식탁을 치우다
limpiar la mesa

설거지하다
lavar los platos

FRASES PARA USAR

나는 얼마 전부터 빵을 굽기 시작했다.
Hace poco que empecé a hacer el pan.

그녀는 아침에 일어나면 제일 먼저 커피를 내린다.
Cuando ella se despierta por la mañana, lo primero que hace es hacer café.

나는 요즘 아침마다 도시락을 싼다.
Estos días, preparo un almuerzo todas las mañanas.

식사를 끝내면 바로 설거지를 하는 게 좋다.
Lo mejor es lavar los platos inmediatamente después de comer.

식기세척기의 전원을 켜다
encender el lavavajillas

식기세척기에 그릇을 넣다
poner los platos en el lavavajillas

식기세척기를 돌리다
poner el lavavajillas

냉장고를 정리하다, 청소하다
limpiar el refrigerador

음식물 쓰레기를 처리하다
desechar los residuos
de alimentos

주방 후드를 켜다
encender la campana de la cocina

FRASES PARA USAR

내가 요리를 하고, 남편이 식탁을 치우고 식기세척기를 돌린다.
Yo cocino y mi esposo limpia la mesa y pone el lavavajillas.

정기적으로 냉장고를 청소해야 한다.
Debes limpiar tu refrigerador regularmente.

음식물 쓰레기를 처리하는 게 설거지보다 더 번거롭고 복잡하다.
Desechar los desperdicios de comida es más complicado que lavar los platos.

요리를 할 때는 주방 후드를 켜도록 해.
Encienda la campana de la cocina cuando cocine.

4 장소별 행동 ④ – 욕실

MP3 037

손을 씻다
lavarse
las manos

세수하다
lavarse
la cara

양치질하다
cepillarse
los dientes

치실질을 하다
usar hilo dental

치간 칫솔을 쓰다
usar cepillos
interdentales

면도하다
afeitarse

머리를 감다
lavarse el pelo

머리를 말리다
secarse
el pelo

머리를 빗다
peinarse

머리를 손질하다(직접)
peinarse[hacerse]
el pelo

샤워하다
ducharse

목욕하다
tomar un
baño, bañarse

욕조에 물을 받다
llenar
la bañera

(몸에) 스킨/로션/크림을
바르다
aplicar tónico/
loción/crema
(en la cara)

(얼굴에) 바디 로션을
바르다
aplicar loción
corporal
(en el cuerpo)

FRASES PARA USAR

외출했다 돌아오면 바로 손을 씻어야지.   Lávese las manos nada más regresar a casa.

치실질을 하거나 치간 칫솔을 쓰세요.   Use hilo dental o use un cepillo interdental.

머리는 밤에 감는 게 더 좋다.   Es mejor lavarse el pelo por la noche.

보니는 데이트가 있어서 머리를 손질했다.   Bonnie tenía una cita así que se peinó.

샤워는 미지근한 물로 하는 게 더 좋다.   Es mejor ducharse con agua tibia.

피부가 건조하면 바디 로션을 꼭 바르세요.
Si tu piel es seca, asegúrate de aplicarte una loción corporal.

손톱/발톱을 깎다
cortarse las uñas/
uñas de los pies

염색하다(**직접**)
teñirse
el pelo

화장하다
maquillarse

화장을 지우다
desmaquillarse

오줌을 누다, 소변을 보다
hacer pipí(아이들의 말),
ir al baño,
orinar(의료 · 생물학 용어)

똥을 누다, 대변을 보다
hacer popó(아이들의 말),
ir al baño,
defecar(의료 · 생물학 용어)

비데를 사용하다
usar un bidé

변기의 물을
내리다
descargar
el inodoro

막힌 변기를 뚫다
desatascar
el inodoro

욕실 청소를 하다
limpiar
el baño

욕조를 청소하다
limpiar
la bañera

휴지걸이에
새 휴지를 걸다
colocar un nuevo rollo
de papel en el soporte

FRASES PARA USAR

나는 손톱을 너무 짧게 깎았다.
Me corté las uñas demasiado cortas.

그는 머리를 파란색으로 염색했다.
Él se tiñó el pelo de azul.

화장은 하는 것보다 지우는 게 중요하다는 말이 있다.
Hay un dicho que desmaquillarse es más importante que maquillarse.

공중 화장실에서 변기 물 내리는 걸 잊는 사람들이 있다.
Algunas personas se olvidan de descargar el inodoro en los baños públicos.

최소 일주일에 한두 번 욕실 청소를 하지 않으면 곰팡이가 핀다.
Si no limpia el baño al menos una o dos veces por semana, va a estar lleno de hongos.

5 장소별 행동 ⑤ – 세탁실, 베란다, 창고

MP3 038

빨래하다, 세탁하다
lavar la ropa

세탁기를 돌리다
lavar la ropa
usando la lavadora

세탁물을 분류하다
clasificar la ropa

흰 빨랫감과 색깔 있는
빨랫감을 분리하다
separar la ropa blanca
y de color

세탁기에 빨래를 넣다
poner la ropa
en la lavadora

세제/섬유유연제를 넣다
agregar
detergente/suavizante

세탁기에서 빨래를 꺼내다
sacar la ropa de la lavadora

(빨랫줄에) 빨래를 널다
colgar la ropa (en el tendedero)

빨래를 걷다
sacar la ropa,
quitar la ropa del tendedero

건조기를 돌리다
encender
la secadora

세탁조를 청소하다
limpiar la tina
de la lavadora

FRASES PARA USAR

세탁기 덕분에 빨래하는 게 정말 쉬워졌다.
La lavadora hizo que fuera muy fácil lavar la ropa.

흰 빨랫감과 색깔 있는 빨랫감을 분리해서 세탁해야 한다.
Hay que lavar la ropa blanca y la ropa de color por separado.

세탁기가 다 돌아가면 세탁기에서 빨래 좀 꺼내 주세요.
Cuando la lavadora termina el ciclo de lavar, saque algo de ropa de la lavadora.

비가 와서 빨래를 방에 있는 건조대에 널었다.
Estaba lloviendo, así que colgué la ropa en el tendedero de la habitación.

비가 오기 시작해서 마당의 빨랫줄에서 빨래를 걷었다.
Empezó a llover, así que recogí la ropa del tendedero del patio.

식물/꽃/채소를 키우다
**cultivar plantas/
flores/vegetales**

식물/꽃/채소에 물을 주다
**regar plantas/flores/
vegetales**

베란다를 물청소하다
**limpiar el balcón
con agua**

발코니를 홈카페로 꾸미다
**decorar el balcón como
una cafetería de casa**

* **발코니와 테라스**

Balcón은 건물 벽에서 밖으로 튀어나오게 만
든 형태, Terraza는 건물 1층에 만들어진 야외
공간이다.

창고에 물건을 보관하다
**almacenar cosas
en un almacén**

창고에 ~를 넣다
poner ~ en el almacén

창고에 ~를 쌓아 두다
amontonarse ~ en un almacén

창고에서 ~를 꺼내다
sacar ~ del almacén

FRASES PARA USAR

우리 엄마는 베란다에서 화초를 많이 키운다.
Mi madre cultiva muchas flores en el balcón.

나는 올해에 베란다에서 채소를 키울 거야.
Voy a cultivar vegetales en el balcón este año.

나는 오늘 베란다 물청소를 했다.　　　　　　Hoy limpié el balcón con agua.

우리는 창고에 안 쓰는 물건과 선풍기, 휴지 등을 보관한다.
Almacenamos artículos no utilizados, ventiladores y papel higiénico en el almacén.

청소기를 창고에 넣어 두렴.　　　　　　Ponga la aspiradora en el almacén.

MP3 039

주차하다
estacionarse, aparcar

주차장에서 차를 빼다
sacar el auto del estacionamiento [aparcamiento]

차고 문을 열다/닫다
abrir/cerrar la puerta del estacionamiento

손세차하다
lavar el coche a mano

바비큐 파티를 하다
hacer una parrillada[fiesta de carne asada]

나무/꽃을 심다/기르다
plantar/cultivar árboles/flores

텃밭에 채소를 기르다
cultivar verduras en el jardín

식물/꽃/채소에 물을 주다
regar plantas/flores/verduras

텃밭에 비료를 주다
fertilizar el jardín

채소를 따다, 뜯다
recoger verduras

마당에 조경 공사를 하다
hacer paisajismo para jardín

정원에 잔디를 깔다
poner el césped en el jardín

잔디를 깎다
podar[cortar] el césped

잡초를 뽑다
eliminar las malas hierbas

FRASES PARA USAR

그는 집에서 차를 직접 손세차한다.　Él lava a mano su coche en casa.

지난 토요일에 옥상에서 친구들과 바비큐 파티를 했다.
El sábado pasado tuve una fiesta de carne asada con mis amigos en la terraza.

모니카는 텃밭에서 여러 가지 채소를 기른다.
Mónica cultiva una variedad de vegetales en su jardín.

요즘 비가 안 와서 텃밭의 채소에 물을 줘야 한다.
Últimamente no ha llovido, así que tengo que regar las verduras del jardín.

나는 텃밭의 채소를 따다가 샐러드를 만든다.
Recojo verduras en el jardín y preparo una ensalada.

7 집 청소, 기타 집안일

MP3 040

집 청소

집을 청소하다
**limpiar
la casa**

청소기를 돌리다
**aspirar el piso,
poner la aspiradora**

청소기를 충전하다
**cargar
la aspiradora**

낙엽을 갈퀴로
긁어모으다
**rastrillar
las hojas**

빗자루로 쓸다
**barrer con
la escoba**

바닥을 (대)걸레질하다
fregar el piso

손걸레로 닦다
**limpiar
con el trapo
[un paño húmedo]**

걸레를 빨다
**lavar
la fregona**

돌돌이로 반려동물의 털을 제거하다
**eliminar el pelo de
las mascotas con
un rodillo quita pelusas**

창틀의 먼지를 닦다
**limpiar el polvo de
los marcos de las
ventanas**

욕실 청소를 하다
limpiar el baño

옷장/서랍을 정리하다
**organizar
el armario/cajones**

신발장을 정리하다
**organizar
la zapatera**

FRASES PARA USAR

이틀에 한 번은 청소기를 돌려야 한다.
Tengo que aspirar el piso una vez cada dos días.

그는 마당의 낙엽을 긁어모았다.　　　Él rastrilló las hojas del jardín.

바닥을 대걸레로 닦아야 해요.　　　　Tienes que fregar el piso.

걸레로 탁자와 책상 위를 닦으세요.　　Limpie la mesa y el escritorio con un trapo.

나는 돌돌이로 우리 고양이의 털을 계속 제거해야 한다.
Tengo que seguir quitando el pelo de mi gato con un rodillo quita pelusas.

쓰레기통을 비우다
vaciar
el basurero

쓰레기를 분류하다
clasificar
la basura

쓰레기를/재활용
쓰레기를 내다버리다
tirar la basura/
la basura reciclada

재활용 쓰레기를 분리(배출)하다
separar basura reciclable,
clasificar los reciclables

그 외의 집안일

일주일치 식단을 짜다
planificar la comida
de una semana

장보기 목록을 작성하다
hacer la lista
de la compra

장을 보다
hacer la compra

식료품 장을 보다
realizar compras de alimentos

~를 다림질하다
planchar

반려동물을 돌보다
cuidar las mascotas

FRASES PARA USAR

네 방 쓰레기통 좀 비워.
Vacía el basurero de tu habitación.

쓰레기는 일반 쓰레기, 음식물 쓰레기, 재활용 쓰레기로 분류해야 한다.
La basura debe clasificarse como basura general, desechos de alimentos y reciclables.

우리 아파트에서는 재활용 쓰레기를 금요일에 버려야 한다.
En nuestro bloque, hay que sacar la basura reciclable los viernes.

장 볼 목록을 작성하면 시간이 절약되고 불필요한 소비를 피하는 데 도움이 된다.
Crear una lista de compras te ahorrará tiempo y te ayudará a evitar gastos innecesarios.

퇴근길에 식료품 장을 보았다.
Fui al supermercado de camino a casa del trabajo.

셔츠와 블라우스 다림질하는 게 집안일 중에 시간을 제일 잡아먹는다.
Planchar camisas y blusas es la tarea que más tiempo consume del trabajo doméstico.

8 가전제품 사용

~(가전제품)를 설치하다
instalar ~

전등을
켜다/끄다
encender/apagar
la luz

컴퓨터/노트북을 켜다/끄다
encender/apagar
la computadora/
el portátil

TV를 켜다/끄다
encender/apagar
la televisión

(TV) 채널을 ~로 돌리다
cambiar
el canal a ~

TV의 볼륨을
키우다/줄이다
aumentar/disminuir
el volumen de la televisión

냉장고 문을 열다/닫다
abrir/cerrar la puerta
del refrigerador

냉장고의 온도를 조절하다
ajustar
la temperatura
del refrigerador

인덕션을 켜다/끄다
activar/desactivar
la placa de inducción

인덕션의 온도를 조절하다
ajustar la temperatura
de la placa de inducción

주방 후드를 켜다/끄다
encender/apagar
la campana de la cocina

FRASES PARA USAR

필요 없는 전등은 끄세요.
Apaga las luces que no necesites.

채널 좀 다른 데로 돌려 봐.
Cambia de un canal a otro.

TV 볼륨 좀 줄이세요.
Por favor, baje el volumen de la televisión.

냉장고 온도를 좀 조절해야겠어요.
Necesito ajustar un poco la temperatura del refrigerador.

인덕션 켜는 법을 모르겠어요.
No sé cómo activar la placa de inducción.

전자레인지에
~를 데우다
calentar en
el microondas

정수기로 물을 받다
obtener agua de un
purificador de agua

전기주전자로
물을 끓이다
calentar agua en
un hervidor eléctrico

에어프라이어로
음식을 만들다
cocinar[hacer] ~
en[con] freidora

에어컨을 세게 틀다
encender el aire acondicionado
alto

에어컨을 약하게 틀다
encender el aire acondicionado
bajo

에어컨을 켜다/끄다
encender/apagar
el aire acondicionado

선풍기를 켜다/끄다
encender/apagar
el ventilador

보일러/난방기를 세게 틀다
encender la calefacción alta/el calentador alto

보일러/난방기를 약하게 틀다
encender la calefacción baja/el calentador bajo

보일러/난방기를 켜다/끄다
encender/apagar la calefacción/el calentador

FRASES PARA USAR

그건 전자레인지에 4분 정도 데우렴.
Caliéntalo en el microondas unos cuatro minutos.

에어프라이어로 튀김 만들어 봤어요?
¿Alguna vez has hecho comida frita en una freidora de aire?

너무 더워요. 에어컨 좀 세게 틀어 주세요.
Hace mucho calor. Por favor, encienda un poco alto el aire acondicionado.

슬슬 보일러를 켤 계절이 오네요.
Se acerca la temporada de encender la calefacción.

실내가 덥네요. 난방기 온도 좀 내려 주세요.
Hace calor adentro. Baje la temperatura del calentador.

가습기를 틀다/끄다
encender/apagar
el humificador

제습기를 틀다/끄다
encender/apagar
el deshumificador

공기청정기를 틀다/끄다
encender/apagar
el purificador de aire

헤어드라이어로 머리를 말리다
secarse el pelo
con el secador

~(가전제품)를
렌탈하다
alquilar ~

A/S(애프터서비스)를 신청하다
llamar al servicio
[servicio al cliente]

~(가전제품)의 A/S(애프터서비스)를 받다
recibir servicio al cliente de ~

폐가전제품 수거를 신청하다
solicitar la recolección
de residuos de
electrodomésticos

~(가전제품)의 수리를 받다
recibir reparaciones de ~

FRASES PARA USAR

겨울에는 실내가 건조해서 가습기를 틀어야 한다.
En invierno, la habitación está seca y necesitas usar un humificador.

요리하고 나서는 환기시킨 후에 공기청정기를 가동해야 한다.
Después de cocinar, debe encender el purificador de aire después de ventilar la habitación.

요즘은 정수기와 공기청정기 같은 가전제품을 렌탈해서 쓰는 사람들도 많다.
Hoy en día, muchas personas alquilan electrodomésticos como purificadores de agua y
purificadores de aire.

냉장고에 문제가 생겨서 A/S를 신청했다.
Hubo un problema con el refrigerador, así que solicité servicio al cliente.

나는 못 쓰게 된 세탁기의 수거를 신청했다.
Solicité la recogida de la lavadora estropeada.

9 집 관리, 집수리, 인테리어

MP3 **042**

집을 수리하다, 보수하다
reparar[renovar] la casa

집을 개조하다, 리모델링하다(다른 형태로 만들다)
remodelar la casa

집의 인테리어를 새로 하다
(도배, 페인트칠 등을 새로 하다)
redecorar la casa

집수리 견적서를 받다
pedir un presupuesto
para reparar la casa

베란다를 트다
ampliar el balcón

거실을 확장하다
agrandar la sala

베란다에 인조잔디를 깔다
instalar césped artificial
en el balcón

FRASES PARA USAR

올 봄에 집을 보수하려고 해요.
Voy a renovar mi casa esta primavera.

그 사람은 집을 리모델링해서 팔았대요.
Dicen que remodeló y luego vendió su casa.

집이 오래돼서 인테리어를 새로 해야 해요.
Mi casa es vieja, así que tengo que redecorarla.

그 아파트는 베란다를 없애서 거실이 넓은데, 나는 베란다가 있는 집이 좋다.
El piso tiene un salón grande porque se quitó el balcón, pero me gusta un piso con balcón.

집에 단열 공사를 하다
aislar la casa

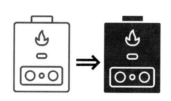

보일러를 교체하다
reemplazar el calentador

옥상을/지붕을 방수 처리하다
impermeabilizar el techo/la azotea

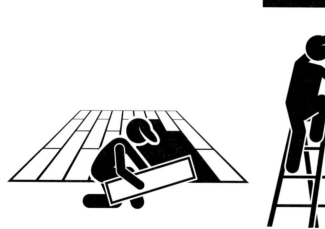

마루를 새로 깔다
poner nuevo piso laminado,
renovar el piso

(방을) 새로 도배하다
poner papel tapiz nuevo
(en una habitación)

FRASES PARA USAR

우리 집 보일러가 고장 나서 교체해야 한다.
El calentador de mi casa está estropeado y lo necesito reemplazar.

우리는 10년 만에 옥상을 다시 방수 처리했다.
Volvimos a impermeabilizar el techo después de diez años.

바닥을 다시 까실래요? 원목 바닥은 어떠세요?
¿Te gustaría renovar el piso otra vez, qué tal con los pisos de madera?

우리는 이사 들어가기 전에 도배를 새로 했어요.   Pusimos un nuevo papel tapiz antes de mudarnos.

장판을 새로 깔다
poner nuevo piso vinílico

벽난로를 설치하다
instalar una chimenea

수도 배관을 교체하다
reemplazar la tubería
de agua

창틀을[새시를] 교체하다
reemplazar los marcos
de las ventanas

욕실 타일을 교체하다
reemplazar los azulejos
del baño

욕조를 설치하다
instalar una bañera

욕조를 뜯어내고
샤워부스를 설치하다
quitar la bañera e instalar
una cabina de ducha

샤워 헤드를 교체하다
reemplazar el cabezal
de la ducha

곰팡이를 제거하다
eliminar el moho

FRASES PARA USAR

부모님 댁의 창틀이 낡아서 교체해 드렸다.
Cambié los marcos de la ventana de la casa de mis padres porque estaban viejos.

욕실에 욕조를 설치하고 싶다.
Quiero instalar una bañera en el baño.

이 세제로 욕실 타일의 곰팡이를 제거할 수 있어요.
Con este detergente puedes eliminar el moho en los azulejos del baño.

거울을 바꿔 달다
cambiar[reemplazar] el espejo

전구를 갈다
cambiar[reemplazar]
una bombilla

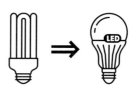

LED등으로 교체하다
reemplazar con luces
LED

형광등을 LED등으로 교체하다
reemplazar las luces fluorescentes por luces LED,
cambiar luces fluorescentes a luces LED

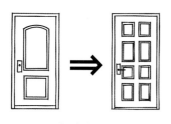

문을 바꿔 달다
cambiar[reemplazar] la puerta

문고리를 바꿔 달다
cambiar[reemplazar]
el pomo de la puerta

SENTENCES TO USE

전구를 가는 건 제가 직접 할 수 있어요.
Puedo cambiar la bombilla yo mismo.

형광등을 LED등으로 교체하는 붐이 일었다.
Hubo un auge en la sustitución de luces fluorescentes por luces LED.

내 방 문의 문고리가 고장 나서 교체했다.
El pomo de la puerta de mi habitación estaba roto, así que lo reemplacé.

건강, 질병

LA SALUD, LA ENFERMEDAD

생리현상

MP3 043

눈물을 흘리다
derramar
lágrimas

눈곱이 끼다
tener legañas
en los ojos

하품하다
bostezar

배에서 꼬르륵 소리가 나다
gruñir el estómago

딸꾹질하다
tener hipo

기침하다
toser

재채기하다
estornudar

트림하다
eructar

방귀 뀌다
tirarse un pedo

땀을 흘리다
sudar

식은땀을 흘리다
generar
un sudor frío

콧물을 흘리다
gotear la nariz, tener
una nariz que moquea

FRASES PARA USAR

아침에 일어나면 눈곱이 많이 껴 있다.
Cuando me despierto por la mañana, tengo muchas legañas.

편두통을 앓을 때는 자꾸 하품이 나올 수 있다.
Cuando tienes migraña, puedes bostezar constantemente.

그는 알레르기가 있어서 계속 재채기를 한다.　　　Él tiene alergias por eso sigue estornudando.

다른 사람들과 식사를 하면서 트림을 하는 건 예의에 어긋나는 행동이다.
No es de buena educación eructar mientras se come con otros.

그녀는 갱년기에 접어든 후로 땀이 많이 난다.
Ella ha estado sudando mucho después de entrar en la menopausia.

오줌을 누다, 소변을 보다
hacer pipí(아이들의 말),
ir al baño, orinar(의료·생물학 용어)

똥을 누다, 대변을 보다
hacer popó(아이들의 말),
ir al baño,
defecar(의료·생물학 용어)

생리를 하다, 생리 중이다
menstruar,
tener el periodo[la regla]

생리통이 있다
tener dolor
menstrual, tener
cólicos menstruales

생리전증후군으로
고생하다
sufrir de SPM
(síndrome premenstrual)

혈압이 올라가다
aumentar
la presión
arterial

혈압이 내려가다
disminuir
la presión arterial

갈증이 나다
tener sed

졸리다
tener sueño

졸음이 쏟아지다
casi quedarse
dormido

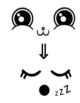

눈이 감기다
tener tanto sueño que uno no
puede mantener los ojos abiertos

FRASES PARA USAR

엄마, 나 쉬하고 올게.
Mamá, voy a hacer pipí.

지금 생리 중이라서 컨디션이 좀 안 좋아요.
No me siento bien porque estoy en mi periodo menstrual.

내 여동생은 생리통이 심하다.
Mi hermana tiene fuertes dolores menstruales.

나는 두통이 오면 혈압이 내려가요.
Cuando tengo dolor de cabeza, mi presión arterial baja.

어젯밤에 잠을 거의 못 잤더니 졸음이 쏟아져요.
Apenas dormí anoche, así que casi me quedo dormido.

MP3 044

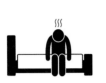
몸이 아프다
estar
enfermo

~가 아프다
dolor de ~
~에 통증이 있다
tener dolor en ~

통증을 견디다
soportar
[tolerar]
el dolor

두통/복통/요통/치통/생리통이 있다
tener dolor de cabeza/dolor de
estómago/dolor de espalda/dolor de
muelas/dolor menstrual

어깨가 결리다, 뻐근하다
estar dolorido de los hombros,
tener los hombros rígidos

목이 아프다
dolor de garganta

목이 뻣뻣하다, 뻐근하다
estar con el cuello
rígido

눈이 따끔거리다
sentir ardor en los
ojos, tener picazón
en los ojos

눈이 간지럽다
tener
comezón
en los ojos

코가 막히다
congestión nasal,
tener la nariz
tapada

입술이 트다, 갈라지다
labios agrietados

FRASES PARA USAR

몇 시간 동안 걸었더니 발이 아프다.
Me duelen los pies porque caminé varias horas.

그는 어젯밤부터 치통이 있다.
Tiene dolor de muelas desde anoche.

노트북 앞에서 작업을 오래 했더니 어깨가 뻐근하다.
Me duele el hombro, porque trabajé durante mucho tiempo frente a la computadora portátil.

알레르기 때문에 눈이 간지럽다.
Tengo comezón en los ojos por las alergias.

겨울에는 날씨가 건조해서 나는 입술이 잘 튼다.
Mis labios se agrietan fácilmente en invierno porque el clima es seco.

(손발이) 저리다
estar entumecido
(en manos y pies)

다리가/관절이/무릎이 쑤시다
tener malestar en
la pierna/articulación/rodilla

다리가 저리다
piernas entumecidas,
la pierna está entumecida,
no tiene sensibilidad en la pierna

약을 복용하다
tomar medicina

~ 약을 복용하다
tomar medicina
de ~

진통제/감기약/소화제/항생제/수면제를 복용하다
tomar analgésico/antigripal/
digestivos/antibióticos/somnífero

알약/물약/가루약을 복용하다
tomar pastillas/medicina líquida/
pastillas en polvo

FRASES PARA USAR

우리 할머니는 비가 오면 무릎이 쑤신다고 하신다.
Mi abuela dice que cuando llueve tiene malestar en las rodillas.

그녀는 생리통이 있어서 약을 먹었다.
Ella tenía cólicos menstruales y tomaba medicamentos.

그 아이는 가루약을 잘 못 먹는다.
El niño tiene dificultad para tomar la medicina en polvo.

그는 고질적인 두통 때문에 진통제를 자주 복용한다.
Él a menudo toma analgésicos debido a sus dolores de cabeza crónicos.

~를 다치다
lastimarse en ~,
lesionarse

~에서 피가 나다
estar sangrando en ~

무릎이 까지다
rodilla raspada,
raspadura en la rodilla

~를 치료받다
recibir tratamiento
médico en ~,
estar en recuperación

상처를 소독하다
desinfectar heridas

~에 연고를 바르다
aplicar[ponerse]
ungüento[pomada] a ~

~에 밴드를 붙이다
aplicar una tirita a ~,
poner una tirita en ~

FRASES PARA USAR

그 남자는 자전거를 타다가 넘어져서 다리를 다쳤다.
El hombre se cayó mientras montaba en bicicleta y se lastimó en la pierna.

내 동생이 넘어져서 무릎이 까졌다.
Mi hermano se cayó y se raspó la rodilla.

그녀는 허리 통증 치료를 꾸준히 받고 있다.
Ella sigue recibiendo tratamiento médico para el dolor de espalda.

그는 상처에 연고를 바르고 밴드를 붙였다.
Él se puso pomada en la herida y le puso una tirita.

~에 붕대를 감다
aplicar un vendaje en ~

~에 깁스를 하다
usar una férula[un yeso]
en ~

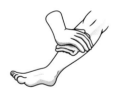

지혈하다
detener el sangrado

~를 냉찜질하다
poner una bolsa fría en ~

~를 온찜질하다
poner una bolsa
caliente en ~

침을 맞다
recibir[aplicarse]
acupuntura

지압을 받다
recibir acupresión

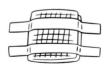

상처를 거즈로 덮다
cubrir la herida con una gasa

~에서 고름을 짜다
sacar pus de ~

FRASES PARA USAR

그녀는 발목뼈가 부러져서 깁스를 했다.
Ella se rompió el tobillo y tenía un yeso.

상처에서 피가 계속 나서 지혈을 해야 했다.
La herida seguía sangrando, así que tuve que detener la hemorragia.

부은 부위에는 냉찜질을 하면 좋다.
Es bueno aplicar una bolsa fría en el área hinchada.

우리 할머니는 허리가 아프면 침을 맞으신다.
Mi abuela recibe acupuntura cuando le duele la espalda.

~의 딱지를 떼다
retirar las costras de ~

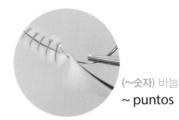

(~숫자) 바늘
~ puntos

상처를 봉합하다, 꿰매다
suturar una herida,
poner puntos

흉터가 남다
dejar una cicatriz

손목/발목을 삐다
torcerse
la muñeca/el tobillo

뼈가 부러지다
romperse un hueso,
el hueso está roto

응급 치료를 받다
recibir primeros auxilios,
recibir tratamiento de emergencia

인공호흡을 하다
dar respiración artificial,
dar respiración boca a boca

심폐소생술을 실시하다
hacer RCP
(reanimación cardiopulmonar)

FRASES PARA USAR

그 아이는 넘어져서 이마가 찢어졌고, 10바늘을 꿰매야 했다.
El niño se cayó y se hizo un corte en la frente, y requirió diez puntos.

나는 어렸을 때 넘어져서 생긴 흉터가 무릎에 있다.
Tengo una cicatriz en la rodilla de una caída cuando era joven.

그 노인은 빙판에 미끄러져 넘어져서 고관절이 부러졌다.
El anciano se resbaló en el hielo, se cayó y se rompió la cadera.

나는 지하철에서 쓰러진 사람에게 인공호흡을 해 주었다.
Le di respiración artificial a una persona que se desmayó en el metro.

3 병원 – 진료, 검사

MP3 045

병원에 진료 예약을 하다
**hacer[programar]
una cita en el hospital**

진료를 받다
ir a ver a un médico
치료를 받다
recibir tratamiento médico

체온을 재다
**tomar la temperatura
corporal**

혈압을 재다
tomar la presión arterial

맥박을 재다
tomarse el pulso

채혈하다
extraer sangre

혈액 검사를 받다
**hacerse un análisis
de sangre**

소변 검사를 받다
**hacerse un análisis
de orina**

X선 검사를 받다
**hacerse una radiografía,
hacerse una prueba de rayos X**

FRASES PARA USAR

몸이 안 좋을 때는 병원에 가서 진료를 받으세요.
Si no se siente bien, vaya al hospital y vea a un médico.

그는 고혈압 약을 먹기 시작한 후로 혈압을 매일 재 왔다.
Él se ha tomado la presión arterial todos los días desde que comenzó a tomar pastillas
para la presión arterial alta.

내 맥박을 재 보았더니 1분에 90번이나 되었다.
Me tomé el pulso y era de noventa latidos por minuto.

오늘 병원에서 혈액 검사와 X선 검사를 받았다.
Hoy me hicieron un análisis de sangre y una prueba de rayos X en el hospital.

초음파 검사를 받다
hacerse una ecografía

복부/유방 초음파 검사를 받다
hacerse una ecografía abdominal/de mama

유방 X선 촬영을 하다
hacerse una mamografía

자궁 경부암 검사를 받다
hacerse la prueba de PAP (papanicolaou)

심전도 검사를 받다
hacerse un ECG (electrocardiograma)

FRASES PARA USAR

나는 1년에 한 번씩 유방 초음파 검사를 받는다.
Me hago una ecografía de mama una vez al año.

유방 X선 촬영을 할 때는 유방에 통증이 다소 느껴진다.
Cuando me hago una mamografía, siento algo de dolor en el seno.

나는 오늘 병원에서 심전도 검사를 받고 심박동기 점검을 받았다.
Hoy me hicieron un electrocardiograma en el hospital y me revisaron el marcapasos.

CT 촬영을 하다
hacer una
tomografía
computarizada

MRI 검사를 받다
hacerse una
resonancia
magnética

위/대장 내시경
검사를 받다
hacerse una
gastroscopia/
colonoscopia

용종을 떼어내다
eliminar
pólipo

(~의) 조직 검사를 받다
hacerse una
biopsia de ~

분변 검사를 하다
hacerse un
análisis fecal

B형 간염 검사를 받다
hacerse la prueba
de la hepatitis B

구강 검사를 받다
hacerse una
revisión dental

시력/청력 검사를 하다
hacerse una prueba
de visión/audición

~라고 진단받다
diagnosticar
como ~

~(약)을 처방받다
obtener
una receta ~

주사를 맞다
obtener
una inyección

~ 예방 접종을 하다,
~ 백신을 맞다
vacunarse,
vacunarse contra ~

정기 검진을 받다
hacerse
chequeos
regulares

FRASES PARA USAR

그는 머리가 자주 아파서 뇌 MRI 검사를 받았다.
Le hicieron una resonancia magnética del cerebro porque él a menudo tenía dolores de cabeza.

위 내시경 검사는 최소 2년에 한 번은 받아야 한다.
Debe hacerse una gastroscopia al menos una vez cada dos años.

나는 작년에 유방암 조직 검사를 받았으나 다행히 암이 아닌 것으로 나왔다.
Tuve una biopsia de mama el año pasado, pero afortunadamente resultó negativa para el cáncer.

그는 40대 초반에 고혈압으로 진단받았다.
Fue diagnosticado con presión arterial alta cuando tenía poco más de cuarenta años.

나는 어제 코로나바이러스 백신을 맞았다.　　　　Ayer me pusieron la vacuna contra el coronavirus.

4 병원 – 입원, 수술

MP3 046

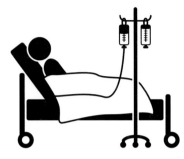

입원하다
hospitalizar,
ser ingresado
en el hospital

입원 수속을 하다
pasar por un proceso
de hospitalización

입원 중이다
estar hospitalizado

수술 일시를 잡다
programar una cirugía,
establecer una fecha y hora para la cirugía

수술 동의서에 서명하다
firmar el formulario de
consentimiento de la cirugía

수술 전 주의 사항을 듣다
escuchar las precauciones
antes de la cirugía

(~ 동안) 금식하다
ayunar
(durante ~)

수술실로 옮겨지다
ser trasladado
al quirófano

FRASES PARA USAR

그는 항암 화학 치료를 위해 입원했다.
Él fue hospitalizado para recibir quimioterapia.

우리 어머니는 심장 판막 수술 일시를 잡았다.
Mi madre programó una operación de válvulas cardíacas.

수술 전에 12시간은 금식해야 한다.
Debe ayunar durante doce horas antes de la cirugía.

마취가 되다
ser anestesiado

마취에서 깨어나다
despertar de la anestesia

~ 수술을 받다
tener una cirugía[operación] de ~

개복/가슴 절개 수술을 받다
someterse a una cirugía
de abdomen abierto/tórax abierto

* cirugía와 operación

cirugía : '수술'이라는 행위를 추상적 개념으로 나타냄. 보통 셀 수 없는 명사
operación : 구체적인 한 건 한 건의 수술을 나타냄. 셀 수 있는 명사

복강경/내시경 수술을 받다
someterse a una cirugía laparoscópica/endoscopia

FRASES PARA USAR

나는 수술 후 회복실에서 마취에서 깨어났다.
Desperté de la anestesia en la sala de recuperación después de la cirugía.

그녀는 작년 봄에 위암 수술을 받았다.
Ella se sometió a una operación de cáncer gástrico en la primavera pasada.

복강경 수술은 개복 수술보다 회복이 더 빠르다.
Si se somete a una cirugía laparoscópica, se recupera más rápido que la operación abdominal abierta.

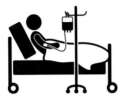

수혈을 받다
recibir una transfusión de sangre

수술 후 회복실/일반 병실로 옮겨지다
ser trasladado a la sala de recuperación/
a la sala general después de la cirugía

수술 후 회복하다
recuperarse después
de una cirugía

혼수상태에 빠지다
caer en coma

수술 후 실밥을 제거하다
quitar[retirar] puntos
después de una cirugía

수술 후 가스를 배출하다
expulsar gases después
de una cirugía

FRASES PARA USAR

그 환자는 수술 중에 수혈을 받아야 했다.
El paciente tuvo que recibir una transfusión de sangre durante la cirugía.

그는 치질 수술을 받고 회복 중이다.
Él se está recuperando de una operación de hemorroides.

안타깝게도 그 환자는 수술 중에 혼수상태에 빠졌다.
Desafortunadamente, el paciente cayó en coma durante la operación.

수술 후 가스를 배출하는 건 좋은 징조다.
Es una buena señal cuando expulsa gases después de una cirugía.

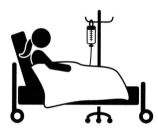

정맥[링거] 주사를 맞다
recibir una inyección IV
(intravenosa)

약을 복용하다
tomar medicina[pastillas]

퇴원 수속을 밟다
pasar por
el procedimiento de alta

퇴원하다
ser dado de alta del
hospital, salir del hospital

보험회사 제출용 서류를 발급 받다
emitir documentos para enviar
a la compañía de seguros

다음 진료를 예약하다
programar una cita para
el próximo tratamiento

FRASES PARA USAR

나는 입원 기간 내내 정맥 주사를 맞았다.
Me dieron inyecciones intravenosas durante toda la estadía en el hospital.

그 환자는 하루 세 번 식후에 약을 복용하고 있다.
El paciente toma el medicamento tres veces al día después de las comidas.

그녀는 입원 생활 2개월 만에 어제 퇴원했다.
Fue dada de alta ayer tras dos meses de hospitalización.

그녀는 퇴원하면서 보험회사에 제출할 서류를 발급받았다.
Cuando ella fue dada de alta, se le emitieron documentos para presentar a la compañía de seguros.

5 체중 감량

MP3 **047**

다이어트하다,
식이 요법을 하다
**hacer dieta, tener un
régimen alimenticio**

다이어트를
시작하다,
식이 요법을
시작하다
**empezar una
dieta, ponerse
a dieta de
régimen
alimentario**

체중을 감량하다
perder peso

다이어트 식단을
짜다
**planificar
una dieta**

소식하다
**comer poco,
comer como
un pajarito**

저녁을 굶다
saltarse la cena

1일 1식을 하다
**comer una
comida al día**

1일 1식 다이어트를 하다
**hacer una dieta de
una comida al día**

거식증에 걸리다
**tener anorexia,
sufrir de anorexia**

저탄고지 다이어트를 하다
hacer dieta Keto (dieta baja en
carbohidratos y alta en grasas)

원푸드 다이어트를 하다
**hacer una monodieta, estar en
una dieta de un solo alimento**

간헐적 단식을 하다
**hacer ayuno
intermitente**

한약으로 살을 빼다
**bajar de peso con
medicina herbal**

FRASES PARA USAR

그 배우는 1년 내내 다이어트를 한다.
El actor se pone a dieta todo el año.

그녀는 체중을 감량해야 한다고 늘 말한다.
Ella siempre me dice que necesita bajar de peso.

그는 1일 1식을 한 지 1년이 넘었다고 한다.
Se dice que él ha estado comiendo una comida al día durante más de un año.

저탄고지 다이어트를 하는 사람들이 적지 않다.
Hay muchas personas que hacen la dieta Keto.

원푸드 다이어트는 건강에 좋지 않은 것 같다.
No creo que una monodieta sea buena para la salud.

식욕 억제제를
복용하다
tomar supresor
de apetito

지방흡입술을 받다
hacerse[someterse]
una liposucción

치팅 데이를 갖다
tener un día libre

요요 현상이 오다
tener un efecto
yoyo[rebote]

운동하다
hacer ejercicio

규칙적으로/꾸준히 운동하다
hacer ejercicio regularmente/
consistentemente

땀복을 입고 운동하다
hacer ejercicio en un traje
de sauna

유산소 운동을 하다
hacer ejercicio aeróbico

매일 체중을 재다
pesarse todos los días

TMB - Tasa
metabólica Basal

신진대사를 촉진하다
aumentar
el metabolismo

기초 대사율을 높이다
aumentar la tasa
metabólica basal

근육량을 늘리다
aumentar la masa
muscular

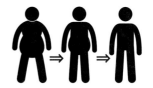

체지방을 줄이다
reducir la grasa
corporal

FRASES PARA USAR

그 사람은 복부 지방흡입술을 받았다.　　El hombre se sometió a una liposucción abdominal.

그녀는 다이어트 중이라 일주일에 한 번 치팅 데이를 가져서 그날 먹고 싶은 걸 먹는다.
Ella está a dieta, así que tiene un día libre una vez a la semana y come lo que quiere ese día.

운동을 많이 해도 식이 요법을 하지 않으면 살이 빠지지 않는다.
Aunque hagas mucho ejercicio, no perderás peso si no sigues un régimen alimenticio.

살을 빼려면 유산소 운동을 해야 한다.　　Para perder peso, es necesario hacer ejercicio aeróbico.

살을 빼고 유지하려면 신진대사를 촉진하고 근육량을 늘려야 한다.
Para perder y mantener el peso, es necesario acelerar el metabolismo y aumentar la masa
muscular.

6 죽음

MP3 048

사고로/병으로/노환으로 죽다
morir en un accidente/de enfermedad/de vejez

고독사하다
morir solo

고독사
muerte solitaria

죽다, 세상을 떠나다
morir, fallecer

* fallecer는 morir의 완곡한 표현으로,
'돌아가시다, 세상을 떠나시다'로 번역할 수 있다.

자살하다,
스스로 목숨을 끊다
quitarse la vida,
suicidarse

시신을 영안실에 안치하다
dejar el cuerpo en una morgue

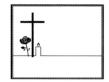

~의 부고를 내다
avisar[anunciar] un obituario de ~

A에게 B의 죽음을 알리다
informar a A de la muerte de B

시신을 염습하다
envolver el cadáver en la mortaja,
amortajar a un cadáver

FRASES PARA USAR

그의 아버지는 작년에 세상을 떠나셨다.
Su padre falleció el año pasado.

알베르 카뮈는 46세의 나이에 교통사고로 세상을 떠났다.
Albert Camus murió en un accidente automovilístico a la edad de 46 años.

그 나라에서는 2021년에 고독사한 사람이 3,159명에 달했다.
En ese país, 3.159 personas murieron solo en 2021.

2020년 그 나라에서는 하루에 약 36명이 스스로 목숨을 끊었다.
En ese país en 2020 se suicidaron unas 36 personas al día.

입관하다
poner el cadáver en un ataúd

장례식을 하다
realizar[celebrar] un funeral

조문객을 맞이하다
dar la bienvenida a los dolientes,
saludar a los dolientes

조문하다, 조의를 표하다
expresar condolencias de ~,
dar el pésame

조의금을 전달하다
entregar dinero de condolencias

조의 화환을 보내다
enviar una corona
funeraria[fúnebre]

FRASES PARA USAR

그 추기경의 장례식은 그 도시에서 가장 큰 성당에서 열렸다.
El funeral del cardenal se llevó a cabo en la catedral más grande de la ciudad.

고인의 부인과 어린 아들이 조문객을 맞이하고 있었다.
La esposa y el hijo pequeño del difunto estaban dando la bienvenida a los dolientes.

우리는 그녀의 아버지가 돌아가신 것에 조의를 표했다.
Expresamos nuestras condolencias por la muerte de su padre.

그 언론인의 아버지 장례식에 많은 정치가들이 조의 화환을 보냈다.
Muchos políticos enviaron coronas fúnebres al funeral del padre del periodista.

발인하다
llevar a la sala funeraria
el ataúd para el entierro

영정(사진)을 들다
llevar una foto del
difunto

관을 운구차에 싣다
llevar un ataúd en el
coche fúnebre

시신을 매장하다
sepultar a un difunto

시신을 화장하다
incinerar, cremar

유골함을 들다
llevar una urna funeraria

유골을 납골당에 안치하다
colocar una urna funeraria
en el osario

유골을 뿌리다
esparcir las cenizas

수목장을 하다
enterrar las cenizas de alguien debajo de
un árbol, plantar las cenizas directamente
debajo de un árbol

~의 사망 신고를 하다
reportar la muerte de alguien

FRASES PARA USAR

그는 돌아가신 할아버지의 영정을 들고 운구 행렬의 맨 앞에서 걸었다.
Él caminó al frente de la procesión funeraria llevando la foto de su abuelo fallecido.

그의 시신은 화장한 후 납골당에 안치됐다.
Su difunto fue incinerado y colocado en un osario.

그녀는 자신의 유골을 바다에 뿌려 달라고 했다.
Ella pidió que sus cenizas fueran esparcidas en el mar.

요즘은 수목장을 원하는 사람들이 많다.
Estos días, muchas personas quieren enterrar sus cenizas debajo de un árbol.

제사를 지내다
realizar un homenaje[rito ancestral]

추모제를[추도식을] 열다
hacer[tener] un servicio
conmemorativo

~의 묘지를 방문하다, 성묘하다
visitar la tumba de ~, saludar a los
antepasados y cuidar sus tumbas

FRASES PARA USAR

점점 더 많은 집들이 제사를 간소하게 지낸다.
Cada vez más familias celebran ritos ancestrales sencillos.

오늘 그 사고 희생자들을 위한 추모제가 열렸다.
Hoy se celebró la conmemoración para las víctimas de ese accidente.

그는 짐 모리슨의 무덤에 가 보기 위해 파리로 여행 갔다.
Él viajó a París para visitar la tumba de Jim Morrison.

PARTE III

사회생활 속

행동 표현

CAPÍTULO

1

EMOCIONES, RELACIONES

MP3 **049**

기쁨의 눈물을 흘리다
llorar de alegría[felicidad],
llorar lágrimas de
alegría[felicidad]

(~에) 열광하다
entusiasmarse con ~,
apasionarse de ~

환호하다
gritar de alegría

환호하며 박수 치다
animar, aplaudir

환호하며 맞이하다
saludar con grandes
aplausos

~를 반기다
dar la bienvenida a ~,
estar encantados de ver[conocer] ~

~를 환대하다, 귀빈 대접을 하다
dar la bienvenida ~, tratar como
un VIP, tratar ~ como realeza

칭찬하다
felicitar, elogiar

반응하다, 리액션하다
reaccionar,
mostrar una reacción

FRASES PARA USAR

결승선을 1등으로 통과한 선수는 기쁨의 눈물을 흘렸다.
El atleta que cruzó la línea de meta en primer lugar derramó lágrimas de alegría.

그 밴드가 무대에 등장하자 팬들은 열광했다.
Los fans se entusiasmaron cuando la banda apareció en el escenario.

그 영화가 아카데미 작품상을 수상했다는 소식에 모두 환호했다.
Todos aplaudieron cuando escucharon que la película ganó el Premio de la Academia a la Mejor Película.

그는 자신을 찾아온 친구를 반갑게 맞았다.   Él dio la bienvenida a su amigo que lo había visitado.

그녀는 사람들을 칭찬하는 데 소질이 있다.   Ella tiene una habilidad especial para felicitar a la gente.

화내다
enfadarse, estar
enojado, perder
la paciencia

짜증내다
tener una
rabieta,
irritarse

심술부리다
hacer algo
malo, actuar
hoscamente

~와 눈을 마주치지 않다
evitar hacer contacto visual
con ~, no mirar a alguien
a los ojos

화를 벌컥 내다
enfadarse, perder
los estribos

악을 쓰다
gritar
histéricamente

(절망, 분노 등으로)
머리를 쥐어뜯다
arrancarse
el pelo

하염없이 울다
(눈이 빠질 정도로 운다는 의미)
llorar sin cesar

(화가 나서)
발을 구르다
patear por
enfado

주먹으로 책상을 내리치다
golpear el escritorio
con el puño

비난하다
condenar

혼내다
regañar

(~을) 욕하다
maldecir
[insultar] a ~

(~에게) 사과하다
disculparse
con ~ (alguien)

FRASES PARA USAR

그녀는 그의 무책임한 행동에 화를 냈다.
Ella estaba enfadada por su comportamiento irresponsable.

나는 이틀 연속 잠을 거의 못 자서 사람들에게 짜증을 냈다.
Dormí muy poco durante dos días seguidos y me irritaba con la gente.

그녀가 노크를 하지 않고 방문을 열자 그는 화를 벌컥 냈다.
Él perdió los estribos cuando ella abrió la puerta sin llamar.

사고로 목숨을 잃은 그 아이의 어머니는 하염없이 눈물을 흘렸다.
La madre del niño, que perdió la vida en un accidente, lloraba sin cesar.

그 남자는 청문회에서 주먹으로 책상을 내리치면서 고함을 쳤다.
El hombre gritó golpeando el escritorio con el puño en la audiencia.

눈물을 흘리다
llorar, derramar
lágrimas

틀어박혀 있다
encerrarse,
quedarse adentro

~를 경청하다
escuchar a ~,
ser todo oídos

위로하다
consolar,
animarse

격려하다
animarse,
alentar

~를 배려하다
ser considerado con ~

아부하다, 아첨하다
halagar

질투하다
ponerse celoso

무시하다, 얕보다
ignorar, menospreciar

경멸하다
despreciar

~를 비웃다
burlarse de ~,
reírse, ridiculizar

잘난 체하다
elogiarse a sí mismo

FRASES PARA USAR

그녀는 무기력감에 빠져서 이틀간 자기 방에 틀어박혀 있었다.
Ella se sintió impotente y se encerró en su habitación durante dos días.

대화의 기본은 상대방의 이야기를 경청하는 것이다.
La base de la conversación es escuchar lo que dice la otra persona.

어린 딸아이가 그녀를 위로해 주었다.
Una hija pequeña la consoló.

그는 항상 남들을 배려하려 노력한다.
Él siempre trata de ser considerado con los demás.

그녀는 자기보다 아래에 있다고 생각하는 사람들을 무시하는 경향이 있다.
Ella tiende a ignorar a aquellos que cree que están por debajo de ella.

~와 친해지다
**ser amigable,
acercarse (a ~),
hacerse amigo (de ~)**

~와 사이좋게 지내다
**llevarse bien
(con ~)**

~와 어울려 다니다
**pasar rato con ~,
andar con ~**

(남녀가) 사귀다
**salir con ~,
tener una cita con ~**

~와 말다툼하다
**tener una discusión con ~,
tener palabras con ~,
discutir con ~**

~와 싸우다
**pelearse con ~,
luchar con ~**

~를 냉대하다
**dar la
espalda a ~**

~와 사이가 멀어지다
**distanciarse de ~,
estar separado**

~와 화해하다
**reconciliarse con ~,
hacer las paces con ~**

화해를 청하다
hacer las paces

A와 B 사이를 이간질하다
meter cizaña entre A y B

FRASES PARA USAR

우리는 같은 회사에서 일하면서 친해졌다.
Nos hicimos amigos mientras trabajábamos en la misma empresa.

그는 같은 반 친구들과 모두 사이좋게 지낸다. Él se lleva bien con todos sus compañeros de clase.

그녀는 오늘 남자 친구와 말다툼을 했다. Ella tuvo una discusión con su novio hoy.

나는 언제부턴가 그녀와 사이가 멀어졌다. En algún momento, me distancié de ella.

그는 데이비드와 그의 상사 사이를 이간질했다. Él metió cizaña entre David y su jefe.

3 연애, 결혼, 이혼

~에게 반하다
enamorarse de ~,
estar enamorado de ~

눈이 높다
tener altas
expectativas

~를 좋아하다
tener sentimientos
por ~

~에게 마음이 있다
tener algo para ~

~와 썸 타다
coquetear con ~,
tener un ligue con ~

~에게
데이트 신청을 하다
pedir una cita a ~,
preguntar a ~ salir

~와 사귀다, 데이트하다
salir con ~,
tener una cita con ~

밀당하다, 튕기다
hacerse querer

~ 동안 사귀다
estar juntos por ~

~와 헤어지다
romper con ~

다시 만나다, 화해하다
reconciliarse

FRASES PARA USAR

나는 버스 정류장에서 자주 보는 그 남자에게 반했다.
Me enamoré del hombre que veo a menudo en la parada del autobús.

요즘 썸 타는 사람 없어?   ¿No hay nadie que esté coqueteando estos días?

지금 사귀는 사람은 없어요.   No estoy saliendo con nadie en este momento.

나는 밀당 같은 건 안 해.   No hago nada por hacerme querer.

그 두 사람은 2년 정도 사귀었어.
Los dos han estado saliendo durante unos dos años.

~를 차다
cortar con ~,
terminar una relación con alguien

~를 두고 바람피우다
engañar a ~

사랑싸움을 하다
luchar por amor

~와 약혼하다
estar comprometido con ~,
comprometerse con ~

청혼하다
pedir matrimonio,
proponerse

~와 결혼하다
casarse con ~

이혼하다
divorciarse

~와 이혼하다
divorciarse de ~

FRASES PARA USAR

그 여자는 남자 친구를 차고 다른 남자에게 갔다.
La mujer cortó con su novio y se fue con otro hombre.

그 가수는 아내를 두고 바람을 피웠다.　　El cantante engañó a su esposa.

그들은 걸핏하면 사랑싸움을 했다.　　Ellos tenían peleas de amor a menudo.

나는 다정한 사람과 결혼하고 싶다.　　Quiero casarme con una persona amable.

그 글로벌 기업의 CEO는 아내와 결혼 생활 27년 만에 이혼했다.
El director general de la compañía global se divorció de su esposa después de veintisiete años de matrimonio.

CAPÍTULO

2

일, 직업

TRABAJO, EMPLEO

사무직

MP3 052

~**로** 통근하다
desplazarse en ~

출근하다
ir al trabajo,
ir a la oficina

퇴근하다
salir del trabajo,
salir de la oficina,
terminar de trabajar

출근 카드를 찍다
registrar
la entrada
con tarjeta

퇴근 카드를 찍다
registrar la salida
con tarjeta

회의하다
tener
una reunión

업무를 할당하다
asignar
el trabajo

업무 보고를 하다
presentar un
informe del trabajo

서류 작업을 하다
hacer papeleo

보고서를 작성하다
hacer
un informe

(~에게) 서류를 올리다
subir documentos para
la aprobación (a alguien)

기획서를 쓰다/제출하다
hacer/presentar una
propuesta del proyecto

프레젠테이션을 하다
hacer una
presentación

FRASES PARA USAR

나는 지하철로 통근한다.   Me desplazo en metro.

노동자들은 교대 근무가 시작될 때와 끝날 때 출퇴근 카드를 찍는다.
Los trabajadores registran sus tarjetas de entrada y salida al principio y al final de su turno.

우리 팀은 매일 아침 회의를 하고, 우리 부서는 일주일에 한 번 회의를 한다.
Nuestro equipo tiene una reunión todas las mañanas y nuestro departamento tiene una reunión una vez a la semana.

나는 시장 조사 결과에 대해 보고서를 작성해야 한다.
Tengo que hacer un informe sobre los resultados de mi investigación de mercado.

그는 그 기획안에 대해 프레젠테이션을 했다.   Él hizo una presentación sobre la propuesta del proyecto.

거래처에 전화하다
llamar
al cliente

전화를 받다
recibir[contestar,
tomar] una
llamada[el teléfono]

전화를 (다른 사람에게)
돌리다
transferir
una llamada

회사 인트라넷에
접속하다
acceder a la intranet
de la empresa

이메일을 확인하다
comprobar
el correo
electrónico

이메일을 보내다
enviar un
correo
electrónico

이메일에
답장을 보내다
responder a un
correo electrónico

팩스를 보내다/받다
enviar/recibir
fax

프린터로 출력하다
imprimir

복사하다
copiar,
fotocopiar

고객을 만나다
conocer al
cliente

~로 출장을 가다
ir de viaje
de negocios a ~

해외 출장을 가다
ir de viaje de negocios
al extranjero

상사에게 혼나다, 깨지다
regañar, llamarle la
atención a alguien

FRASES PARA USAR

오늘은 거래처에 전화할 일이 많았다.
Hoy llamé muchas veces a los clientes.

전화를 받아서 담당자에게 돌려 주었다.
Contesté la llamada y la transferí a la persona encargada.

모두가 인터넷을 사용하는 요즘에도 사람들이 팩스를 보낼 때가 가끔 있다.
Incluso hoy en día, cuando todo el mundo usa Internet, hay gente que todavía envía fax.

나는 이번 주에 부산으로 출장을 간다.
Esta semana me voy de viaje de negocios a Busan.

그는 상사에게 혼나서 기분이 좋지 않다.
Él se siente mal por haber sido regañado por su jefe.

휴가를 내다[쓰다]
tomar vacaciones[un día libre, tiempo libre remunerado]
병가를 내다
tomar un día por enfermedad
연차 휴가를 내다[쓰다, 가다]
tomar vacaciones anuales, ir de vacaciones anuales

여름휴가를 가다
ir[tomar] de vacaciones de verano

초과 근무를 하다
trabajar horas extras

초과 근무 수당을 받다
recibir[obtener] pago de horas extras

휴일에 근무하다
trabajar en un día festivo

회사에 지각하다
llegar tarde al trabajo

시말서를 제출하다
presentar una disculpa por escrito (con la explicación)

FRASES PARA USAR

오늘 병원 진료 예약이 있어서 하루 휴가를 냈다.
Hoy me tomé un día libre porque tenía una cita en el hospital.

그는 오늘 아침에 감기 기운이 있어서 병가를 냈다.
Él estaba resfriado en la mañana y se tomó un día por enfermedad.

요즘은 초과 근무를 하면 초과 근무 수당을 받아요.
Estos días, si trabajas horas extras, te pagan horas extras.

내가 젊을 때는 초과 근무는 물론이고 휴일에도 일을 했었다.
Cuando yo era joven, trabajaba horas extras y también en días festivos.

그 사건으로 그는 시말서를 제출했다.
Por ese incidente presentó una disculpa por escrito.

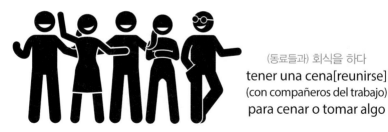

(동료들과) 회식을 하다
tener una cena[reunirse]
(con compañeros del trabajo)
para cenar o tomar algo

연봉 협상을 하다
negociar el salario anual

월급을 받다
recibir el salario

급여가 오르다
aumentar el salario

급여가 깎이다
recortar el salario

FRASES PARA USAR

팀원들은 어제 신입사원을 환영하기 위해 저녁에 회식을 했다.
Ayer el equipo tuvo una cena por la noche para dar la bienvenida al nuevo empleado.

나는 연봉 협상을 해서 급여가 조금 올랐어요.
Negocié mi salario anual y obtuve un pequeño aumento.

나는 매달 25일에 월급을 받는다.
Me pagan el día veinticinco de cada mes.

상여금을 받다, 보너스를 받다
obtener[recibir]
un bono

가불을 하다
obtener un anticipo,
recibir cantidad
por adelantado

재직증명서를 떼다
obtener una copia
del certificado
de empleo

신입사원을 모집하다
reclutar nuevos
empleados[trabajadores]

신입사원을 채용하다
contratar nuevos
empleados[trabajadores]

신입사원을 교육시키다
capacitar a nuevos
empleados[trabajadores]

수습 기간을 보내다
pasar un período
de prueba

전문성[직무 능력]을 개발하다
hacer desarrollo
profesional

사직서를 내다
renunciar

FRASES PARA USAR

올해에는 회사 매출이 좋아서 우리는 연말 상여금을 넉넉히 받았다.
Este año, las ventas de la empresa fueron buenas, por lo que recibimos un generoso bono de fin de año.

비자를 신청하려면 재직증명서를 떼야 합니다.
Para solicitar una visa, debe obtener su certificado de empleo.

그 회사에서 신입사원을 모집하고 있다.　　　La empresa está reclutando nuevos empleados.

신입사원들은 3개월의 수습 기간을 보낸다.
Los nuevos empleados tienen un período de prueba de tres meses.

후임자에게 업무를[맡은 일을] 인계하다/설명하다
entregar/explicar al sucesor

퇴사하다
renunciar
(a una empresa)

승진하다
ser ascendido
[promovido]

~로 승진하다
ser ascendido
[promovido] a ~

이직하다
cambiarse de trabajo,
cambiarse a otra empresa

해고당하다
ser despedido

퇴직하다, 은퇴하다
jubilarse, retirarse de ~

FRASES PARA USAR

퇴사하기 전에 후임자에게 맡은 일을 설명해야 합니다.
Antes de dejar la empresa, debe explicar sus responsabilidades al sucesor.

그녀는 지난달에 팀장으로 승진했다.
Ella fue ascendida a líder del equipo el mes pasado.

나는 내년에 다른 회사로 옮길 거야.
Me cambiaré a otra empresa el próximo año.

그 사람은 교직에서 은퇴한 후 그림을 그리기 시작했다.
El hombre comenzó a pintar después de retirarse de la docencia.

MP3 **053**

(매일 아침) 매장 문을 열다,
영업을 시작하다
abrir la tienda
[el negocio]

(매일 저녁) 매장 문을 닫다,
영업을 끝내다
cerrar la tienda
[el negocio]

고객을 맞이하다
darle la bienvenida
a los clientes,
saludar a clientes

고객 문의에 응대하다
responder a las
consultas de los
clientes

주문을 받다
tomar el pedido

(점원이) 상품을 계산하다
pasar por caja

~(상품)를
포장해 주다
envolver ~

고객의 요구에 응하다
cumplir las exigencias
del cliente, responder las
necesidades del cliente

번호를/이름을 부르다
llamar al
número/nombre

잘못된 주문을 처리하다
procesar[manejar]
el pedido incorrecto

포인트를 적립하다
acumular puntos,
ganar puntos

고객의 불만에 응대하다
responder a las
quejas de los clientes

FRASES PARA USAR

그들은 오전 10시에 매장 문을 연다.
Ellos abren la tienda a las diez de la mañana.

그 직원은 항상 웃는 얼굴로 고객을 맞이한다.
El empleado siempre saluda a los clientes con una sonrisa.

고객 문의에 응대하다 보면 하루가 금방 지나간다.
Cuando responde a las necesidades de los clientes, el día pasa rápidamente.

나는 그 슈퍼마켓에서 물건을 사면 항상 포인트를 적립한다.
Siempre acumulo los puntos cuando compro cosas en ese supermercado.

전화를 받다
recibir[contestar] una llamada

콜센터에 전화하다
llamar al centro de atención al cliente

문의 사항을 청취하다　상담을 해 주다(**정보나 조언을 주다**)
escuchar　proporcionar información
una consulta　o un consejo

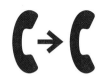

담당 부서로 전화를 돌리다
transferir una llamada al
departamento a cargo

필요한 후속 조치를 취하다
tomar el seguimiento necesario,
dar seguimiento a las medidas necesarias

통화 내용을 녹음하다
grabar conversaciones telefónicas

FRASES PARA USAR

그 콜센터 상담원은 하루에 80통 정도의 전화를 받는다고 한다.
El agente del centro de llamadas dice que recibe unas ochenta llamadas al día.

전화를 받으면 고객의 문의 사항을 잘 청취해야 한다.
Cuando contesta el teléfono, debe escuchar atentamente la consulta del cliente.

그는 전화를 담당 부서로 돌렸다.
Él transfirió la llamada al departamento a cargo.

그녀는 고객과 통화한 후 필요한 후속 조치를 취했다.
Después de hablar con el cliente, ella dio un seguimiento a las medidas necesarias.

3 제조업

MP3 054

통근버스를 타고 출퇴근하다
entrar y salir de la oficina en el autobús de la empresa

사원증을 찍다
escanear la tarjeta de identificación del empleado (ID)

보안/안전 점검을 하다
realizar un control de seguridad/protección

작업복으로 갈아입다
cambiarse a ropa de trabajo, ponerse la ropa de trabajo

방진복/방진화/장갑/마스크를 착용하다
usar ropa a prueba de polvo/ zapatos a prueba de polvo/ guantes/máscara

에어 샤워를 하다
tomar una ducha de aire

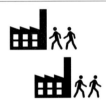

기계를 점검하다
revisar[inspeccionar] la máquina

제품을 검수하다
inspeccionar productos

불량품을 잡아내다
seleccionar productos defectuosos

2/3교대로 일하다
trabajo en dos/tres turnos

FRASES PARA USAR

그는 통근버스를 타고 출퇴근한다.
Él entra y sale de la oficina en el autobús de la empresa.

그들은 사원증을 찍고 건물에 들어간다.
Ellos escanean su tarjeta de identificación y entran al edificio.

그들은 근무 중에 장갑을 끼고 마스크를 써야 한다.
Deben usar guantes y una máscara mientras estén de servicio.

반도체 공장에서는 청정실에 들어가기 전에 에어 샤워를 해야 한다.
En las fábricas de semiconductores, se requieren duchas de aire antes de ingresar a la sala limpia.

그들은 3교대로 일한다.
Ellos trabajan en tres turnos.

잔업을 하다, 특근을 하다
trabajar horas extras

휴식 시간을 갖다
tomar un descanso

구내식당에서 점심을 먹다
almorzar[comer]
en la cafetería

공장 기숙사에서 살다[지내다]
vivir[quedarse] en el
dormitorio de la fábrica

~에게 업무를 인계하다
entregar el trabajo
[reponsabilidad] de uno a ~

현장 시찰단을 안내하다
guiar al equipo de
inspección de campo

업무상 재해를 입다
lesionarse en el trabajo,
tener un accidente de
trabajo

노조를 결성하다
formar
un sindicato

노사 협의가 결렬되었다
las negociaciones
entre obreros y
patrones se rompieron

파업하다
estar en
huelga

FRASES PARA USAR

수주량이 많아서 이번 달에는 다들 잔업을 많이 했다.
Todos trabajaron mucho tiempo extra este mes debido al alto volumen de pedidos.

보통 나는 구내식당에서 아침과 점심을 먹는다.
Normalmente desayuno y almuerzo en la cafetería.

그녀는 공장 기숙사에서 생활한다.
Ella vive en un dormitorio de la fábrica.

그 사람은 업무상 재해를 입었다.
El hombre tuvo un accidente de trabajo.

노사 협의가 결렬되어 노동자들은 파업에 돌입했다.
Las negociaciones entre obreros y patrones se rompieron y se declararon en huelga.

MP3 **055**

농업

벼/배추/콩… 농사를 짓다
cultivar arroz/col/
frijoles…

경운기로/트랙터로 땅을 갈아엎다
arar la tierra con
un cultivador/tractor

논에 물을 대다
regar en
arrozales

모판을 준비하다
plantar
semilleros

모내기를 하다, 모를 심다
plantar germinado
de arroz

이앙기를 사용하다
usar una trasplantadora
de arroz

비료를 주다
fertilizar

항공 방제
(농약 공중 살포)를 하다
lanzar aerosol
de pesticidas

벼를 베다, 추수하다
cosechar el arroz

논에서 물을 빼다
drenar el agua del
campo de arroz,
escurrir un arrozal

건조기로 쌀을 건조시키다
secar el arroz con
un secador

정미소에서 쌀을 도정하다
descascarar el arroz
en un molino de arroz

FRASES PARA USAR

그들은 귀농하여 딸기 농사를 짓는다.   Ellos se fueron a vivir al campo y cultivan fresas.

요즘은 이앙기로 모내기를 한다.
Estos días la gente planta arroz, usando máquinas sembradoras.

그들은 트랙터로 논에 비료를 주고 있다.   Están fertilizando los campos de arroz con un tractor.

보통 9월 말에서 10월 초에 벼를 추수한다.
El arroz se suele cosechar a finales de septiembre o principios de octubre.

쌀은 조리하기 전에 도정해야 한다.   El arroz debe ser descascarado antes de cocinar.

파종하다
sembrar semillas

모종을 심다
plantar una plántula
[planta de semillero]

잡초를 뽑다, 김매다
sacar[arrancar] las malas
hierbas, desherbar

밭에 거름을 주다
esparcir estiércol[fertilizante] en el campo

농약을 치다
aplicar pesticidas

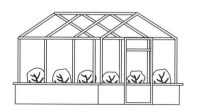

~를 (비닐) 하우스에서 재배하다
cultivar ~ en invernadero

~를 수확하다
cosechar ~

FRASES PARA USAR

우리 엄마는 올해에도 텃밭에 고추 모종을 심으셨다.
Mi madre volvió a plantar plántulas de chile en su huerta este año.

밭에서 잡초를 뽑아 줘야 한다.
Deben desherbar el campo.

이 상추는 농약을 뿌리지 않고 키운 것이다.
Esta lechuga se cultiva sin aplicar pesticidas.

그들은 비닐하우스에서 귤을 재배한다.
Ellos cultivan mandarinas en un invernadero.

수산업

조업을 나가다
salir al mar, ir a pescar

양식을 하다, 양어장을 하다
administrar una piscifactoría,
criar peces en una piscifactoría

그물을 던지다
tirar la red
그물을 끌어당기다
sacar la red

어선을 정박하다
anclar el barco
de pesca

조업을 마치고 복귀하다
regresar de la pesca

잡은 해산물을 나누다/저장하다
compartir/almacenar
pescados y mariscos capturados

잡은 해산물을 어시장에서 경매하다
subastar la captura en
el mercado de pescado

어구를 손질하다
reparar redes
de pesca

FRASES PARA USAR

그 어부들은 이른 아침 해가 뜨기 전에 조업을 나간다.
Los pescadores salen temprano a pescar en la mañana antes del amanecer.

그들은 양식으로 광어를 기른다.
Ellos crían platija en una piscifactoría.

나는 어부들이 잡은 해산물을 어시장에서 경매하는 것을 본 적이 있다.
He visto a pescadores subastar sus capturas en el mercado de pescado.

그 어부들은 조업을 마치고 어구를 손질하고 있다.
Los pescadores reparan sus redes de pesca después de pescar.

5 경제 활동 전반

생산하다
producir

유통시키다
distribuir

소비하다
consumir

판매하다
vender

구입하다
comprar

사업을 하다,
장사하다
hacer negocio

~와 거래하다
**hacer negocio
con ~**

~에 투자하다
invertir en ~

아르바이트를 하다
**trabajar a
tiempo parcial
[media jornada]**

은행에 예금하다
**depositar
el dinero
en el banco**

이자를 받다
ganar intereses

대출을 받다
**recibir
un préstamo**

주식에 투자하다
**invertir
en acciones**

배당금을 받다
**recibir
dividendos**

FRASES PARA USAR

그 업체에서는 국산 쌀로 만든 막걸리를 생산한다.
La empresa produce makgeolli a base de arroz nacional.

그 나라에서는 많은 양의 마늘을 소비한다.
Ese país consume mucho ajo.

그녀는 대학교 1학년 때부터 아르바이트를 해 왔다.
Ella ha estado trabajando a tiempo parcial desde su primer año de universidad.

대출을 받기가 점점 더 어려워지고 있다.
Cada vez es más difícil recibir un préstamo.

요즘 많은 20대들이 주식에 투자한다.
Muchas personas de veinte años invierten en acciones estos días.

CAPÍTULO

3

쇼핑

COMPRAS

오프라인 쇼핑 ①
– 편의점, 슈퍼마켓, 재래시장, 대형 마트

MP3 057

물건을 고르다
elegir cosas[productos]

물건을/가격을 비교하다
comparar productos/precios

~의 가격을 문의하다
preguntar por el precio de ~

상품에 대해 문의하다
preguntar sobre productos

~를 카트에 담다
añadir[poner] ~ al carrito

~를 장바구니에 담다
añadir[poner] ~ en la bolsa de compras

~(물건) 값을 계산하다
pagar por ~

가격을 흥정하다, 가격을 깎다
(상인/소비자가)
regatear el precio
(소비자가)
pedir un precio más bajo

~를 덤으로[증정품으로] 받다
obtener ~ como un regalo gratis[obsequio]

~를 덤으로 주다
dar ~ como un regalo gratis[obsequio]

(상인이) 가격을 깎아 주다
descontar el precio

FRASES PARA USAR

나는 가격을 비교한 후에 상품을 구입한다.
Compro productos después de comparar precios.

대형 마트에서는 상품에 대해 문의할 직원을 찾기가 어렵다.
En los grandes supermercados es difícil encontrar empleados para preguntar por los productos.

그는 선반의 물건들을 골라서 카트에 담았다.
Él recogió artículos de los estantes y los puso en el carrito.

재래시장에서 물건 값을 깎는 사람들이 있다.
Hay gente que regatea los precios de los productos en el mercado tradicional.

포인트를 적립하다
acumular puntos,
ganar puntos

제휴 카드로 할인받다
obtener descuentos con
una membresía

무빙워크를 이용하다
usar un camino rodante
[una cinta desplazadora]

구입한 물건을 차 트렁크에 싣다
poner[cargar] los productos
comprados en el maletero
de un coche

구입한 물건을 배달시키다
pedir entrega de
los productos comprados

FRASES PARA USAR

그녀는 물건을 살 때마다 포인트 적립하는 걸 잊지 않는다.
Ella no se olvida de acumular puntos por cada compra.

그 편의점에서는 제휴 카드로 할인을 받을 수 있다.
En esa tienda de conveniencia, puede obtener un descuento con la membresía.

구입한 물건들을 차 트렁크에 싣고 있는데 전화벨이 울렸다.
Cuando estaba cargando los productos comprados en el maletero del coche sonó el teléfono.

나는 슈퍼마켓에서 산 물건들을 집으로 배달시켰다.
Pedí entrega a mi casa de los productos que había comprado en el supermercado.

2 오프라인 쇼핑 ②
– 각종 상점, 백화점, 면세점

MP3 058

상품을 고르다
elegir
un producto

사이즈를 문의하다
preguntar por
la talla

(옷을) 입어 보다,
(신발을) 신어 보다,
(액세서리를) 착용해 보다
probarse ~, ponerse ~, hacer ~

(~의) 가격을 확인하다
comprobar el precio
(de ~)

(~의) 가격을 문의하다
preguntar por
el precio (de ~)

~를 계산하다
pagar ~

배달 날짜를 정하다
decidir la fecha de entrega

아이쇼핑하다
ir a ver escaparates

~(물건)을
면세로 구입하다
comprar ~ libre
de impuestos

면세점에서
~(물건)을 구입하다
comprar ~ en la tienda
libre de impuestos

여권과 항공권을 제시하다
presentar
el pasaporte y
el billete de avión

공항에서 물건을 받다
recoger los artículos en
la ventanilla de entrega
del aeropuerto

FRASES PARA USAR

나는 직원에게 원피스의 사이즈를 문의했다.
Le pregunté al empleado sobre la talla del vestido.

바지는 사기 전에 입어 봐야 한다.
Deberías probarte los pantalones antes de comprarlos.

그녀는 외국 브랜드의 가방을 면세로 구입했다.
Ella compró una bolsa de marca extranjera libre de impuestos.

면세점에서는 여권과 항공권을 제시해야 한다.
En la tienda libre de impuestos debe presentar el pasaporte y el billete de avión.

나는 시내 면세점에서 구입한 물건을 공항 픽업 카운터에서 받았다.
Recogí la compra en la tienda libre de impuestos del centro, en la ventanilla de entrega
del aeropuerto.

3 미용 서비스 시설 이용

MP3 059

* 이 페이지의 미용 관련 표현은 모두 헤어 디자이너가 머리를 해 줄 때의 표현

미용실, 마사지숍

머리를 하다
arreglarse
el pelo

머리를 자르다[깎다]
cortarse
el pelo

머리를 짧게 자르다
cortarse el pelo
corto

머리를 스포츠
머리로 깎다
hacerse un corte
de pelo deportivo

머리를 완전히 밀다
afeitarse
la cabeza
por completo

머리를 다듬다
recortarse
el pelo

머리를 퍼머하다
hacerse una permanente
en el pelo

머리를 염색하다
teñirse el pelo

머리를 감다
lavarse
el pelo

머리를 말리다, 드라이하다
secarse el pelo,
peinarse con el secador

머리를 하는 동안 잡지를 읽다
leer una revista mientras
se arregla el pelo

메이크업을 받다
ser maquillado

마사지를 받다
recibir
un masaje

FRASES PARA USAR

그는 매달 머리를 깎는다.　　　　Él se corta el pelo cada mes.

오랜만에 머리를 자르고 퍼머를 했다.
Me corté el pelo y me hice la permanente después de mucho tiempo.

그는 군에 입대할 때 머리를 스포츠머리로 깎았다.
Él se hizo un corte de pelo deportivo cuando entró al ejército.

나는 흰머리 때문에 한 달에 한 번 염색을 해야 한다.
Tengo que teñirme el pelo una vez al mes por las canas.

그녀는 머리를 파란색으로 염색했다.　　　Ella se tiñó el pelo de azul.

네일숍

네일을[네일 아트를] 받다
hacerse las uñas, hacerse la manicura

네일 디자인을 고르다
elegir diseños de uñas

손톱에 젤네일을 받다
aplicarse uñas
de gel

손톱에 젤네일을
붙이다 (직접)
pegarse uñas
postizas de gel

젤네일을 제거하다
eliminar uñas
de gel

젤네일을 제거하다 (직접)
quitarse uñas
de gel

손톱에
네일 스티커를 붙이다
pegarse uñas de
pegatinas en las
uñas de los dedos

네일 스티커를
제거하다
quitarse las uñas
de pegatinas

발톱에 네일을 받다
hacerse
la pedicura

손톱/발톱을 관리 받다
cuidarse las uñas
de las manos/uñas
de los pies

발 각질 케어를 받다
recibir tratamiento
para quitar la piel
muerta de los pies

FRASES PARA USAR

그녀는 가끔 네일숍에서 네일을 받는다.
Ella a veces se hace las uñas en el salón.

요즘은 손톱에 젤네일을 받는 경우가 많다.
Estos días, muchas personas se ponen uñas de gel.

네일숍에 가는 대신 집에서 네일 스티커를 붙이는 사람들도 많다.
Mucha gente se aplica en casa uñas con pegatinas en lugar de ir a un salón de belleza.

나는 여름에는 발톱에 네일을 받는다.　　　Me hago las uñas de los pies en verano.

그녀는 네일숍에서 발 각질 케어를 받았다.
Ella se hizo una exfoliación de los pies en el salón de uñas.

4 온라인 쇼핑

온라인
쇼핑을 하다
comprar en la tienda
en línea, hacer
compras en línea

…에서 ~를
주문하다
pedir ~ en…,
comprar ~
desde …

~(제품)를
고르다
elegir ~

제품/가격을
비교하다
comparar
productos/
precios

~를 장바구니에
넣다
añadir ~ al carrito
de compras,
agregar al carrito

할인 쿠폰을 적용하다
aplicar cupón de
descuento

배송비를 지불하다
pagar por el envío

배송 주소를 입력하다
ingresar la dirección
de envío

안심번호를 사용하다
usar un número
de seguridad

개인통관고유부호를
입력하다
introducir el
código de
despacho de
aduana personal

결제하다
realizar el pago

포인트(적립금)를 사용하다
usar puntos
[bonificación, recompensa]

LISTA DE COMPRAS

~를 관심 품목 리스트에 추가하다
agregar ~ a la lista de la
compra

FRASES PARA USAR

나는 온라인 서점에서 그의 신간을 주문했다.
Pedí su nuevo libro en la librería en línea.

온라인 쇼핑을 할 때는 가격을 쉽게 비교할 수 있다.
Al comprar en línea, puede comparar fácilmente los precios.

구매 금액이 5만 원 미만이면 배송비를 지불해야 한다.
Si el monto de la compra es inferior a 50.000 wones, deberá pagar el costo del envío.

해외 물품을 직구할 때는 개인통관고유부호를 입력해야 한다.
Al comprar productos en el extranjero directamente, debe ingresar un código de despacho
de aduana personal.

주문 내역을 조회하다
**comprobar
el historial de pedidos**

배송 정보를 조회하다
rastrear un paquete

판매자에게 문의 글을 남기다
**publicar[dejar]
una pregunta al vendedor**

배송 지연으로 판매자에게 항의하다
**reclamar al vendedor por
el retraso de la entrega**

A를 B로 교환하다
cambiar A por B

~를 반품하다
**hacer una devolución
de ~**

환불받다
**obtener
un reembolso**

후기를 작성하다
**escribir una reseña
[opinión sobre el producto]**

사진과 함께 후기를 올리다
**publicar una reseña
con fotos**

FRASES PARA USAR

그는 이틀 전에 주문한 운동화의 배송 정보를 조회했다.
Él rastreó el paquete de las zapatillas que había pedido dos días antes.

나는 배송 날짜와 관련하여 판매자에게 문의 글을 남겼다.
Publiqué una pregunta al vendedor sobre la fecha de entrega.

그녀는 분홍색 쿠션을 회색 쿠션으로 교환했다.　　Ella cambió un cojín rosa por uno gris.

온라인에서 구입한 구두가 너무 작아서 반품했다.
Devolví los zapatos que compré en línea porque eran demasiado pequeños.

그녀는 온라인에서 구입한 원피스의 후기를 사진과 함께 올렸다.
Ella publicó una reseña con una foto del vestido que había comprado en línea.

Hay gente que regatea
los precios de los productos en el
mercado tradicional.

NACIMIENTO, CRIANZA

1 임신, 출산

MP3 061

임신 테스트를 하다
hacer
una prueba
de embarazo

병원에서 임신을 확인하다
confirmar
el embarazo
en el hospital

~를 임신하다, 아이를 갖다
estar embarazada (de ~),
tener un bebé

쌍둥이/세쌍둥이를
임신하다
estar embarazada
de mellizos/trillizos

 8 meses

임신 ~주/개월이다
tener ~
semanas/meses
de embarazo

산모 수첩을 쓰다
escribir en el cuaderno
de maternidad
[diario de embarazo]

엽산을/철분제를
복용하다
tomar ácido fólico/
pastillas de hierro

초음파 검사를 받다
hacerse[tomarse]
una ecografía

기형아 선별 검사를 받다
hacerse[tomarse] una
prueba de detección
de anomalías

태아 염색체 검사를 받다
hacerse[tomarse]
una prueba de
cromosomas fetales

임신성 당뇨병에 걸리다
tener diabetes
gestacional

임신성 고혈압에 걸리다
tener hipertensión
gestacional

입덧을 하다
tener náuseas
matutinas

FRASES PARA USAR

나는 집에서 임신 테스트를 한 다음 병원에서 임신을 확인했다.
Me hice una prueba de embarazo en casa y luego confirmé mi embarazo en el hospital.

우리 언니는 쌍둥이를 임신했다.　　　　Mi hermana está embarazada de mellizos.

그녀는 임신 27주다.　　　　Ella tiene veintisiete semanas de embarazo.

임신 초기에는 태아 염색체 검사도 받아야 한다.
En las primeras etapas del embarazo, también se debe hacer la prueba de cromosomas
fetales.

나는 입덧을 거의 하지 않았다.　　　　Casi no tuve náuseas matutinas.

태교로 ～를 하다
hacer ~ para
la educación
prenatal

신생아 용품을 구매하다
comprar productos para
bebé recién nacido

아기 방을 꾸미다
decorar
la habitación
del bebé

출산 예정이다
estar esperando
un bebé (para dar a luz)

진통이 있다
tener dolores
de parto, tener
contracciones

진통이 ～분 간격으로 있다
tiene contracciones
[dolores de parto]
cada ~ minutos

양수가 터졌다
rompió aguas

분만 중이다,
진통 중이다
estar de parto

자연분만하다
dar a luz por parto
natural

제왕절개로 낳다
dar a luz por
cesárea

탯줄을 자르다
cortar el cordón
umbilical

～를 출산하다
dar a luz a ~

아기를 분만실에서
신생아실로 옮기다
mover un bebé de
la sala de partos
a la sala neonatal

FRASES PARA USAR

그녀는 출산 전에 신생아 용품을 구매하고 아기 방을 꾸몄다.
Antes de dar a luz, ella compró productos para recién nacidos y decoró la habitación del bebé.

내 딸은 다음 주에 출산 예정이다.

Mi hija va a dar a luz la próxima semana.

그녀는 진통 중이다.

Ella está de parto.

그 산모는 진통이 10분 간격으로 있다.

La madre tiene contracciones cada diez minutos.

그녀는 오늘 여자 아기를 출산했다.

Ella dio a luz a una niña hoy.

정부로부터 출산 축하금을 받다
recibir ayuda del gobierno
por tener un bebé

난산을 하다
tener
un parto difícil

조산하다
dar a luz prematuramente,
tener el bebé antes de lo esperado

사산하다
dar a luz a un niño
muerto

유산하다
abortar

아이가 생기지 않다
no poder tener un bebé, no poder quedarse
embarazada, no poder concebir

여자 쪽이/남자 쪽이 불임이다
la mujer/el hombre es
estéril

난임 전문 병원에 다니다
ir a una clínica
de fertilidad

배란일을 체크하다
comprobar la fecha
de ovulación

FRASES PARA USAR

그 여성은 임신 8개월 때 아이를 조산했다.
La mujer dio a luz prematuramente cuando tenía ocho meses de embarazo.

그녀는 첫째 딸을 낳기 전에 한 번 유산했다.
Tuvo un aborto espontáneo antes de dar a luz a su primera hija.

그 부부는 아이가 생기지 않아서 오랫동안 고생했다.
La pareja sufrió durante mucho tiempo porque no podía tener un bebé.

자연 임신을 시도하다
tratar de concebir[quedar
embarazada] naturalmente

인공수정을 하다
hacer inseminación
artificial

시험관 시술(체외 수정)을 하다
hacer FIV
(la fecundación in vitro)

난자를 냉동하다
congelar óvulos

정자 은행에서 받은 정자를 사용하다
usar esperma de un banco de esperma

대리모를 통해 아기를 낳다
dar a luz a un bebé a través
de la gestación subrogada

FRASES PARA USAR

우리는 인공 수정을 몇 번 시도한 후 시험관 시술을 통해 아이를 낳았다.
Después de algunos intentos de inseminación artificial, dimos a luz mediante fecundación
in vitro.

젊었을 때 난자를 냉동해 두는 여성들이 늘고 있다.
Cada vez más mujeres congelan sus óvulos cuando son jóvenes.

그 여성은 정자 은행에서 정자를 기증받아 아들을 낳았다.
La mujer dio a luz a un hijo mediante la donación de esperma de un banco de esperma.

2 육아

젖을[모유를] 먹이다
amamantar, dar
leche materna

분유를 먹이다
dar leche de
fórmula

아기를 트림시키다
eructar
al bebé

아기를 안다
sostener
al bebé

아기를 등에 업다
llevar al bebé
en la espalda

아기를 유모차에 태우다
poner al bebé
en el cochecito

아기를 목욕시키다
bañar al bebé

우는 아기를 달래다
calmar a un bebé
que llora

보채는/칭얼대는
아기를 달래다
calmar al bebé
irritable/inquieto

기저귀를 갈다
cambiar
un pañal

아기를 침대에 누이다
acostar al bebé
en la cama

아기를 재우다
poner al bebé
a dormir

아기를 달래서 재우다
arrullar al
bebé para que
se duerma

아기에게 자장가를
불러 주다
cantar una canción
de cuna al bebé

FRASES PARA USAR

나는 가능하면 아이에게 모유를 먹이고 싶다. Si es posible, quiero amamantar a mi hijo.

아기에게 모유를 먹이고 나면 트림을 시켜야 한다.
Después de amamantar a su bebé, debe eructar.

그 남자는 아기를 등에 업었다. El hombre llevaba al bebé en la espalda.

우는 아기를 달래는 일은 어렵다. Es difícil calmar a un bebé que llora.

그 부부는 번갈아 가면서 아기를 재운다.
La pareja se turna para poner al bebé a dormir.

육아를 전담하다
hacerse cargo del
cuidado de los niños

아기를 ～에게 맡기다
dejar al
bebé con ~

육아 휴직을 하다
tomar incapacidad
(descanso por maternidad/
paternidad)

육아 휴직 중이다
estar incapacitado
por maternidad/
paternidad

아기와 눈을 맞추다
hacer contacto
visual (con un bebé)

이유식을 만들다
hacer la comida
para lactantes

턱받이를 해 주다
ponerle
el babero al bebé

아기를 보행기에 태우다
poner al bebé
en el andador

걸음마 훈련을 시키다
enseñar al bebé a caminar,
ayudar al bebé a aprender
a caminar

대소변 가리는 훈련을 시키다
enseñar[entrenar]
al niño a ir al baño

숟가락/젓가락 쓰는 훈련을 시키다
enseñar al bebé a usar
una cuchara/palillos

FRASES PARA USAR

그녀는 낮에 아기를 친정어머니에게 맡기고 회사에 다닌다.
Durante el día, ella deja al bebé con su madre y se va a trabajar.

요즘은 점점 더 많은 남성들이 육아 휴직을 하고 있다.
Estos días, cada vez más hombres toman la incapacidad por paternidad.

생후 4주가 되면 아기가 눈을 맞추기 시작한다.
A las cuatro semanas de edad, los bebés comienzan a hacer contacto visual.

그녀는 요즘 아기 이유식을 만들고 있다.
Recientemente ella está haciendo comida para bebés.

저는 요즘 아이에게 대소변 가리는 훈련을 시키고 있어요.
Estos días estoy entrenando a mi hijo para ir al baño.

100일을 축하하다
festejar cien días,
hacer un festejo
de los cien días

돌잔치를 하다
tener una fiesta de
primer cumpleaños

양육 수당을 신청하다/받다
solicitar/recibir
manutención infantil

아이에게 예방
접종을 시키다
vacunar a un niño

아이 (정기) 건강 검진을
받게 하다
llevar al niño al
pediatra para un
chequeo (regular)

(아이가) 떼를 쓰다
tener rabietas,
hacer berrinche

~에게 책을 읽어 주다
leer un libro a ~,
leer a ~

~에게 스마트폰/유튜브 영상/
TV를 보여 주다
mostrar teléfono inteligente/
videos de YouTube/TV a ~

~를 어린이집/유치원/
초등학교에 보내다
enviar ~ a la guardería/al jardín
de infantes/a la escuela primaria

아이의 선생님과 상담하다
hablar con
el maestro de su hijo

~의 공부를 봐 주다
ayudar ~ con
estudios de ~

FRASES PARA USAR

우리 부부는 지난 토요일에 아이의 100일을 축하했다.
El sábado pasado festejamos los cien días de nuestro hijo.

내일은 아이에게 예방 접종을 시키러 간다. Mañana voy a vacunar a mi hijo.

그는 매일 밤 아이가 자기 전에 아이에게 책을 읽어 준다.
Él lee a su hijo todas las noches antes de acostarse.

많은 부모들이 아이들을 조용히 시키고 싶을 때는 아이들에게 스마트폰으로 유튜브 영상을 보여 준다.
Muchos padres muestran a sus hijos vídeos de YouTube en sus teléfonos inteligentes
cuando quieren mantener a sus hijos tranquilos.

그녀는 매일 퇴근 후에 딸아이의 영어와 수학 공부를 봐 준다.
Ella ayuda a su hija a estudiar inglés y matemáticas después del trabajo todos los días.

~에게 (···하는)
심부름을 시키다
ordenar algo a ~,
enviar a hacer un recado a ~

~에게 집안일을 시키다
pedir ~ hacer tareas
dómesticas

~에게 좋은 습관을 길러 주다
ayudar ~ construir[desarrollar]
un buen hábito

~에게 다양한 경험을 쌓게 하다
darse una variedad de
experiencias a ~

~를 칭찬하다
elogiar a ~

~를 격려하다
alentar,
motivar a ~

~를 혼내다
regañar a ~

~를 말로 타이르다
convencer a ~,
aconsejar

~에게 화를 내다
enojarse[enfadarse] con ~

~를 통제하다
controlar ~

FRASES PARA USAR

그녀는 아이에게 간장을 사 오라고 심부름을 시켰다.
Ella ordenó al niño que comprara salsa de soja.

아이에게 집안일을 전혀 안 시키는 게 좋은 걸까요?
¿Sería bueno que su hijo no hiciera ninguna tarea doméstica?

아이들에게 좋은 습관을 길러 주려면 부모가 좋은 습관을 지녀야 한다.
Los padres deben tener buenos hábitos para desarrollar buenos hábitos a sus hijos.

우리는 아이에게 다양한 경험을 쌓게 해 주려고 노력한다.
Nosotros tratamos de dar muchas experiencias a nuestros hijos.

나는 아이들을 자주 칭찬하고 격려하는 게 좋다고 생각한다.
Creo que es bueno elogiar y alentar a los niños a menudo.

~에게 사교육을 시키다
enviar ~ clases
particulares

~를 학원에 보내다
enviar ~ a una academia
privada

~를 영어/수학/피아노/미술 학원에 보내다
enviar ~ a la academia de inglés/
matemáticas/piano/arte

~ 과외를 시키다
tener un tutor ~

~가 적성을 찾게 도와주다
ayudar ~ a encontrar la aptitud

~에게 적기 교육을 시키다
dar ~ educación adecuada

FRASES PARA USAR

한국 부모들은 자녀들에게 사교육을 많이 시킨다.
Los padres coreanos envían a sus hijos a muchas clases particulares.

그녀는 아이를 영어, 수학, 피아노 학원에 보낸다.
Ella envía a sus hijos a la academia de inglés, matemáticas y piano.

부모는 아이가 적성을 찾도록 도와줘야 한다.
Los padres deben ayudar a sus hijos a encontrar aptitudes.

아이들에게 필요한 것은 조기 교육이 아니라 적기 교육이다.
Lo que necesitan los niños no es educación temprana, sino educación adecuada.

~를 현장 학습에 보내다
enviar ~ en una experiencia
de campo

학부모 참관 수업에 참여하다
asistir a una clase abierta
para padres

~를 전학시키다
transferir ~
a otra escuela

~를 (조기) 유학을 보내다
enviar ~ para estudiar en
el extranjero (a una edad temprana)

~를 대안학교에 보내다
enviar ~ a una
escuela alternativa

~가 지능 검사를 받게 하다
tomar una prueba de IQ
(coeficiente intelectual)

육아책을 읽다
leer libro sobre crianza

FRASES PARA USAR

나는 오늘 딸아이 학교에서 학부모 참관 수업에 참여했다.
Hoy participé en una clase abierta para padres en la escuela de mi hija.

그는 아들이 중학교 때 유학을 보냈다.
Él envió a su hijo a estudiar en el extranjero cuando estaba en la escuela secundaria.

그 부모는 학교생활을 잘하지 못했던 아이를 대안학교에 보냈다.
Los padres enviaron a su hijo, a quien no le iba bien en la escuela, a una escuela
alternativa.

그녀는 교육에 관심이 있어서 육아서 읽는 걸 좋아한다.
A ella le gusta leer libros sobre crianza porque le interesa la educación.

CAPÍTULO

5

여가, 취미

OCIO, AFICIONES

1 여행

(~로) 여행 가다
viajar (a ~),
hacer un viaje (a ~),
ir de viaje (hacia ~)

여행 짐을 꾸리다
hacer la maleta
[equipaje]

(~로) 당일 여행을 가다
ir de viaje en un día (a ~)

~박 …일 여행을 가다
viajar por … días
y ~ noches

국내 여행을 하다
hacer un viaje nacional

해외여행을 하다
viajar al
extranjero

배낭여행을 가다
ir de mochilero,
ir de viaje de mochilero

패키지여행을 하다
tomar un paquete
turístico

크루즈 여행을 하다
viajar en un crucero

FRASES PARA USAR

팬데믹이 끝나면 나는 미국으로 여행을 가고 싶다.
Cuando termine la pandemia, quiero viajar a Estados Unidos.

우리 가족은 시골로 당일 여행을 자주 간다.
Mi familia a menudo va de viaje al campo un día.

나는 몇 년 전에 이탈리아로 여행 가서 7박 8일 동안 있었다.
Viajé a Italia hace unos años y me quedé ocho días y siete noches.

그녀는 20세에 50일 동안 배낭여행을 했다.
Cuando ella tenía veinte años, viajó de mochilera durante cincuenta días.

수학여행을 가다
ir de excursión escolar

졸업 여행을 가다
ir a un viaje de graduación

신혼여행을 가다
ir de luna de miel

~ 답사를 가다
hacer una investigación de ~

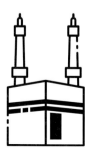

~로 성지 순례를 가다
ir a una peregrinación a ~

세계 일주를 하다
dar la vuelta al mundo

FRASES PARA USAR

그들은 제주도로 졸업 여행을 갔다.
Ellos hicieron un viaje de graduación a la isla de Jeju.

그들은 바티칸으로 성지 순례를 갔다.
Ellos fueron a una peregrinación al Vaticano.

그는 복권에 당첨되어서 세계 일주를 하기로 결심했다.
Él ganó la lotería y decidió dar la vuelta al mundo.

여행 계획을 세우다
planear un viaje,
hacer un plan de viaje

여행 경로를 정하다
hacer una ruta
de viaje

호텔방/호스텔/
에어비앤비를 예약하다
reservar una habitación de
hotel/hostel/Airbnb

(~행) 기차표/버스표/
비행기표를 구입하다
comprar un billete
de tren/autobús/
avión (hacia ~)

(~행) 기차/버스/
비행기표를 예약하다
reservar un billete de tren/
autobús/avión (hacia ~)

자동차/기차/버스/
비행기로 가다
ir en coche/tren/
autobús/avión

비행기/기차/버스로 ~를 여행하다
viajar ~ en avión/tren/autobús

비행기/기차/버스를 갈아타다
cambiar de avión/tren/autobús

FRASES PARA USAR

때로는 여행 계획을 세우는 것이 여행을 하는 것보다 더 설레기도 한다.
A veces planear un viaje es más emocionante que viajar.

그는 여름휴가를 위해 파리행 비행기표를 예약했다.
Él reservó un billete de avión a París para sus vacaciones de verano.

우리는 자동차로 샌프란시스코에 갔다.　　　Fuimos a San Francisco en coche.

그들은 코펜하겐에 가는 길에 런던에서 비행기를 갈아탔다.
Ellos cambiaron de avión en Londres de camino a Copenhague.

호텔/호스텔/
에어비앤비에 묵다
hospedarse en
hotel/hostel/Airbnb

~에 체크인하다
hacer check-in en ~,
registrar la llegada en ~

~에서 체크아웃하다
hacer check-out en ~,
registrar la salida en ~

호텔 뷔페를 이용하다, 호텔 뷔페에서 먹다
usar el buffet del hotel,
comer en el buffet del hotel

관광 안내소에서 여행 정보를 문의하다
pedir información de viaje en
el centro de información turística

렌터카를 빌리다
alquilar un coche

고속도로 휴게소에 들르다
pasar por un área de
descanso en la carretera

고속도로 휴게소에서 식사를 하다
comer en un área de
descanso de la carretera

FRASES PARA USAR

나는 영국 웨일스에서 에어비앤비에 묵었다.　　Me hospedé en un Airbnb en Gales, Reino Unido.

그들은 기차역 근처에 있는 한 호텔에 체크인했다.
Ellos registraron la llegada en un hotel cerca de la estación de tren.

그녀는 기차역에 있는 관광 안내소에서 몇 가지 여행 정보를 문의했다.
Ella pidió información de viajes en el centro de información turística de la estación del tren.

우리는 목적지로 가는 길에 고속도로 휴게소에서 가벼운 식사를 했다.
Comimos una comida ligera en el área de descanso de la autopista de camino al destino.

관광 명소에 가다
ir a[visitar] un lugar
turístico

가이드 투어에 참여하다
participar en
una visita guiada

쇼핑/관광을 즐기다
disfrutar de
las compras/del turismo

맛집에 가다
ir a un buen
restaurante

맛집을 찾아보다
buscar un buen
restaurante

맛집의 후기를 살펴보다
revisar las reseñas de
buenos restaurantes

~의 사진을 찍다
tomar fotos de ~

~에게 …의 사진을
찍어 달라고 부탁하다
pedir ~ para tomar una foto de …

기념품을 사다
comprar
recuerdos

FRASES PARA USAR

나는 루브르 박물관에서 가이드 투어에 참여했다.
Participé en una visita guiada en el Museo del Louvre.

중국인 관광객들은 그 도시에서 쇼핑과 관광을 즐겼다.
Los turistas chinos disfrutaron de las compras y del turismo en la ciudad.

여행을 가면 반드시 맛집에 가는 사람들이 있다.
Hay algunas personas que siempre van a restaurantes famosos cuando van de viaje.

그는 혼자 여행 중이어서 다른 여행객에게 자기 사진을 찍어 달라고 부탁했다.
Él viajaba solo, así que le pidió a otro viajero que le tomara una foto.

나는 여행을 가면 그곳을 기억하기 위한 작은 기념품을 산다.
Cuando me voy de viaje, compro un recuerdo para recordar ese lugar.

공항 면세점에서 ~를 구입하다
comprar ~ en la tienda libre
de impuestos del aeropuerto

보안 검색을 받다
tener inspección de seguridad

보안 검색을 통과하다
pasar el control de seguridad

공항 출입국 심사대를 통과하다
pasar por el control de
inmigración del aeropuerto

수하물 찾는 곳에서 짐을 찾다
recoger el equipaje en el área
de recogida de equipaje

세관을 통과하다
pasar por la aduana

여행을 마치고 돌아오다
regresar de un viaje

SNS/블로그에 여행 사진과 후기를 올리다
publicar fotos de viajes y reseñas
en las redes sociales/el Blog

FRASES PARA USAR

여행에서 돌아오는 길에 공항 면세점에서 몇 가지 간식을 구입했다.
De regreso de mi viaje, compré unos snacks en la tienda libre de impuestos del
aeropuerto.

보안 검색을 통과하려면 모자와 신발을 벗어야 한다.
Se deben quitar los sombreros y los zapatos para pasar el control de seguridad.

입국 심사대를 통과한 후 수하물 찾는 곳에서 짐을 찾았다.
Después de pasar por el control de inmigración, recogí mi equipaje en el área de recogida
de equipaje.

여행에서 돌아오면 나는 블로그에 사진과 후기를 올린다.
Después de regresar de un viaje, publico fotos y reseñas en mi blog.

2 TV, 유튜브, 넷플릭스

MP3 064

TV를 보다
ver la televisión

VOD로 TV 방송을 보다
ver programas de televisión a través de servicios de trasmisión de vídeo bajo demanda (VOD)

리모컨으로 채널을 바꾸다
cambiar de canal con el control remoto

채널을 이리저리 돌리다
cambiar de canal a uno y otro en la televisión

IPTV에서 영화를 보다
ver una película en IPTV

유튜브 영상을 보다
ver vídeos en YouTube

유튜브 채널을 구독하다
suscribirse a un canal de Youtube

유튜브에서 라이브 방송을 보다
ver una transmisión en vivo en YouTube

유튜브 영상에 '좋아요'를 누르다
hacer clic en 'Me gusta' en vídeos de YouTube

유튜브 영상에 댓글을 달다
publicar un comentario en un vídeo de YouTube

유튜브 영상/음악을 다운로드하다
descargar vídeos/música de YouTube

FRASES PARA USAR

요즘은 VOD로 지난 TV 프로그램을 볼 수 있다.
Estos días, puede ver programas de televisión anteriores a través de VOD.

극장에 가지 않아도 집에서 IPTV로 최신 영화를 볼 수 있다.
Puedes ver las últimas películas en IPTV en casa sin ir al cine.

그는 매일 3시간 넘게 유튜브 영상을 본다.
Él ve vídeos de YouTube más de tres horas todos los días.

나는 한 영화평론가의 유튜브 채널을 구독하고 있다. Estoy suscrito al canal de YouTube de un crítico de cine.

유튜브 영상에 무례한 댓글을 다는 사람들이 있다.
Hay personas que publican comentarios groseros en los vídeos de YouTube.

유튜브 채널을
개설하다
**abrir un canal
de YouTube**

유튜브에서
라이브
방송을 하다
**transmitir
en vivo en
YouTube**

유튜브에 올릴
영상을 촬영하다/제작하다
**grabar/hacer un vídeo
para subir a[en] YouTube**

유튜브에 올릴
영상을 편집하다
**editar un vídeo para
subir a[en] YouTube**

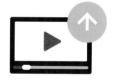

유튜브에 영상을
올리다
**subir un vídeo
a[en] YouTube**

넷플릭스에 가입하다
suscribirse a Netflix

넷플릭스를 보다
ver Netflix

넷플릭스에서 TV 프로그램/영화/다큐멘터리를 보다
**ver programas de TV/películas/documentales
en Netflix**

넷플릭스를 해지하다
cancelar la suscripción a Netflix

FRASES PARA USAR

유튜브에 올릴 20분짜리 영상을 편집하는 데 8시간 정도가 걸린다.
Se tarda unas ocho horas en editar un vídeo de veinte minutos para YouTube.

그 유튜버는 자신의 유튜브 채널에 영상을 일주일에 2편씩 올린다.
El Youtuber sube dos vídeos a la semana en su canal de YouTube.

나는 지난주에 넷플릭스에 가입했다. Me suscribí a Netflix la semana pasada.

그녀는 넷플릭스에서 다큐멘터리를 보는 게 취미다. Su hobby es ver documentales en Netflix.

넷플릭스에 가입했지만 거의 보질 않아서 몇 달 후에 해지했다.
Me suscribí a Netflix, pero lo cancelé después de unos meses porque rara vez lo veía.

3 스포츠, 운동

축구/야구/농구/배구 경기를 보러 가다
ir a ver un partido de fútbol/
béisbol/baloncesto/voleibol

축구/야구/농구/배구 경기를 보다
ver un partido de fútbol/
béisbol/baloncesto/voleibol

축구/야구/농구/배구를 하다
jugar al fútbol/béisbol/
baloncesto/voleibol

배드민턴/테니스/탁구/골프를 치다
jugar al bádminton/tenis/
tenis de mesa/golf

조깅하러/수영하러/등산하러/
하이킹하러[등산하러]/스키 타러/스케이트 타러 가다
ir a correr/nadar/escalar/hacer senderismo/
esquiar/patinar

마라톤을 하다
correr un maratón

번지점프, 스카이다이빙 같은
익스트림 스포츠를 즐기다
disfrutar de
deportes extremos
como puentismo y
paracaidismo

FRASES PARA USAR

나는 초등학교 때 아버지와 함께 처음 야구 경기를 보러 갔다.
Fui a ver un partido de béisbol con mi padre por primera vez cuando estaba en la escuela primaria.

그는 주말마다 친구들과 농구를 한다.
Él juega al baloncesto con sus amigos todos los fines de semana.

우리 어머니는 매일 아침 수영하러 가신다.　　　Mi madre va a nadar todas las mañanas.

나는 겨울에 자주 친구들하고 스케이트를 타러 다녔다.
A menudo iba a patinar con mis amigos en invierno.

그 소설가는 자주 마라톤을 한다.　　　El novelista a menudo corre maratones.

준비 운동을 하다
calentar, hacer ejercicio
de calentamiento

유산소 운동을 하다
hacer ejercicio
aeróbico

근력 운동을 하다
hacer entrenamiento
con pesas

요가/필라테스를 하다
hacer yoga/pilates

체육관[헬스클럽]에 가다
ir al gimnasio

PT를 받다
entrenar con
un entrenador personal

러닝머신에서 뛰다
correr en una
cinta eléctrica

스쿼트를 하다
hacer
sentadillas

플랭크를 하다
hacer planchas
anaeróbicas

역기를 들어 올리다
hacer pesas

윗몸일으키기를 하다
hacer
abdominales

파워 워킹을 하다
caminar
energéticamente
[rápidamente]

FRASES PARA USAR

운동하기 전에는 준비 운동을 하는 게 안전하다.　　Es seguro calentar antes de hacer ejercicio.

살을 빼려면 식이 조절을 하고 유산소운동을 해야 한다.
Para perder peso, necesita controlar su dieta y hacer ejercicios aeróbicos.

요즘 많은 여성들이 필라테스를 한다.　　Muchas mujeres hacen pilates estos días.

그녀는 헬스클럽에 가서 PT를 받는다.
Ella va al gimnasio y entrena con un entrenador personal.

나는 매일 집에서 플랭크와 스쿼트를 한다.　　Hago planchas y sentadillas en casa todos los días.

4 등산, 캠핑

등산하다
hacer senderismo

암벽 등반을 하다
hacer escalada de rocas

등산용품을 구입하다
comprar artículos de
senderismo

등산 동호회(산악회)에 가입하다
unirse a un club
de escalada

등산화/등산복/등산모를 신다/입다/쓰다
ponerse botas/ropa/sombrero
de senderismo

등산화 끈을 단단히 묶다
atar bien los cordones de
las botas de montaña

야간 등산을 하다
ir de senderismo
nocturno

배낭을 메다
llevar una mochila

FRASES PARA USAR

많은 이들이 주말에 등산을 다닌다.
Mucha gente hace senderismo los fines de semana.

그녀는 30세 때 암벽 등반을 자주 다녔다.
Cuando ella tenía treinta años, hizo mucha escalada de roca.

그는 등산을 시작하고자 등산용품과 등산복, 등산화를 먼저 구입했다.
Para comenzar a escalar montañas, primero él compró artículos, ropa y botas de
senderismo.

나는 야간 등산을 한 번 해 본 적이 있다.
Una vez fui de senderismo nocturno.

야호라고 외치다
gritar hurra

등산로를 따라가다
seguir la ruta de
senderismo

산에서 길을 잃다
perderse en
las montañas

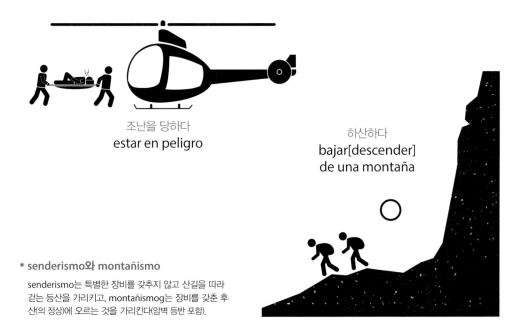

조난을 당하다
estar en peligro

하산하다
bajar[descender]
de una montaña

* senderismo와 montañismo

senderismo는 특별한 장비를 갖추지 않고 산길을 따라
걷는 등산을 가리키고, montañismog는 장비를 갖춘 후
산(의 정상)에 오르는 것을 가리킨다(암벽 등반 포함).

FRASES PARA USAR

그들은 산 정상에 올라서 야호라고 외쳤다.
Ellos subieron a la cima de la montaña y gritaron ¡hurra!

산에서 길을 잃으면 어떻게 해야 할까?
¿Qué debes hacer si te pierdes en las montañas?

그 등반가는 에베레스트산에서 하산하던 중에 조난을 당했다.
El escalador se encontraba en peligro mientras bajaba el Monte Everest.

곧 해가 질 것 같아서 우리는 하산했다.
Bajamos de la montaña porque el sol estaba a punto de ponerse.

캠핑을 가다
ir a acampar,
ir de camping

캠핑카를 렌트하다/
구입하다
alquilar/comprar
una autocaravana

승합차를 개조해 캠핑카로 만들다
remodelar una camioneta
en una autocaravana

텐트를 치다/걷다
armar/desarmar
la tienda de
campaña

텐트 안으로 들어가다
entrar en la tienda de
campaña

텐트 밖으로 나오다
salir de la tienda de
campaña

차양을 치다
poner un toldo

모닥불을 피우다
hacer
una hoguera

바비큐를 해 먹다
hacer una parrillada

침낭에서 자다
dormir en
un saco de dormir

침낭을 펴다/말다
abrir/enrollar
el saco de dormir

모기장을 치다/걷다
poner/quitar
el mosquitero

차박을 하러 가다
ir a acampar en
coche

FRASES PARA USAR

요즘 점점 더 많은 사람들이 캠핑을 간다.   Cada vez son más las personas que acampan estos días.

그들은 승합차를 개조해서 캠핑카로 만들어 그걸 타고 캠핑을 다닌다.
Ellos remodelaron la camioneta en una autocaravana y van a acampar en ella.

우리는 캠핑장에 도착하여 우선 텐트를 쳤다.
Llegamos al campamento y primero armamos nuestra tienda de campaña.

캠핑을 가면 우리는 으레 바비큐를 해 먹는다.
Cuando vamos de camping, solemos hacer una parrillada.

우리는 텐트 속에 모기장을 치고 침낭에서 잤다.
Pusimos mosquiteros en la tienda de campaña y dormimos en sacos de dormir.

5 호캉스, 해수욕

호캉스를 하다
estar de vacaciones
en un hotel

호캉스를 가다
ir de vacaciones
a un hotel

호텔에 체크인하다
hacer check-in en un hotel,
registrar la llegada en un hotel

호텔에서 체크아웃하다
hacer check-out en un hotel,
registrar salida en un hotel

호텔 바에서 칵테일을 마시다
beber cócteles
en el bar del hotel

(~로) 룸서비스를 시키다
pedir servicio
de habitaciones (para ~)

호텔 피트니스 센터를 이용하다
usar el gimnasio del hotel

호텔 수영장에서 수영하다
nadar en la piscina del hotel

FRASES PARA USAR

지난 주말에 우리는 호텔에서 1박 2일간 호캉스를 했다.
El fin de semana pasado, estuvimos de vacaciones en un hotel por dos días y una noche.

점점 더 많은 사람들이 호캉스를 하러 간다.
Cada vez más personas se van de vacaciones a los hoteles.

우리는 저녁으로 룸서비스를 시켰다.
Pedimos servicio de habitaciones para la cena.

우리는 호텔 수영장에서 수영을 하고 스파를 즐겼다.
Nosotros nadamos en la piscina y disfrutamos del spa del hotel.

스파를 즐기다
disfrutar del spa

건식/습식 사우나를 즐기다
disfrutar la sauna seca/húmeda

도시의 야경을 감상하다
disfrutar la vista nocturna
de la ciudad

오션뷰를 감상하다
disfrutar la vista del mar

마사지를 받다
recibir un masaje

욕조에서 반신욕을 하다
tomar un baño de la parte
inferior del cuerpo en la bañera

조식 뷔페를 먹다
tener un desayuno buffet

FRASES PARA USAR

도심에 있는 호텔이어서 우리는 도시의 야경을 감상할 수 있었다.
Era un hotel en el centro de la ciudad, así que podíamos disfrutar de la vista nocturna de la ciudad.

나는 호텔에서 발 마사지를 받았다. Recibí un masaje de pies en el hotel.

우리는 반신욕을 하고 잠자리에 들었다.
Tomamos un baño de la parte inferior del cuerpo y nos acostamos.

그들은 조식 뷔페를 먹은 다음 체크아웃했다.
Después de tener un desayuno buffet, ellos registraron su salida.

해수욕을 가다
ir a nadar en el mar

(비치) 파라솔을 빌리다
alquilar una sombrilla
(de playa)

해수욕을 하다
(**바다에서 수영을 하다**)
nadar en el mar

백사장에서 놀다
jugar en una playa
de arena

백사장에 눕다
acostarse en una playa
de arena

모래찜질을 하다
tomar un baño
de arena

선탠을 하다
broncearse

서핑을 하다
surfear

스쿠버 다이빙을 하다
bucear

샤워를 해 소금기를 씻어내다
tomar una ducha
para quitarse la sal

FRASES PARA USAR

나는 어렸을 때 여름방학마다 부모님과 해수욕을 갔다.
Cuando era joven, iba a nadar al mar con mis padres todas las vacaciones de verano.

우리는 해수욕장에 가면 우선 비치파라솔을 빌린다.
Cuando vamos a la playa, primero alquilamos una sombrilla de playa.

해변에 가도 나는 바다에서 수영을 하지는 않고 대신 백사장에서 놀았다.
Aunque iba a la playa, no nadaba en el mar, sino que jugaba en la playa de arena.

백사장에서는 사람들이 선탠을 하거나 모래찜질을 하고 있었다.
En la playa de arena, la gente se bronceaba o se tomaba un baño de arena.

동해에는 서핑을 하는 사람들이 많이 있다.　　　Hay mucha gente surfeando en el Mar del Este.

6 영화, 연극, 뮤지컬

MP3 068

영화표를 예매하다
reservar entradas para el cine,
comprar entradas de cine

연극표/뮤지컬표를 예매하다
reservar una entrada para una obra de
teatro/un musical

온라인으로 영화를 예매하다
reservar una entrada de cine en línea

영화를/연극을/뮤지컬을 보러 가다
ir a ver una película/una obra de teatro/
un musical

영화를/연극을/뮤지컬을 보다
ver una película/una obra de teatro/
un musical

영화가 개봉되다, 영화를 개봉하다
estrenarse una película

극장에서 영화를 보다
ver una película en el teatro

조조 영화를 보다
ver una película matutina

심야 영화를 보다
ver una película nocturna

FRASES PARA USAR

나는 뮤지컬을 보는 게 가장 큰 취미이다.
Mi mayor pasatiempo es ver musicales.

기다리던 영화가 개봉해서 온라인으로 예매했다.
Se estrenó la película que esperaba y la reservé en línea.

그녀는 TV가 아니라 극장에서 영화 보는 것을 좋아한다.
A ella le gusta ver películas en el cine, no en la televisión.

조조 영화를 보면 할인을 받을 수 있다.
Puedes obtener un descuento si ves la película matutina.

IPTV로/넷플릭스로 영화를 보다
ver películas en IPTV/Netflix

드라이브인 극장에서 영화를 보다
ver una película en el autocine

영화 시사회에 초대받다
ser invitado al estreno de una película

영화 시사회에 참석하다
asistir al estreno de una película

영화제에 가다
ir a un festival de cine

FRASES PARA USAR

요즘은 극장뿐 아니라 IPTV나 넷플릭스로도 영화를 볼 수 있다.
Estos días, se puede ver películas no solo en los cines sino también en IPTV o Netflix.

드라이브인 극장에서 영화를 본 적 있어요?
¿Alguna vez has visto una película en un autocine?

나는 그 감독의 신작 영화 시사회에 초대받았다.
Me invitó al estreno de la nueva película del director.

그녀는 해마다 가을이면 부산국제영화제에 간다.
Ella va al Festival Internacional de Cine de Busan cada otoño.

입구에서 표를 확인받다
hacer la revisión de
la entrada

극장에 입장하다
entrar al
teatro

자리에 앉다
tomar asiento

휴대폰을 진동/무음 모드로 하다
poner el teléfono móvil en
modo vibración/silencio

영화 상영 전 광고를 보다
ver el anuncio antes
de la película

휴대폰을 끄다
apagar el teléfono
móvil

엔딩 크레딧을 끝까지 보다
ver hasta el final hasta
los créditos

영화를 보며 팝콘을 먹다/음료를 마시다
comer palomitas/tomar un refresco
mientras ve una película

~에게
큰 박수를
보내다
dar un gran
aplauso a ~

박수 치다
aplaudir

~에게 기립 박수를 보내다
dar una ovación
de pie a ~

커튼콜을 외치다
(박수로 커튼콜에 불러내다)
aplaudir para una llamada
de cortina

FRASES PARA USAR

극장에 입장하면 휴대폰을 무음 모드로 하거나 꺼야 한다.
Cuando entras al teatro, deberás poner en modo silencio o apagar tu teléfono móvil.

팝콘을 먹는 소리가 가끔 영화 감상을 방해할 때가 있다.
El ruido de comer palomitas a veces interrumpe para ver películas.

나는 영화의 엔딩 크레딧을 끝까지 본다.　　　　Veo hasta el final de los créditos de la película.

관객들이 배우들에게 기립 박수를 보냈다.　　　　El público ovacionó de pie a los actores.

연극이 끝나고 관객들이 박수로 커튼콜을 외쳤다.
Una vez terminada la obra, el público aplaudió para una llamada de cortina.

7 음악, 콘서트

MP3 069

음악을 듣다
escuchar música

노래를 스트리밍하다
transmitir
una canción

노래를 다운로드하다
descargar
una canción

콘서트[연주회] 표를
예매하다
reservar una entrada
para un concierto

콘서트[연주회]에 가다
ir a un concierto

환호하다
animar, gritar de alegría

~에게 기립 박수를 보내다
dar una ovación de pie a ~

(~의) 노래를
따라 부르다
cantar junto
(con ~)

앙코르를 청하다
pedir
una repetición

악기/피아노/기타를 연주하다
tocar un instrumento
musical/el piano/
la guitarra

악기/피아노/기타 연주법을 배우다
aprender a tocar
un instrumento musical/
el piano/la guitarra

FRASES PARA USAR

저는 그 노래의 MP3 파일을 다운로드받아서 자주 들어요.
Descargo el archivo MP3 de esa canción y la escucho a menudo.

예전에는 콘서트에 자주 갔는데 요즘은 통 못 간다.
En el pasado, solía ir a conciertos a menudo, pero ahora no puedo.

청중이 박수를 치면서 뮤지션의 노래를 따라 부르고 있다.
El público canta junto con el músico aplaudiendo.

나는 예전부터 늘 드럼을 배우고 싶었다.
Siempre he querido aprender a tocar la batería.

8 미술, 전시회, 사진

MP3 **070**

(~의) 그림을 그리다
dibujar[pintar]
una imagen (de ~)

풍경화/정물화를 그리다
pintar
un paisaje/bodegón

~의 초상화를 그리다
dibujar un retrato de ~

(~의) 캐리커처를 그리다
dibujar una caricatura (de ~)

수채화를 그리다
pintar con[en] acuarelas

유화를 그리다
pintar al óleo

컬러링북에 색칠하다
colorear en un libro de colorear

미술 전시회에 가다
ir a una exposición de arte

전시품/작품/그림/
조각품을 감상하다
apreciar las
exhibiciones/obras/
pinturas/esculturas

도슨트(안내인)의 설명을
들으며 작품을 감상하다
apreciar la obra
escuchando
la explicación del docente

카탈로그를/기념품을 구입하다
comprar un catálogo/recuerdo

전시회 관람 예약을 하다
reservar una entrada de
una exposición

FRASES PARA USAR

그녀는 어려서부터 그림 그리는 걸 좋아한다.
Le ha gustado hacer dibujos desde que era una niña.

그는 가끔 야외에 나가서 풍경화를 그린다.　　A veces él sale al aire libre a pintar paisajes.

나는 좋아하는 소설가의 초상화를 그려서 선물했다.
Dibujé un retrato de mi novelista favorito y se lo regalé.

나는 요즘 캐리커처를 그리는 연습을 하고 있다.　　Estos días estoy practicando dibujar caricaturas.

그 뮤지션은 자주 미술 전시회에 가서 작품을 감상한다.
El músico va a menudo a exhibiciones de arte y aprecia las obras de arte.

흑백 사진을 찍다
tomar fotos en blanco y negro

필름 카메라로 사진을 찍다
tomar fotos con una cámara de rollo

전문가용 카메라를 구입하다
comprar una cámara profesional

사진을 찍다
tomar fotos,
sacar fotografías

출사를 나가다
salir a tomar fotos

사진의 구도를 잡다
hacer composición
fotográfica

초점을 잡다
hacer
enfoque
fotográfico

삼각대에 카메라를 올리다
poner una cámara
en un trípode

셔터 스피드를 조정하다
ajustar la velocidad
del obturador

모델/제품 촬영을 하다
tomar foto
del modelo/producto

셀카를 찍다
hacerse
una selfie

셀카봉을 이용해
셀카를 찍다
hacerse una selfie
con un palo de selfies

사진을 보정하다
retocar
una foto

사진을 편집하다
editar una foto

사진을 인화하다
imprimir
una foto

FRASES PARA USAR

나는 우리 고양이 사진을 즐겨 찍는다.
Disfruto sacando fotos de mi gato.

그녀는 오늘 단풍이 아름다운 계곡으로 출사를 나갔다.
Ella salió hoy a un valle hermoso con hojas de otoño para tomar fotos.

너는 사진 구도 잡는 방법을 좀 배워야 해.
Necesitas aprender la manera de hacer una composición fotográfica.

나는 셀카 찍는 걸 좋아하지 않는다.
No me gusta sacarme selfies.

그녀가 인스타그램에 올리는 사진들은 보정을 많이 한 것들이다.
Las fotos que ella publica en Instagram están muy retocadas.

9 반려동물

MP3 071

반려동물/개[강아지]/고양이를 입양하다
adoptar una mascota/
un perro[cachorro]/un gato

유기견을/유기묘를 입양하다
adoptar un perro/gato
abandonado

개/고양이에게 밥을
[사료를] 주다
alimentar al perro/gato

반려동물/개[강아지]/고양이를 키우다
tener[criar] una mascota/
perro[cachorro]/gato

반려동물에게 줄
간식을 만들다
hacer
golosinas
para
la mascota

반려동물에게
간식을 주다
dar golosinas
a mascotas

반려동물과 놀다
jugar con
las mascotas

반려동물 용품을
구입하다
comprar artículos
para mascotas

반려동물을
동물병원에 데리고 가다
llevar a la mascota a
un hospital veterinario

반려동물에게
예방접종을 시키다
vacunar
a la mascota

반려동물을
등록하다
registrar
la mascota

반려동물에게
인식칩을 심다
implantar
microchip
a la mascota

개를 산책시키다
pasear
al perro

개의
목줄[가슴줄]을 하다
ponerle
correa[pechera]
al perro

FRASES PARA USAR

그녀는 유기견을 입양했다.
Ella adoptó un perro abandonado.

개와 고양이에게 사료는 정해진 시간에 주는 게 좋다.
Debes alimentar al perro y gato a una hora fija.

그녀는 자기 개에게 줄 간식을 직접 만든다.
Ella misma hace golosinas para su perro.

나는 오늘 내 고양이를 동물병원에 데리고 갔다.
Hoy llevé a mi gato al hospital veterinario.

개를 산책시킬 때는 반드시 목줄을 하고, 대변 처리를 깨끗이 해야 한다.
Al pasear al perro, debe ponerle una correa y limpiarle las heces.

개에게 사회화
훈련을 시키다
entrenar a
socializar un perro

개/고양이
양치질을 시키다
cepillar los dientes
del perro/gato

개에게 입마개를
씌우다
poner bozal
al perro

(개가)
입마개를 하다
usar
el bozal

강아지에게
대소변 가리는
훈련을 시키다
entrenar a
un cachorro
a ir al baño

개의 대변을
처리하다
limpiar
los desechos
del perro

개/고양이를
목욕시키다
bañar
al perro/gato

개/고양이
미용을 시키다
cortar el pelo
del perro/gato

캣타워를 조립하다/
만들다
armar/hacer
una torre para
gatos

고양이의 숨숨집을
사다/만들다
comprar/hacer
una casa para
gatos

고양이 화장실
모래를(배설물을) 치우다
limpiar el arenero
del gato

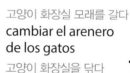

고양이 화장실 모래를 갈다
cambiar el arenero
de los gatos

고양이 화장실을 닦다
limpiar el baño
del gato

반려동물의 장례식을
치러 주다
hacer un funeral
a una mascota

반려동물을
안락사시키다
aplicar
eutanasia a
una mascota

FRASES PARA USAR

맹견들은 산책할 때 입마개를 해야 한다.
Los perros agresivos deben usar bozal cuando pasean.

강아지 대소변 가리는 훈련을 시키는 건 쉽지 않다.　No es fácil entrenar a un cachorro a ir al baño.

나는 DIY 캣타워를 사다가 직접 만들었다.　Compré y armé yo mismo una torre para gatos.

고양이 화장실 배설물은 매일 치워야 한다.
El arenero del gato debe limpiarse diariamente.

고양이 화장실 모래는 얼마나 자주 갈아 줘야 하나요?
¿Cada cuánto se debe limpiar el arenero de un gato?

CAPÍTULO

6

스마트폰, 인터넷, 소셜 미디어

TELÉFONO INTELIGENTE, INTERNET, SNS

전화, 스마트폰

MP3 072

전화를 걸다
hacer una llamada
telefónica

전화를 받다
responder[recibir]
una llamada[el teléfono],
contestar el teléfono

통화하다
hablar por
teléfono

영상통화를 하다
hacer
una videollamada

문자를 보내다
enviar un mensaje
de texto

사진/동영상을 보내다
enviar fotos/vídeos

메신저앱으로 대화하다
hablar en una aplicación
de mensajería

스마트폰을 잠그다
bloquear
el teléfono
inteligente

스마트폰 잠금을 풀다
desbloquear
el teléfono
inteligente

밀어서 스마트폰의 잠금을 풀다
deslizar para desbloquear
el teléfono inteligente, desbloquear
el teléfono inteligente deslizándolo

FRASES PARA USAR

나는 설거지를 하느라 전화를 받지 못했다.
No pude contestar el teléfono porque estaba lavando los platos.

지구 반대편에 있는 사람들끼리도 영상통화를 하며 얼굴을 보고 대화할 수 있다.
Las personas del otro lado del mundo también pueden hacer videollamadas y tener una conversación cara a cara.

운전 중에 문자를 보내는 건 위험하다.　　　Es peligroso enviar mensajes de texto mientras se conduce.

메신저앱으로 대화하는 게 통화하는 것보다 편하다는 사람들이 있다.
Algunas personas dicen que hablar en la aplicación de mensajería es más cómodo que hablar por teléfono.

그 사람의 스마트폰은 잠겨 있지 않았다.　　　Su teléfono inteligente no estaba bloqueado.

비밀번호를/패턴을 입력하여 스마트폰의 잠금을 풀다
ingresar la contraseña/el patrón
para desbloquear el teléfono inteligente

지문을 인식하여 스마트폰의 잠금을 풀다
desbloquear el teléfono inteligente
con una huella digital

스마트폰으로 인터넷에 접속하다
acceder a Internet con el teléfono
inteligente

스마트폰으로 인터넷을 이용하다
usar Internet con un teléfono
inteligente

앱을 사용하다
usar una aplicación
[app]

앱을 검색하다
buscar
una aplicación

앱을 다운로드하다
descargar
una aplicación
[app]

앱을 깔다[설치하다]
instalar
una aplicación
[app]

앱을 업데이트하다
actualizar
una aplicación
[app]

앱을 삭제하다
eliminar
una aplicación
[app]

FRASES PARA USAR

나는 패턴을 입력하여 내 스마트폰의 잠금을 푼다.
Desbloqueo mi teléfono inteligente ingresando un patrón.

요즘은 대부분의 사람들이 스마트폰으로 인터넷에 접속한다.
Hoy en día, la mayoría de las personas acceden a Internet con sus teléfonos inteligentes.

나는 운동을 관리해 주는 앱을 사용하고 있다.
Estoy usando una aplicación que administra mis ejercicios.

그녀는 지역 도서관 앱을 다운로드하여 설치했다.
Ella descargó e instaló la aplicación de la biblioteca local.

나는 사용하지 않는 앱을 여러 개 삭제했다.　　　　Eliminé varias aplicaciones que no usaba.

모바일 뱅킹을 하다
utilizar la banca
móvil

스마트폰을 TV에 미러링하다
(스마트폰 화면을 TV로 보다)
reflejar la pantalla desde el teléfono
inteligente hasta la televisión

스마트폰의 배경화면을 바꾸다
cambia el fondo
de pantalla de
tu teléfono

스마트폰의 설정을 바꾸다
cambiar la configuración
del teléfono inteligente

스마트폰을 진동 모드로/무음 모드로 바꾸다
cambiar el teléfono móvil
en modo vibración/silencio

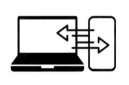

스마트폰을 PC와 동기화하다
sincronizar
el smartphone con PC

와이파이를 검색하다
buscar
una red wifi

전화기를 충전하다
cargar el teléfono

전화기를 고속 충전하다
hacer carga rápida
del teléfono

FRASES PARA USAR

모바일 뱅킹을 사용하면 언제 어디서나 송금을 할 수 있다.
Si usa la banca móvil, puede transferir dinero en cualquier momento y en cualquier lugar.

스마트폰을 TV에 미러링해서 TV로 유튜브를 볼 수 있다.
Puede ver YouTube en su televisión sincronizando el teléfono inteligente con la televisión.

그녀는 스마트폰 배경화면을 매일 바꾼다.
Ella cambia todos los días el fondo de pantalla de su teléfono inteligente.

우리는 와이파이를 검색해서 무료 와이파이에 접속했다.
Buscamos una red de wifi y nos conectamos a un wifi gratuito.

배터리가 거의 떨어져서 전화기를 충전해야 한다.
La batería está casi agotada, así que tengo que cargar el teléfono.

2 인터넷, 이메일

MP3 **073**

인터넷을 깔다[설치하다]
instalar Internet, instalar un módem, configurar una red

인터넷에 접속하다
conectar a Internet

무선 인터넷을 이용하다
usar Internet inalámbrico

네트워크 연결이 끊어지다
perder la conexión de Internet(red)

웹사이트에 접속하다
acceder al sitio web

인터넷을 서핑하다
navegar por Internet

포털 사이트에서 정보를 검색하다
buscar información en un sitio del portal

구글로 검색하다
buscar en Google, Googlear

웹사이트에 가입하다
registrarse en un sitio web

웹사이트에서 탈퇴하다
cerrar[darse de baja] la cuenta de uno en un sitio web

FRASES PARA USAR

요즘은 대부분 무선 인터넷을 쓴다.
Estos días, la mayoría de la gente usa Internet inalámbrico.

가끔 인터넷을 하다 보면 네트워크 연결이 끊어진다.
A veces, cuando uso Internet, se pierde la conexión a la red.

그녀는 틈만 나면 인터넷 서핑을 한다.　　　　Ella navega por Internet cada vez que tiene tiempo.

요즘 사람들은 보통 포털 사이트에서 정보나 뉴스를 검색한다.
Hoy en día, las personas suelen buscar información o noticias en los sitios de los portales.

나는 궁금한 게 생기면 바로 구글로 검색한다.
Cuando quiero saber algo, lo busco en Google de inmediato.

웹사이트에 로그인하다
**iniciar sesión
en un sitio web**

웹사이트에서 로그아웃하다
**cerrar sesión
en un sitio web**

ID와 비밀번호를 입력하다
**ingresar su ID de
usuario y contraseña**

웹사이트를 즐겨찾기 하다
**marcar un sitio web,
poner un sitio web en
la lista de favoritos**

인터넷[온라인]
쇼핑을 하다
**hacer compras por
Internet[en línea]**

인터넷 뱅킹을 사용하다
**utilizar la banca
por Internet**

인터넷 게임을 하다
**jugar juegos de
Internet[en línea]**

웹사이트를 해킹하다
hackear un sitio web

파일을 공유하다
compartir archivos

복사하다
copiar

붙여 넣다
pegar

FRASES PARA USAR

비밀번호를 잊어버려서 그 웹사이트에 로그인하지 못했다.
No pude iniciar sesión en el sitio web porque olvidé la contraseña.

나는 그 웹사이트를 즐겨찾기 해 두었다.   He marcado ese sitio web como favorito.

요즘 사람들은 채소를 포함한 대부분의 물건을 온라인에서 쇼핑한다.
Estos días, la gente compra la mayoría de las cosas en línea, incluso las verduras.

그는 휴가 때는 새벽까지 인터넷 게임을 한다.
En vacaciones, él juega a juegos de Internet hasta la madrugada.

한 중학생이 그 신문사의 웹사이트를 해킹했다.
Un estudiante de secundaria hackeó ese sitio web del periódico.

이메일 계정을 만들다
crear una cuenta de correo
electrónico

회사에서 이메일 계정을 받다
obtener una cuenta de correo
electrónico de la empresa

이메일 계정에 로그인하다
iniciar sesión en su cuenta de
correo electrónico

이메일 계정에서 로그아웃하다
cerrar sesión en su cuenta de
correo electrónico

이메일을 쓰다
escribir
un correo
electrónico

이메일을 보내다
enviar un correo electrónico

이메일을 자신에게 보내다
enviar un correo electrónico
a sí mismo

이메일에
파일을 첨부하다
adjuntar
un archivo
al correo electrónico

이메일에 답장하다
responder
a un correo
electrónico

이메일을 전달하다
redirigir un correo
electrónico

참조로 ~에게 이메일을 보내다
enviar a ~
un correo electrónico CC

숨은 참조로 ~에게 이메일을 보내다
enviar a ~
un correo electrónico CCO

FRASES PARA USAR

나는 그 이메일 계정에 하루에 한 번 로그인한다.
Una vez al día inicio sesión en mi cuenta de correo electrónico.

요즘은 업무 외에는 이메일을 쓰는 일이 별로 없다.
Estos días, no suelo escribir correos electrónicos excepto por trabajo.

그녀는 이메일에 그 파일을 첨부해서 보냈다.
Ella adjuntó el archivo en el correo electrónico y lo envió.

나는 오늘 밀린 이메일 몇 통에 답장을 보냈다.　　Hoy respondí a algunos correos electrónicos retrasados.

그는 그 메일을 팀장에게 참조로 보냈다.　　Él envió al líder del equipo el correo electrónico CC.

이메일을 임시 저장하다
**guardar un correo
electrónico temporalmente**

이메일을 미리 보기하다
**hacer una vista previa de correo electrónico,
previsualizar un correo electrónico**

이메일을 삭제하다
**eliminar correo
electrónico**

스팸메일을 영구 삭제하다
**eliminar
permanentemente el
correo spam[no deseado]**

이메일을 백업하다
**guardar una copia
de un correo
electrónico**

이메일을 스팸 처리하다
**manejar
un correo como
spam**

휴지통을 비우다
vaciar la papelera

이메일 계정을 삭제하다
eliminar cuenta de correo electrónico

이메일 계정이 휴면 계정으로 바뀌다
**cambiar una cuenta de correo electrónico
a una cuenta inactiva**

이메일 계정 환경을 설정하다
**configurar una cuenta
de correo electrónico**

FRASES PARA USAR

나는 이메일을 보내기 전에 미리 보기를 한다.
Hago una vista previa antes de enviar un correo electrónico.

불필요한 이메일은 삭제하는 게 좋다.　　　　Debe eliminar los correos electrónicos innecesarios.

나는 광고성 이메일은 스팸 처리한다.
Manejo los correos electrónicos de publicidad como spam.

메일함의 휴지통은 자주 비우세요.
Vacíe la papelera del correo electrónico con frecuencia.

나는 쓰지 않는 이메일 계정을 삭제했다.
Eliminé la cuenta del correo electrónico que no estaba usando.

3 소셜 미디어(SNS)

MP3 074

블로그를 운영하다
tener un blog

블로그에 게시물을 올리다
subir[publicar] una publicación en el blog

트위터/인스타그램/페이스북에 가입하다
unirse[registrar] en Twitter/Instagram/Facebook

트위터/인스타그램/페이스북 계정을 만들다
crear una cuenta de Twitter/Instagram/Facebook

트위터/인스타그램/페이스북 계정이 있다
tener una cuenta de Twitter/Instagram/Facebook

트위터/인스타그램/페이스북을 이용하다
usar Twitter/Instagram/Facebook

트윗하다
tuitear, hacer Twitter

트위터/인스타그램/페이스북에 ~를 올리다
publicar ~ en Twitter/Instagram/Facebook

트위터/인스타그램/페이스북에서 ~를 팔로우하다
seguir ~ en Twitter/Instagram/Facebook

DM을 보내다/받다
enviar/recibir un DM (mensaje directo)

~에 악플을 달다
publicar reseñas negativas

FRASES PARA USAR

그녀는 요리 블로그를 운영한다.
Ella tiene un blog de cocina.

나는 최근에 인스타그램에 가입했다.
Recientemente me uní a Instagram.

나는 페이스북 계정을 만들었다가 금방 없앴다.
Creé una cuenta de Facebook, pero la eliminé rápidamente.

나는 트윗을 올리지는 않고 다른 사람들의 트윗만 본다.
No tuiteo, solo veo los tuits de otras personas.

다른 사람들의 SNS에 악플을 다는 사람들이 생각보다 많다.
Hay muchas personas que publican reseñas negativas en redes sociales de lo que pensaba.

유튜브 채널을
개설하다
abrir un canal
de YouTube

유튜브에 올릴 영상을
촬영하다/제작하다
grabar/hacer un vídeo
para subirlo a[en] YouTube

유튜브에 올릴
영상을 편집하다
editar un vídeo para
subirlo a[en] YouTube

유튜브에 영상을
올리다
subir un vídeo
a[en] YouTube

유튜브에서 라이브 방송을 하다
transmitir en vivo
en YouTube

앞광고를 하다
hacer anuncios
abiertamente

뒷광고를 하다
hacer anuncios
en secreto

조회수가 ~회를 돌파하다
tener más de ~
vistas

구독자가 10만 명/100만 명이 되다
tener cien mil/
un millón de suscriptores

실버 버튼/골드 버튼을 받다
recibir el botón plateado/dorado

실버 버튼/골드 버튼 언박싱을 하다
desempaquetar el botón plateado/dorado

댓글을 (맨 위에) 고정하다
fijar[poner] un comentario de YouTube
en la parte superior[arriba]

FRASES PARA USAR

그 여행 작가는 유튜브 채널을 개설했다.
El escritor de viajes abrió un canal de YouTube.

그녀는 자신의 유튜브 채널에 영상을 매일 올린다.
Ella sube vídeos en su canal de YouTube todos los días.

그 가수는 일주일에 한 번씩 유튜브 라이브 방송을 한다.
El cantante transmite en vivo en YouTube una vez por semana.

누군가 고양이를 목욕시키는 그 영상은 조회수가 400만이 넘는다.
El vídeo de alguien dándole un baño a un gato tiene más de cuatro millones de visitas.

그 유튜브 채널은 구독자가 10만 명을 넘어서 실버 버튼을 받았다.
El canal de YouTube tenía más de 100.000 suscriptores y recibió un botón plateado.

유튜브 채널을 구독하다
suscribirse a
un canal de YouTube

유튜브 영상을 보다
ver un vídeo de YouTube

1.25/1.5배속으로 유튜브 영상을 보다
ver un vídeo de YouTube a una velocidad de 1.25x/1.5x

유튜브
라이브 방송을 보다
ver transmisión en
vivo de YouTube

유튜브에서 광고를
건너뛰다
saltar anuncios
en YouTube

유튜브 영상에
'좋아요'를 누르다
hacer clic en 'Me
gusta' en un vídeo
de YouTube

유튜브 영상에 댓글을 달다
escribir un
comentario en un
vídeo de YouTube

유튜브 음악을/영상을
다운로드하다
descargar
música/vídeos
de YouTube

유튜브에서 음원을
추출하다
extraer música
de un vídeo de
YouTube

유튜브 영상을
~와 공유하다
compartir
un vídeo de
YouTube con ~

유튜브/트위터/인스타그램/
페이스북에서 ~를 차단하다
bloquear ~ en YouTube/
Twitter/Instagram/
Facebook

FRASES PARA USAR

나는 30개가 넘는 유튜브 채널을 구독한다.
Estoy suscrito a más de 30 canales de YouTube.

그 사람은 말을 느리게 해서 나는 그 사람 유튜브 영상을 1.25배속으로 본다.
Él habla despacio, así que veo sus vídeos de YouTube a una velocidad de 1.25x.

그는 유튜브 라이브 방송을 자주 본다.
Él a menudo ve transmisiones en vivo de YouTube.

나는 그 유튜버의 영상을 볼 때는 광고를 건너뛰지 않는다.
Cuando veo el vídeo de ese Youtuber, no me salto los anuncios.

나는 유튜브 동영상을 보면 항상 '좋아요'를 누른다.
Cuando veo un vídeo de YouTube, siempre hago clic en 'Me gusta'.

나는 재미있는 유튜브 영상을 가끔 친구들에게 공유한다.
A veces comparto vídeos divertidos de YouTube con mis amigos.

CAPÍTULO

7

TRANSPORTE PÚBLICO, CONDUCCIÓN

버스, 지하철, 택시, 기차

MP3 **075**

버스/지하철/택시/기차/
고속버스를 타다
tomar un autobús/un metro/un
taxi/un tren/un autobús express

버스/지하철/택시/기차/
고속버스로 ~에 가다
ir ~ en autobús/metro/
taxi/tren/autobús express

버스/지하철에 오르다
subirse al
autobús/metro

버스/지하철에서 내리다
bajarse del
autobús/metro

택시를 타다, 택시에 오르다
tomar un taxi,
subirse a un taxi

택시에서 내리다
bajarse del taxi

버스/열차를 잡다
tomar
un autobús/tren

버스/열차를 놓치다
perder
un autobús/tren

교통카드를 충전하다
recargar la tarjeta
del transporte

일회용 교통카드를 구입하다
comprar una tarjeta de
transporte desechable

일회용 교통카드 보증금을 환급받다
recibir reembolso del
depósito de la tarjeta
desechable del transporte

2층 버스를 타다
tomar un autobús
de dos pisos

FRASES PARA USAR

그녀는 택시를 타고 병원에 진료를 보러 갔다.
Ella tomó un taxi para ir a ver a un médico.

버스에 오를 때 전화벨이 울렸다.
Cuando subí al autobús, sonó el teléfono.

택시에서 내리는데 빗방울이 떨어지기 시작했다.
Cuando bajamos del taxi, empezaron a caer gotas de lluvia.

나는 8시 열차를 놓쳐서 회사에 지각했다.
Perdí el tren de las ocho y llegué tarde al trabajo.

오늘 출근길에 교통카드를 충전해야 한다.
Hoy necesito recargar mi tarjeta de transporte de camino al trabajo.

내리면 일회용 교통카드 보증금을 환급받으세요.
Cuando bajas, recibes un reembolso del depósito de tu tarjeta desechable de transporte.

버스/지하철
시간표를 확인하다
comprobar el horario
del autobús/metro

버스/지하철 노선도를 확인하다
comprobar el mapa de las rutas
de autobús/metro

내려야 할 버스 정거장/지하철역을 확인하다
comprobar la parada de autobús/
la estación de metro para bajarse

지하철 개찰구를 통과하다
pasar por el
torniquete del metro

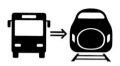

A에서 B로
환승하다
transbordar de
A a B

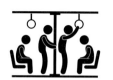

버스/지하철에서
자리를 잡다
tomar asiento en
el autobús/metro

~에게
자리를 양보하다
ceder un asiento a ~,
ofrecer el asiento a ~

교통약자석에 앉다
sentarse en
un asiento
prioritario

임산부 배려석에 앉다
sentarse en
el asiento
para mujeres
embarazadas

버스에서 하차 버튼을 누르다
presionar el botón STOP
en el autobús, presionar el
botón para bajar del autobús

지하철/버스/택시에
물건을 두고 내리다
olvidar algo en el metro/
en el bus/en un taxi

내릴 정류장을
지나치다
saltarse
[pasarse]
una parada
para bajar

FRASES PARA USAR

지하철 시간표를 미리 확인하는 게 좋다.
Es una buena idea comprobar el horario del metro con anticipación.

우리는 버스 노선도를 확인하고 내려야 할 곳을 정했다.
Revisamos el mapa de la ruta del autobús y decidimos dónde bajarnos.

여기 오려고 버스에서 지하철로 환승했어요.
Transbordé del autobús al metro para llegar aquí.

그 소년은 한 할머니께 자리를 양보했다.
Ese niño cedió un asiento a una abuela.

하차 버튼 좀 눌러. 우리 이번 정류장에서 내려야 해.
Presiona el botón para bajar. Tenemos que bajarnos en esta parada.

택시를 호출하다
llamar un taxi
우버 택시를 부르다
llamar a un taxi Uber

앱으로 택시를 호출하다
llamar un taxi con la
aplicación[a través
de una aplicación]

택시를 잡다
tomar un taxi

기사에게 행선지를 말하다
decir al conductor el
destino, decir al conductor
adónde ir

(신용카드로/현금으로)
택시 요금을 지불하다
pagar la tarifa del taxi
(con tarjeta de crédito/efectivo)

영수증을 받다
recibir un recibo
거스름돈을 받다
recibir el cambio

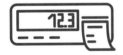

택시 기사가 미터기를 누르다
un taxista presiona[inicia]
el taxímetro
택시 기사가 미터기를 끄다
un taxista apaga el taxímetro

택시 요금 야간 할증료를 내다
pagar la tarifa nocturna
de taxi

(택시 기사가) 승차를 거부하다
negarse a llevar
a un pasajero

FRASES PARA USAR

요즘은 앱으로 택시를 호출할 수 있다.
Estos días, puede llamar a un taxi a través de una aplicación.

이 거리에서는 택시 잡기가 힘들다.　　　Es difícil tomar un taxi en esta calle.

나는 너무 피곤해서 택시 기사에게 행선지를 말한 후 눈을 감았다.
Estaba tan cansado que cerré los ojos después de decirle al taxista el destino.

택시비는 신용카드로 결제했다.　　　Pagué el taxi con tarjeta de crédito.

승차를 거부하는 택시 기사들을 가끔 본다.　　　A veces veo taxistas que se niegan a llevar pasajeros.

*Selecciona
tu asiento*

기차표/고속버스표를 끊다[사다]/예매하다
comprar/reservar un billete de tren/
autobús express

기차/고속버스의 좌석을 선택하다
seleccionar un asiento en el tren/
el autobús express

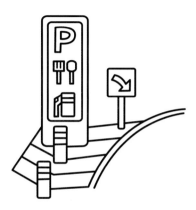

고속도로 휴게소에 들르다
pasar[detenerse]
en un área de descanso
de la autopista

자전거/오토바이/전동 킥보드를 타다
montar en bicicleta/
motocicleta/patineta eléctrica

FRASES PARA USAR

나는 늘 기차표를 모바일로 예매한다.
Siempre reservo los billetes de tren por el móvil.

나는 표를 예매할 때 고속버스의 좌석을 선택했다.
Seleccioné mi asiento en el autobús express cuando reservé el billete.

그는 출장 중에 고속도로 휴게소에 들러서 점심을 먹었다.
Durante un viaje de negocios, él se detuvo en un área de descanso de la autopista para
almorzar.

요즘 많은 사람들이 공용 전동 킥보드를 탄다.
Hoy en día, muchas personas montan en patinetas eléctricas públicas.

2 비행기, 배

MP3 076

비행기/배를 타다[오르다]
subirse a un avión/barco,
tomar un avión/barco

비행기/배로 ~에 가다
ir a ~ en avión/barco

항공권을 예매하다
reservar un vuelo de avión,
comprar un billete de avión

공항에서 체크인하다
hacer check-in en el
aeropuerto, facturar
en el aeropuerto

짐을 부치다
registrar
equipaje

금속 탐지기를 통과하다
pasar por un
detector de metales

출국 수속을 하다
hacer trámites de salida
[trámites de emigración]

비행기에 탑승하다
embarcar
en un avión

비행기 탑승교를 지나다
pasar el puente de embarque
del avión

비행기 트랩을 오르다/내리다
subir/bajar la rampa
del avión

FRASES PARA USAR

나는 배를 타고 제주도에 여행 간 적이 있다.
He viajado a la isla de Jeju en barco.

이번 가을에 뉴욕행 항공권을 예매했다.
Reservé un vuelo a Nueva York este otoño.

비행기 출발 2시간 전에 공항에서 체크인하는 게 좋다.
Lo mejor es facturar en el aeropuerto dos horas antes de la salida de su vuelo.

그녀는 인공심박동기를 하고 있어서 금속탐지기를 통과할 수 없다.
Ella tiene un marcapasos, así que no puede pasar por un detector de metales.

나는 공항에서 출국 수속을 하다가 유명인을 보았다.
Vi a una celebridad mientras realizaba el procedimiento de salida del aeropuerto.

짐을 좌석 위 짐칸에 넣다
poner el equipaje en el compartimento superior del asiento
짐을 좌석 위 짐칸에서 내리다
bajar el equipaje del compartimento superior del asiento

좌석을 찾아서 앉다
encontrar el
asiento y sentarse

음료 서비스를 받다
recibir un servicio
de bebidas

기내식을 먹다
comer una comida en
vuelo[comida de avión,
comida a bordo]

승무원에게 도움을 청하다
pedir ayuda
a una azafata

비행기를 갈아타다
cambiar de
avión, hacer
escala

페리를 예약하다
reservar
un ferry

매표소에서
페리 표를 구매하다
comprar un billete
de ferry en
la taquilla

개찰구에서 승선권과
신분증을 보여 주다
mostrar la tarjeta de
embarque y la identificación
en el torniquete

자동차를 카페리에 싣다
cargar un coche en
un transbordador
de coches

FRASES PARA USAR

나는 비행기에 탄 후 좌석을 찾고 짐을 좌석 위 짐칸에 넣었다.
Después de subirme al avión, encontré un asiento y puse mi equipaje
en el compartimento superior del asiento.

나는 기내식 먹는 걸 좋아한다. 여행 갈 때만 먹을 수 있기 때문이다.
Me gusta comer comidas a bordo porque solo puedo comerlas cuando voy de viaje.

레이캬비크로 가는 길에 런던에서 비행기를 갈아탔다.   Cambié de avión en Londres de camino a Reykjavik.

우리는 그 섬으로 가는 페리를 예약했다.   Reservamos un ferry a la isla.

나는 개찰구에서 승선권과 신분증을 보여 준 다음 배에 탔다.
Mostré el billete de embarque y la identificación en el torniquete y subí al barco.

3 운전

MP3 077

운전을 배우다
aprender
a conducir
[manejar]

운전 연수를 받다
tomar lecciones
de conducción

운전면허증을
따다[취득하다]
obtener
un carné de
conducir

운전면허증을
갱신하다
renovar
un carné de
conducir

자동차/트럭/
승합차를 운전하다
conducir un vehículo/
un camión/una
camioneta

안전띠를 착용하고
있다 (상태)
llevar el cinturón
de seguridad

안전띠를 매다/풀다
abrocharse/desabrocharse
el cinturón de seguridad

직진하다
seguir
recto

후진하다
retroceder, ir hacia
atrás el vehículo

우회전/좌회전하다
girar a la derecha/
izquierda

차선을 바꾸다
cambiar de
carriles

U턴하다/P턴하다
hacer un giro
en U/en P

사이드미러/백미러로 뒤를 보다
mirar hacia atrás en el espejo
lateral/espejo retrovisor

~ 앞으로 끼어들다
rebasar a otro
vehículo

FRASES PARA USAR

나는 스무 살 때 운전면허증을 땄다.
Obtuve mi licencia de conducir cuando tenía veinte años.

이제는 차량의 모든 좌석에서 안전띠를 매야 한다.
Ahora todos los asientos de los vehículos deben usar cinturones de seguridad.

초보 운전자 시절에는 차선을 바꾸는 게 쉽지 않았다.
No era fácil cambiar de carril cuando era un conductor novato.

내비게이션에 100미터 앞에서 U턴을 하라고 나온다.
La navegación dice que haga un giro en U cien metros más adelante.

차 한 대가 좌회전 차선에 늘어선 다른 차량들 앞으로 끼어들었다.
Un vehículo rebasó a los otros en el carril de la izquierda.

~를 추월하다
pasar ~,
adelantar ~

안전거리를 유지하다
mantener
una distancia
segura

제한 속도를 지키다
mantener el límite
de velocidad

속도를 내다
aumentar
la velocidad,
acelerar

속도를 늦추다
bajar
la velocidad,
desacelerar

제동을 걸다, 브레이크를 밟다
frenar, pisar el freno

방향 지시등을 켜다
encender
el intermitente

비상등을 켜다
encender las luces de
emergencia

경적을 울리다
tocar
el claxon

지정 차로로 달리다
conducir en el carril designado
바깥쪽/안쪽 차선으로 주행하다
conducir en el carril exterior/interior

갓길로 달리다
circular por el acotamiento

갓길에 정차하다
parar en el acotamiento

FRASES PARA USAR

특히 고속도로에서는 안전거리를 유지하고 제한 속도를 지켜야 한다.
Especialmente en las carreteras, mantenga una distancia segura y respete el límite de velocidad.

앞차가 갑자기 멈추는 바람에 나는 급히 브레이크를 밟았다.
El vehículo de adelante se detuvo de repente, así que pisé los frenos.

우회전이나 좌회전을 하기 전에는 방향 지시등을 켜야 한다.
Debe encender los intermitentes antes de girar a la derecha o a la izquierda.

다른 운전자에게 위험을 경고할 때만 경적을 울려야 한다.
Solo debe tocar el claxon para advertir a otros conductores del peligro.

갓길에 차를 정차하는 것은 위험하다.
Es peligroso parar el vehículo en el acotamiento de la carretera.

주차하다
estacionar[aparcar]
el vehículo

~를 태우다
rocoger ~, llevar ~

~를 내려 주다
dejar ~, bajar ~

안전 운전을 하다
conducir
con seguridad

교통 법규를 준수하다/위반하다
respetar/ignorar
las reglas de circulación

교통 신호를 지키다
respetar las
señales de tráfico

신호를 위반하다
ignorar la señal,
pasar en la luz roja

과속하다
exceder la velocidad,
estar por encima del límite de velocidad

속도위반으로 딱지를 떼다
cometer una infracción
por exceso de velocidad

FRASES PARA USAR

그녀는 학원에서 돌아오는 아들을 태우러 가야 한다.
Ella tiene que recoger a su hijo cuando regresa de la academia.

운전을 할 때는 교통 법규를 준수해야 한다.
Debe respetar las reglas de circulación al conducir.

그 운전자는 교통 신호를 위반해서 사고를 냈다.
El conductor ignoró el semáforo y provocó un accidente.

그녀는 속도 위반으로 딱지를 자주 뗀다.
A menudo recibe multas por exceso de velocidad.

졸음 운전을 하다
quedarse dormido al volante,
conducir con sueño[cansancio]

졸음 운전
conducción soñolienta[somnoliento]

휴게소[졸음 쉼터]에서 잠깐 자다
dormir un rato en un área de descanso

견인차로 실려 가다
tener el coche remolcado

블랙박스 영상을 확인하다
ver[revisar] vídeos de
la caja negra

FRASES PARA USAR

졸음운전이 고속도로 사고의 가장 흔한 원인이다.
Conducir con sueño es la causa más común de accidentes de carretera.

나는 너무 졸려서 졸음 쉼터에서 잠깐 잤다.
Tenía tanto sueño que dormí un rato en el área de descanso.

자동차 시동이 걸리지 않아서 그는 차를 견인해야 했다.
El coche no arrancaba así que lo tuvo que remolcar.

자동차 사고가 발생해서 우리는 블랙박스 영상을 확인했다.
Hubo un accidente automovilístico, así que revisamos el vídeo de la caja negra.

음주 운전을 하다
conducir bajo los efectos del alcohol
음주 운전
conducción bajo los efectos del alcohol

음주 단속에 걸리다
quedar atrapado
en un punto de control
de alcoholemia

음주 측정기를 불다
soplar en un alcoholímetro

음주 측정을 거부하다
negarse a una prueba
de alcoholímetro

음주 운전으로 체포되다
ser detenido por
conducir ebrio

면허가 정지되다
tener el carné suspendido,
tener la licencia suspendida

면허가 취소되다
tener la licencia revocada,
tener el carné revocado

FRASES PARA USAR

음주 운전은 어떤 일이 있어도 절대로 하면 안 된다.
Nunca debe beber y conducir bajo ninguna circunstancia.

음주 측정기 불어 본 적 있어요?
¿Alguna vez has soplado en un alcoholímetro?

그는 음주 운전으로 운전면허가 취소됐다.
Le revocaron la licencia de conducir por conducir ebrio.

교통사고가 나다
tener un accidente automovilístico
[accidente de tráfico]

사고 위치를 표시하다
marcar el lugar del accidente

접촉사고를 내다
causar un choque[colisión]

(차가) 고장 나다
el coche se estropea

차가 펑크 나다
tener un neumático pinchado

보험사에 연락하다
ponerse en contacto con
la compañía de seguro de coches

FRASES PARA USAR

그녀는 야구 경기를 보고 오는 길에 접촉사고를 냈다.
Ella tuvo un accidente de camino a casa después de ver un partido de béisbol.

주차장에서 출발하려는데 차가 펑크 났다는 걸 알았다.
Estaba a punto de salir del estacionamiento y me di cuenta de que mi coche tenía un neumático pinchado.

교통사고가 나면 보험사에 연락해야 한다.
Si tiene un accidente automovilístico, debe ponerse en contacto con la compañía de seguros.

차량 관리(주유, 세차, 정비)

MP3 078

주유하다
poner gasolina en
el coche, llenar el tanque

셀프 주유하다
llenar uno mismo el tanque
de gasolina del coche

차에 휘발유를 가득 채우다
llenar el coche
con gasolina

주유구를 열다
abrir la tapa del
tanque de gasolina

세차하다 (다른 사람이)
lavar el coche
(por otra persona)

자동 세차를 하다
pasar por un lavado
automático de coches

손세차를 하다 (직접)
lavar el coche a mano

차를 점검하다
revisar un coche,
hacer revisión
del coche

고장 난 차를 고치다
arreglar[reparar]
un coche averiado

폐차하다
desguazar un
coche, hacerlo
chatarra

FRASES PARA USAR

나는 여행을 떠나기 전에 차에 휘발유를 가득 채웠다. Llené el tanque de gasolina antes de salir de viaje.

주유를 하려면 우선 주유구를 열어야 한다.
Tienes que abrir la tapa del tanque para llenar de gasolina tu coche.

나는 주유를 한 후 종종 자동 세차를 한다.
Frecuentemente paso por un lavado automático, después de ponerle gasolina a mi coche.

그는 자기 차를 직접 손세차한다. Él mismo lava a mano su coche.

그녀는 차가 고장 나서 카센터에 고치러 갔다.
Su coche se estropeó, así que fue al taller mecánico para que lo reparen.

엔진오일/브레이크 오일을
점검하다/교환하다
revisar/reemplazar
el aceite del motor/
el aceite de los frenos

워셔액을 보충하다
agregar[rellenar]
líquido
limpia parabrisas
[líquido de lavado]

냉각수를
보충하다/교체하다
rellenar/reemplazar
anticongelante
[refrigerante]

에어 필터를 교환하다
cambiar el filtro
de aire

타이어를 점검하다/교환하다
revisar/reemplazar
llantas

휠 얼라인먼트를 받다
recibir alineación
de llantas

와이퍼를 교환하다
cambiar limpiaparabrisas

에어컨을 점검하다
hacer revisión del aire
acondicionado

선팅을 하다
polarizar
los vidrios del coche

진공청소기로 차량
내부를 청소하다
aspirar el interior
del coche

바닥 매트를
청소하다
limpiar
las alfombrillas

FRASES PARA USAR

엔진오일은 1만 킬로미터 주행할 때마다 교환하는 게 좋다.
Se recomienda cambiar el aceite del motor cada 10.000 kilómetros.

나는 자동차 워셔액을 직접 보충할 수 있다.   Puedo rellenar yo mismo el líquido del lavaparabrisas.

그녀는 작년부터 자동차의 에어 필터를 더 자주 교환하고 있다.
Ella ha estado cambiando el filtro de aire de su coche con más frecuencia desde el año pasado.

나는 엔진오일을 교환할 때마다 타이어를 점검 받는다.
Cada vez que cambio el aceite del motor, pido revisión de las llantas.

그는 가끔 진공청소기로 차량 내부를 청소한다.   De vez en cuando él aspira el interior del coche.

CAPÍTULO

8

SOCIEDAD, POLÍTICA

사고, 재해

MP3 **079**

교통사고가 나다
tener un accidente,
estar en un accidente
automovilístico

접촉사고가 나다
tener un choque

차에 치이다
ser atropellado
por un
vehículo

열차가 탈선하다
descarrilarse
un tren

비행기가 추락하다
estrellarse
un avión

배가 침몰하다
hundirse
un barco

지하철에서 화재가 발생하다
producirse un incendio
en el metro

화재가 발생하다
declararse
un incendio

건물이 붕괴되다
colapsar un edificio

무너진 건물에 갇히다
quedarse atrapado en
un edificio colapsado

폭발 사고가 일어나다
ocurrir una explosión

가스 폭발 사고
explosión de gas

FRASES PARA USAR

오늘 퇴근길에 가벼운 접촉사고가 났다.
Hoy tuve un choque ligero en mi camino a casa desde el trabajo.

그 배달원은 음식을 배달하던 중에 차에 치었다.
El repartidor fue atropellado por un automóvil mientras entregaba alimentos.

오늘 그 도시에서 열차가 탈선해서 많은 사람이 다쳤다.
Hoy un tren se descarriló en la ciudad y muchas personas resultaron heridas.

비행기가 추락하면 흔히 많은 탑승객들이 목숨을 잃는다.
Cuando un avión se estrella, muchos pasajeros pierden la vida.

지하철에서 화재가 발생하면 큰 인명 사고로 이어질 수 있다.
Si se produce un incendio en el metro, puede provocar muchas víctimas.

화상을 입다
quemarse,
tener una
quemadura

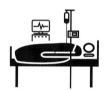

1도/2도/3도 화상을 입다
tener una quemadura
de primer grado/
segundo grado/
tercer grado

전신 화상을 입다
tener quemaduras
por todo mi
cuerpo

물에 빠지다
caer al[en el]
agua

익사하다
ahogarse

공사 현장/아파트 베란다/
건물 옥상
…에서 추락하다
caer desde un lugar de
construcción/el balcón
de un apartamento/
la azotea de un edificio…

근무 중에
다치다/사망하다
lesionarse/morir
en el trabajo

산업 재해를 당하다
sufrir
un accidente
laboral

과로사하다
morir por
exceso de
trabajo

외상후스트레스증후군에
시달리다
sufrir el síndrome del
trastorno de estrés
postraumático (TEPT)

의료 사고가 발생하다
sufrir un accidente
médico

구급차를 부르다
llamar a
una ambulancia

응급실에 실려 가다
llevar a
emergencias

FRASES PARA USAR

나는 젊었을 때 뜨거운 물에 얼굴에 화상을 입은 적이 있다.
Una vez cuando era joven, me quemé la cara con agua caliente.

그 사고로 몇 명이 강물에 빠져 익사했다.
En ese accidente, varias personas cayeron al río y se ahogaron.

근무 중 다치는 사람들에 대한 보상이 제대로 이루어져야 한다.
La compensación para aquellos lesionados en el trabajo debe ser adecuada.

지금은 의료 사고가 발생했을 때 환자가 그것을 입증해야 한다.
Ahora bien, cuando ocurre un accidente médico, el paciente tiene que demostrarlo.

사람들이 구급차를 불렀고, 그 남자는 응급실에 실려 갔다.
Las personas llamaron a una ambulancia y el hombre fue llevado a emergencias.

사람이 자연 재해를 겪다
sufrir un desastre natural

지역이 자연 재해를 입다
la zona está dañada por
un desastre natural

사람이 폭우/홍수로 피해를 입다
sufrir fuertes lluvias/inundaciones

지역이 폭우/홍수로 피해를 입다/파괴되다/황폐화되다
la zona dañada/destruida/devastada por fuertes
lluvias/inundaciones

사물이 폭우/홍수로 피해를 입다
el objeto está dañado por fuertes lluvias/inundaciones

사람이 태풍으로 피해를 입다
sufrir un tifón

지역이 태풍으로 피해를 입다/파괴되다/
황폐화되다
la zona dañada/destruida/
devastada por un tifón

사물이 태풍으로 피해를 입다
el objeto está dañado por un tifón

사람이 폭염으로 고생하다
sufrir por una ola de
calor

지역이 폭염으로
피해를 입다
la zona dañada por
una ola de calor

사람이 한파로 고생하다
sufrir por una ola de
frío

지역이 한파로 피해를 입다
la zona dañada por
una ola de frío

사람이 폭설로 피해를 입다
sufrir una fuerte nevada

지역이 폭설로 피해를 입다
la zona dañada por una
fuerte nevada

사람이 눈사태/산사태로 피해를 입다
sufrir una avalancha de nieve/de tierra

지역이 눈사태/산사태로 피해를 입다
la zona dañada por una avalancha de
nieve/de tierra

사람이 가뭄으로 고생하다
sufrir sequía

지역이 가뭄으로 피해를 입다
la zona dañada por sequía

사람이 산불로 피해를 입다
sufrir incendios forestales

지역이나 사물이 산불로 피해를 입다/파괴되다
la zona u objeto dañada/destruido por
los incendios forestales

사람이 지진으로/지진 해일로 피해를 입다
sufrir un terremoto/tsunami

지역이 지진으로/지진 해일로 피해를 입다/파괴되다/황폐화되다
la zona dañada/destruida/devastada por
un terremoto/tsunami

사물이 지진으로/지진 해일로 피해를 입다
el objeto está dañado por un terremoto/tsunami

사람이 화산 폭발로 피해를 입다
sufrir erupciones volcánicas

지역이 화산 폭발로 피해를 입다/
파괴되다
la zona dañada/destruida por
erupciones volcánicas

사람이 황사/미세먼지로 고생하다
sufrir polvo amarillo/polvo fino

지역이 황사/미세먼지로 피해를 입다
la zona dañada por polvo amarillo/
polvo fino

사람이 싱크홀로 피해를 입다
sufrir un socavón

지역이 싱크홀로 피해를 입다
la zona dañada por un socavón

FRASES PARA USAR

그 마을은 이번 폭우로 큰 피해를 입었다.
El pueblo sufrió grandes daños por las fuertes lluvias.

수천 명의 사람들이 그 지진으로 피해를 입었다.
Miles de personas se vieron afectadas por el terremoto.

2 범죄

범죄를 저지르다
cometer un delito

도망치다
escaparse, huir

체포되다
ser arrestado

~를 훔치다
robar ~

A에게서 B를 훔치다
robar B de A

소매치기를 하다
robar una cartera,
ratear

사기를 치다
hacer trampa,
estafar, engañar

~짜리 지폐를 위조하다
falsificar un billete de ~

불법 도박을 하다
hacer apuestas
ilegales

~에게 뇌물을 주다
sobornar ~, dar[ofrecer]
un soborno a ~

~를 횡령하다
hacer
una usurpación,
malversar

보이스피싱으로 사기를 치다
estafar a través de
una llamada

FRASES PARA USAR

그 남자는 범죄를 저지르고 도망쳤다.
El hombre cometió un crimen y se escapó.

그 상점은 카운터에 있는 현금을 모두 도둑맞았다.
La tienda fue despojada de todo el efectivo del mostrador.

그 코미디언은 불법 도박으로 TV 출연이 정지되었다.
El comediante fue suspendido en televisión por apuestas ilegales.

그 무기상은 국방 업무와 관련 있는 정치가들에게 뇌물을 주었다.
El traficante de armas sobornó a políticos involucrados en asuntos de defensa nacional.

보이스피싱으로 사기를 치는 인간들이 요즘도 여전히 많다.
Estos días todavía hay muchas personas que son estafadas a través de una llamada.

사이버 범죄를 저지르다
cometer un delito
cibernético

명예를 훼손하다
dañar[difamar]
la reputación de alguien

업무상 기밀을 누설하다
filtrar[revelar, regalar] información
confidencial de la empresa

공무 집행을 방해하다
obstruir la ejecución de los deberes oficiales

무고하다
hacer
una acusación falsa

사문서를 위조하다
falsificar documentos
privados

~를 표절하다
plagiar ~

음주 운전을 하다
conducir bajo los
influjos del alcohol

무면허 운전을 하다
conducir sin
licencia[carné]

보복 운전을 하다
enfadarse al
conducir

뺑소니를 치다
fugarse,
escaparse,
darse a la fuga

FRASES PARA USAR

그 유튜버는 한 여성 배우의 명예를 훼손한 데 대해 유죄 판결을 받았다.
El Youtuber fue declarado culpable de difamar la reputación de una actriz.

그는 공무 집행을 방해한 혐의로 벌금형에 처해졌다.
Él fue multado por obstruir la ejecución de los deberes oficiales.

그 여성은 상대 남성을 성폭행 혐의로 무고한 것으로 드러났다.
Resultó que la mujer había acusado falsamente al hombre de agresión sexual.

그 베스트셀러 작가는 덜 인기 있는 책을 표절한 것으로 의심받았다.
Se sospechaba que el autor más vendido había plagiado un libro menos popular.

그 남성은 무면허 운전을 하다가 경찰에 잡혔다.
El hombre fue arrestado por el policía por conducir sin licencia.

마약을 복용하다
consumir drogas

마약을 밀수하다
traficar con drogas,
hacer contrabando
de drogas

~를 폭행하다
golpear ~,
agredir ~

성범죄를 저지르다
cometer un crimen
sexual

성희롱하다
hostigar
sexualmente

성추행하다
asaltar
indecentement,
molestar

성폭행하다
agredir
sexualmente,
violar

데이트 폭력을 저지르다
cometer violencia machista,
agredir físicamente durante
el noviazgo

성매매를 하다, 매춘부로 일하다
pagar por sexo,
trabajar como prostituta

몰카를 촬영하다
grabar vídeos
en secreto

스토킹하다
acosar

FRASES PARA USAR

그 남자는 마약을 복용하고 밀수한 혐의로 재판에 넘겨졌다.
El hombre fue llevado a juicio por cargos de consumo y contrabando de drogas.

그 정치가는 성범죄를 저지른 탓에 정치 인생이 끝났다.
El político terminó la vida política porque cometió un delito sexual.

그 가수는 몰카 촬영 및 유포 혐의로 실형을 선고받았다.
El cantante fue condenado a prisión por grabar vídeos en secreto y distribuirlos.

스토킹에 대한 처벌이 강화되어야 한다는 의견이 지배적이다.
La opinión predominante es que se debe reforzar el castigo por acosar.

~를 납치하다, 유괴하다
secuestrar a ~

~를 인신매매하다
hacer tráfico
de personas ~

아동/노인/동물을 학대하다
abusar[maltratar] de
un niño/anciano/animal

~를 살해하다
matar ~,
asesinar ~

살인 미수에 그치다
intentar asesinar a alguien

연쇄 살인을 저지르다
cometer asesinatos
en serie

연쇄 살인범
asesino en serie

사체를 유기하다
tirar un cuerpo

~에 방화하다, 불을 지르다
incendiar ~,
prender fuego a ~

테러를 저지르다
cometer un acto
de terrorismo

자살 폭탄 테러를 하다
cometer
un atentado suicida

FRASES PARA USAR

예전에 교사가 자신의 제자를 유괴, 살해하는 사건이 있었다.
En el pasado, hubo un caso en el que un maestro secuestró y mató a su alumno.

그 남자는 5년 동안 10명을 죽였다. 즉, 연쇄 살인범이었다.
El hombre mató a diez personas en cinco años. Es decir, era un asesino en serie.

한 술 취한 사람이 한밤중에 그 문에 불을 질렀다.
Un hombre alcoholizado prendió fuego a la puerta en la medianoche.

그 테러리스트는 자살 폭탄 테러를 저질렀다.   El terrorista cometió un atentado suicida.

~를 고소하다, 고발하다
acusar ~, demandar ~

~를 기소하다
empapelar ~, procesar ~

~를 대상으로 민사 소송을 제기하다
presentar un procedimiento civil contra ~

~를 대상으로 형사 소송을 제기하다
presentar un procedimiento penal contra ~

법을 지키다
seguir la ley

법을 어기다
romper la ley

~에게 이혼 소송을 제기하다
presentar un procedimiento
de divorcio a ~

재판하다
enjuiciar

변론하다
defender, abogar

증언하다
testificar

검사가 ~를 구형하다
el fiscal exige[pide] ~

판결을 내리다
juzgar

유죄 판결/무죄 판결을 받다
ser declarado culpable/inocente

FRASES PARA USAR

법은 최대한 지켜야 한다.
Debe cumplir con la ley tanto como sea posible.

그 가수는 악플러들을 고소했다.
El cantante demandó a los trolls de Internet.

그 여성은 자기 남편에게 이혼 소송을 제기했다.
La mujer presenta un procedimiento de divorcio a su marido.

검사는 피고에게 징역 7년을 구형했다.
El fiscal exigió una pena de prisión de siete años para el acusado.

그 사람은 5년간의 재판 끝에 결국 무죄 판결을 받았다.
El hombre finalmente fue declarado inocente después de un juicio de cinco años.

형을 선고하다
sentenciar, condenar

~년 형/무기징역/사형을 선고 받다
ser sentenciado a ~ años en prisión/
cadena perpetua/muerte

집행유예를 선고 받다
ser sentenciado a libertad
provisional

벌금형을 받다
ser multado, ser
condenado a una multa

구치소/교도소에
수감되다, 감옥에 가다
encarcelar a ~ en un centro
de detención/en prisión,
ir a la prisión[cárcel]

~ 동안 복역하다
cumplir ~ en
prisión

독방에 수감되다
encarcelar a ~
en una celda
de aislamiento

보석을 신청하다
solicitar una fianza

보석금을 내고 석방되다
ser liberado bajo fianza

~로 감형되다
ser reducido
[conmutado] a ~

(모범수로) 가석방되다
ser puesto en libertad
condicional, estar en
libertad condicional
(porque fue un preso modelo)

사면 받다
ser perdonado

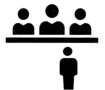

(상급 법원에)
상소하다, 항소하다
apelar (ante un
tribunal superior)

FRASES PARA USAR

재판부는 자신의 딸을 방치하여 숨지게 한 여성에게 20년 형을 선고했다.
El tribunal sentenció a la mujer a veinte años en prisión por dejar muerta a su hija.

그는 음주 운전으로 벌금형을 선고받았다.   Él fue multado por conducir ebrio.

그는 감옥에서 12년을 복역했고, 출소 직후 또 범죄를 저질렀다.
Él cumplió doce años de prisión y cometió otro delito justo después de ser liberado.

그 재소자는 복역 10년 만에 모범수로 가석방되었다.
El prisionero fue puesto en libertad condicional como un preso modelo después de diez
años de prisión.

그녀는 유죄 판결을 받았지만 곧바로 항소했다.   Ella fue declarada culpable, pero apeló de inmediato.

4 선거, 투표

투표하다
votar

선거로 ~를 뽑다
elegir ~ por
votación

선거를 실시하다
realizar
una elección

대통령 선거를 실시하다
realizar una elección
presidencial

국회의원 선거를 실시하다
celebrar elecciones para diputado[parlamentario]

지자체장 선거를 실시하다
celebrar elecciones de administración local

재선거/보궐 선거를 실시하다
celebrar reelecciones/
elecciones parciales

사전 투표를 하다
votar anticipadamente

사전 투표
votación anticipada

투표에 기권하다
abstenerse
de votar

~(후보)에게 투표하다
votar por ~

투표 용지에 기표하다
votar en
una papeleta

투표 용지를 투표함에 넣다
poner la papeleta
en una urna

투표 인증 사진을 찍다
tomar una foto como
evidencia de la votación

FRASES PARA USAR

투표를 하는 것은 민주주의 국가 국민의 권리이자 의무다.
Votar es un derecho y un deber de los ciudadanos de los países democráticos.

대통령 직선제에서는 국민이 대통령을 직접 뽑는다.
En el sistema presidencial directo, los ciudadanos eligen directamente al presidente.

그 나라에서는 대통령 선거는 5년마다 실시하고 국회의원 선거는 4년마다 실시한다.
En el país se realizan elecciones presidenciales cada cinco años y elecciones para diputado cada cuatro años.

지난달에 우리 시는 시장 보궐 선거를 실시했다.
El mes pasado, nuestra ciudad celebró una elección parcial para alcalde.

나는 사전 투표를 했다.   Voté por adelantado.

대통령에 출마하다
presentarse como candidato a presidente
국회의원에 출마하다
presentarse como candidato a parlamentario
시장에 출마하다
presentarse como candidato a alcalde
후보자로 등록하다
registrarse como candidato

재선에 불출마하다
postularse para
la reelección

후보자를 지지하다
apoyar a
un candidato

선거 운동을 하다
hacer una campaña
electoral

여론 조사를 하다
tomar[realizar] una
encuesta de opinión

여론 조사에 응하다
responder una
encuesta de opinión

개표하다
contar
los votos

선거 결과를 발표하다
anunciar los resultados
de las elecciones

선거에서 이기다/지다
ganar/perder
en una elección

당선증을 받다
recibir un certificado
de elección

FRASES PARA USAR

그 배우는 전에 국회의원에 출마했다.
El actor se había postulado anteriormente para el parlamento.

그 국회의원은 재선 불출마를 선언했다.
El parlamentario anunció que no se presentaría a la reelección.

너는 지지하는 후보가 있니?　　　　　¿Tienes un candidato que estás apoyando?

오늘 나는 다가오는 대통령 선거에 대한 여론조사에 응했다.
Hoy hice una encuesta sobre las próximas elecciones presidenciales.

그 선거구에서는 선거가 끝나고 1시간 뒤에 개표를 시작했다.
El distrito electoral comenzó a contar los votos una hora después de que terminaran las elecciones.

MP3 083

~ (종교)를 믿다
creer en ~

성당/교회/절에 다니다
ir a la iglesia católica/iglesia protestante/al templo

~로 개종하다
convertirse a ~

천주교

(성당에서)
미사를 드리다
ir a misa,
asistir a misa

온라인으로 미사를 드리다
asistir a misa en línea

기도하다
orar, rezar

묵주 기도를 드리다
rezar el rosario

강론을 듣다
escuchar un sermón

성호를 긋다
persignarse,
santiguarse

FRASES PARA USAR

그 여성은 남편의 종교인 개신교로 개종해서 교회에서 결혼할 수 있었다.
La mujer se convirtió a la religión de su marido, el protestantismo, y pudo casarse en la iglesia.

그는 매주 일요일에 미사를 드린다.
Él va a misa todos los domingos.

그녀는 식사를 하기 전이면 늘 성호를 긋는다.
Ella siempre se persigna antes de comer.

미사포를 쓰다
usar un velo

세례명을 정하다
decidir un nombre de
bautismo[nombre cristiano]

세례를 받다
ser bautizado

고해성사를 하다
confesarse

영성체를 하다
comulgar

대부/대모가 되다
ser padrino/madrina

FRASES PARA USAR

여성 신도들은 성당에서 미사포를 쓰고 기도를 한다.
Las creyentes rezan en la catedral con velos.

우리 엄마는 60세에 천주교 세례를 받았다.
Mi madre fue bautizada católica a los sesenta años.

네가 천주교 신자라면 신부님께 모든 걸 다 고해성사를 하겠니?
Si fueras católico, ¿le confesarías todo a un sacerdote?

개신교

교회에 가다, 교회에 다니다
ir a la iglesia

예배에 참석하다
asistir a misa

새벽 예배에 가다
asistir a la misa
temprano en
la mañana

가정 예배를 드리다
orar[rezar] en
el hogar

구역 예배를 보다
tener un servicio de
adoración local

온라인으로 예배를 드리다
asistir al servicio de rezo en línea

찬송가를 부르다
cantar un himno

설교를 듣다
escuchar un sermón

헌금을 내다
dar una ofrenda,
hacer una ofrenda de dinero

FRASES PARA USAR

나는 중학교 때 몇 달간 교회에 다녔다.
Asistí a la iglesia durante varios meses cuando estaba en la escuela secundaria.

코로나19 때문에 요즘 우리는 온라인으로 예배를 드린다.
Debido al COVID-19, estamos rezando en línea estos días.

나는 예배 중에 찬송가 부르는 게 제일 좋다.
Me gusta cantar himnos durante la misa.

십일조를 내다
dar el diezmo

교리 교육을 받다
recibir catequesis

주일학교 선생님을 하다
ser maestro de la escuela
dominical

부흥회에 참석하다
asistir a un avivamiento

전도하다
evangelizar

성경을 읽다/필사하다
leer/transcribir la Biblia

ESTUDIO
BÍBLICO

QT 시간을 갖다
tomar un tiempo de
oración

성경 공부를 하다
estudiar la biblia, participar en
un grupo de estudio de la Biblia

FRASES PARA USAR

그는 매달 십일조를 낸다.
Él da el diezmo todos los meses.

그녀는 몇 년 전부터 주일학교 선생님을 해 왔다.
Ella sido maestra de la escuela dominical durante varios años.

나는 요즘 성경을 매일 한 시간씩 필사한다.
Transcribo la Biblia durante una hora todos los días estos días.

불교

예불을 드리다
asistir a un
servicio budista

불공드리다
rezarle a Buda, ofrecer
una oración budista

합장하다
juntar las palmas en
frente del pecho como
si estuviera rezando

염주를 돌리며
기도하다
rezar con
el rosario

불경을 (소리 내어) 읽다
leer las escrituras
budistas (en voz alta)

절을 하다
hacer una profunda
reverencia hasta el piso

108배를 하다
hacer 108
reverencias

설법을 듣다
escuchar el sermón
del monje

시주하다
dar limosna, donar[ofrecer]
dinero/arroz/un edificio/
una propiedad…

향을 피우다,
분향하다
encender
el incienso

촛불을 밝히다
encender
una vela

연등에
불을 밝히다
encender
una linterna de loto

FRASES PARA USAR

그 여성은 자식들을 위해 불공을 드린다.
La mujer reza a Buda por sus hijos.

승려가 눈을 감고 앉아 염주를 돌리며 기도하고 있었다.
El monje estaba sentado con los ojos cerrados, girando las cuentas y rezando.

불자들이 불경을 소리 내어 읽고 있었다.
Los budistas estaban leyendo las escrituras budistas en voz alta.

그녀는 매일 아침 108배를 한다.
Ella hace 108 reverencias todas las mañanas.

나는 자기 전에 유튜브로 스님들의 설법을 듣는다.
Escucho los sermones de los monjes en YouTube antes de acostarme.

6 군대

군대에 가다, 입대하다
unirse al ejército,
alistarse en ~

육군/해군/공군/해병대에 입대하다
enlistarse en el ejército/
la fuerza armada/la fuerza
aérea/la infantería de marina

군복무하다
servir en el ejército,
hacer el servicio militar

신체검사를 받다
hacer[recibir]
un examen físico

신병 훈련을 받다
recibir entrenamiento de
reclutamiento

자대 배치를 받다
ser asignado a una
unidad de combate

경례하다
saludar,
dar un saludo

군번줄을 착용하다
usar placa de
identificación

점호하다
tomar un pase de
lista

FRASES PARA USAR

그들은 군에 입대하여 1개월 동안 신병 훈련소로 보내졌다.
Ellos se enlistaron en el ejército y fueron enviados a un campo de entrenamiento durante un mes.

그 가수는 5월 말에 입대했다.
El cantante se enlistó a finales de mayo.

우리 아버지는 38개월 동안 군복무를 하셨다.
Mi padre sirvió en el ejército durante treinta y ocho meses.

그들은 신병 훈련소에서 기본 훈련을 받은 후에 자대 배치를 받았다.
Ellos fueron asignados a unidades militares después de recibir entrenamiento básico en el campo de entrenamiento.

행군하다
marchar

구보하다
marchar a marchas forzadas

보초를 서다
estar en guardia

불침번을 서다
mantenerse en vigilancia
nocturna

관등성명을 대다
indicar el rango oficial
y el nombre

12:00 AM

야간 훈련을 하다
hacer entrenamiento nocturno

FRASES PARA USAR

여름에 주간 행군은 정말 힘들다.
Las marchas de día en verano son realmente duras.

군인 둘이 탄약고 앞에서 보초를 서고 있었다.
Dos soldados estaban en servicio frente al depósito de municiones.

그는 새벽 12시부터 3시까지 불침번을 섰다.
Él mantuvo una guardia nocturna desde las doce a las tres.

그 부대는 올해부터 야간 훈련을 실시하기 시작했다.
La unidad militar comenzó a realizar entrenamiento nocturno desde este año.

동계/하계 훈련을 하다
hacer[participar en] entrenamiento de invierno/verano

유격 훈련을 하다
hacer[participar en] entrenamiento guerrillero

군가를 부르다
cantar el himno militar

위문편지를 받다
recibir una carta de consuelo

면회를 오다
venir a visitar

휴가를 나가다/휴가 중이다
ir/estar de vacaciones

부대에 복귀하다
volver a alistarse

재난 지역에서 구호 활동을 하다
realizar labores de socorro en las zonas de desastre

군부대 위문 공연을 즐기다
disfrutar del espectáculo en un campo militar

군병원으로 후송되다
ser transportado a un hospital militar

제대하다
ser dado de baja (del servicio militar)

탈영하다
desertar[huir] del ejercito (militar),
ausentarse sin permiso oficial

영창에 가다
ir a la cárcel militar, ser confinado[encerrado] en la cárcel

FRASES PARA USAR

우리는 4박 5일 동안 유격 훈련을 했다.
Hicimos entrenamiento de guerrilla durante cinco días y cuatro noches.

지난 주말에 여자 친구가 부대로 나를 면회 왔다.
El fin de semana pasado, mi novia vino a visitarme a mi base militar.

내일은 그가 휴가 중이었다가 부대에 복귀하는 날이다.
Mañana es el día en que regresa al ejército después de estar de vacaciones.

그는 다음 달에 제대할 예정이다.
Él debe ser dado de baja el próximo mes.

한 남성은 군에서 탈영했다가 20년 만에 자수했다고 한다.
Según los informes, un hombre desertó del ejército y se rindió después de veinte años.

ÍNDICE 색인 찾아보기

한국어 인덱스

ㄱ

가격을 깎다	170
가격을 깎아 주다 (상인이)	170
가격을 문의하다 (~의)	170, 172
가격을 비교하다	170, 175
가격을 확인하다	172
가격을 흥정하다	170
가루약을 복용하다	125
가르마를 타다 (왼쪽으로/오른쪽으로)	19
가뭄으로 고생하다 (사람이)	249
가뭄으로 피해를 입다 (지역이)	249
가불을 하다	158
가석방되다 (모범수로)	255
가스 밸브를 잠그다/열다	85
가스 불을 줄이다/키우다	85
가스 폭발 사고	246
가스레인지를 켜다/끄다	85
가스를 차단하다	85
가슴 절개 수술을 받다	133
가습기를 틀다/끄다	115
가이드 투어에 참여하다	196
가정 예배를 드리다	260
간식으로 ~을 먹다	87
간식을 먹다	87
간헐적 단식을 하다	136
갈다	81
갈증이 나다	123
감기약을 복용하다	125
감옥에 가다	255
감형되다 (~로)	255
갓길로 달리다	237
갓길에 정차하다	237
강론을 듣다	258
강아지에게 대소변 가리는 훈련을 시키다	215
강판에 갈다	81
개 미용을 시키다	215
개 양치질을 시키다	215
개를 목욕시키다	215
개를 산책시키다	214
개를 입양하다	214
개를 키우다	214
개복 수술을 받다	133
개에게 밥[사료를] 주다	214
개에게 사회화 훈련을 시키다	215
개에게 입마개를 씌우다	215

개의 대변을 처리하다	215	고개를 까닥거리다	16
개의 목줄[가슴줄]을 하다	214	고개를 끄덕이다	16
개인통관고유부호를 입력하다	175	고개를 내밀다	16
개종하다	258	고개를 돌리다 (~ 쪽으로)	16
개찰구에서 승선권과 신분증을 보여 주다	235	고개를 뒤로 젖히다	16
개표하다	257	고개를 들다	16
거래처에 전화하다	155	고개를 숙이다[떨구다]	16
거래하다 (~와)	167	고개를 젓다	16
거스름돈을 받다	232	고객 문의에 응대하다	160
거식증에 걸리다	136	고객을 만나다	155
거실을 확장하다	116	고객을 맞이하다	160
거울에 몸을 비춰 보다	65	고객의 불만에 응대하다	160
거울을 바꿔 달다	119	고객의 요구에 응하다	160
걱정하다 (~에 대해)	17	고기나 생선의 뼈나 가시를 발라내다	81
건강을 잃다/해치다	64	고기를 (부엌용) 가위로 자르다	95
건물 옥상에서 추락하다	247	고기를 갈다	81
건물이 붕괴되다	246	고기를 굽다 (석쇠나 불판에)	95
건식 사우나를 즐기다	206	고기를 굽다 (오븐에)	95
건조 온도를 설정하다	76	고기를 뒤집다	95
건조기로 쌀을 건조시키다	164	고기를 상추와 깻잎에 싸 먹다	88
건조기를 돌리다	108	고기를 통째로 굽다	83
걸다 (옷장에)	74	고기에서 기름을 떼어 내다	80
걸레를 빨다	111	고독사	138
걸음마 훈련을 시키다	185	고독사하다	138
검사가 ~를 구형하다	254	고르다 (제품을)	175
게걸스럽게 먹다	89	고름을 짜다	
격려하다	148, 187	고발하다	254
견인차로 실려 가다	239	고소하다	254
결재 서류를 올리다	154	고속도로 휴게소에 들르다	195, 233
결제하다	175	고속도로 휴게소에서 식사를 하다	195
결혼하다	151	고속버스로 ~에 가다	230
경례하다	263	고속버스를 타다	230
경멸하다	148	고속버스의 좌석을 선택하다	233
경운기로 땅을 갈아엎다	164	고속버스표를 끊다	233
경적을 울리다	237	고속버스표를 예매하다	233
경청하다	148	고양이 미용을 시키다	215
곁눈으로 보다 (~를)	21	고양이 양치질을 시키다	215
곁눈질하다	21	고양이 화장실 모래를 갈다	215
계산서를 요청하다	96	고양이 화장실 모래를 치우다	215
계산하다	172	고양이 화장실을 닦다	215
고개를 갸웃하다	16	고양이를 목욕시키다	215
고개를 기울이다 (뒤로/앞으로/왼쪽/오른쪽으로)	16	고양이를 입양하다	214

고양이를 키우다	214	구급차를 부르다	247
고양이에게 밥을[사료를] 주다	214	구내식당에서 점심을 먹다	163
고양이의 숨숨집을 만들다/사다	215	구독자가 10만 명/100만 명이 되다	226
고장 나다 (차가)	241	구보하다	264
고장 난 차를 고치다	242	구역 예배를 보다	260
고해성사를 하다	259	구입하다	167
골드 버튼 언박싱을 하다	226	구입한 물건을 배달시키다	171
골드 버튼을 받다	226	구입한 물건을 차 트렁크에 싣다	171
골반을 흔들다	48	구치소에 수감되다	255
골프를 치다	200	국내 여행을 하다	192
곰팡이를 제거하다	118	국물을 마시다	88
공군에 입대하다	263	국자로 ~을 뜨다	87
공기청정기를 틀다/끄다	115	국회의원 선거를 실시하다	256
공무 집행을 방해하다	251	국회의원에 출마하다	257
공부를 봐 주다	186	군가를 부르다	265
공사 현장에서 추락하다	247	군대에 가다	263
공장 기숙사에서 살다[지내다]	163	군번줄을 착용하다	263
공항 면세점에서 ~을 구입하다	197	군병원으로 후송되다	265
공항 출입국 심사대를 통과하다	197	군복무하다	263
공항에서 물건을 받다	172	군부대 위문 공연을 즐기다	265
공항에서 체크인하다	234	굽다 (빵을)	83
과로사하다	247	굽다 (석쇠나 그릴에)	83
과속하다	238	굽다 (오븐이나 불에)	83
과외를 시키다	188	귀걸이를 하다	72
관광 명소에 가다	196	귀를 기울이다 (~에)	28
관광 안내소에서 여행 정보를 문의하다	195	귀를 뚫다	28
관광을 즐기다	196	귀를 막다[닫다] (~에)	28
관등성명을 대다	264	귀를 잡아당기다	28
관심 품목 리스트에 추가하다	175	귀를 파다[후비다]	28
관을 운구차에 싣다	140	귀빈 대접을 하다	146
관절이 쑤시다	125	규칙적으로 운동하다	137
교도소에 수감되다	255	균형을 유지하다	62
교리 교육을 받다	261	그림을 감상하다	212
교통 법규를 준수하다/위반하다	238	그림을 그리다 (~의)	12, 212
교통 신호를 지키다	238	그물을 끌어당기다	166
교통사고가 나다	241, 246	그물을 던지다	166
교통약자석에 앉다	231	극장에 입장하다	210
교통카드를 충전하다	230	극장에서 영화를 보다	208
교회에 가다[다니다]	260	근력 운동을 하다	201
교회에 다니다	258	근무 중 다치다/사망하다	247
구강 검사를 받다	131	근육량을 늘리다	137
구글로 검색하다	221	금속 탐지기를 통과하다	234

금식하다 (~ 동안)	132	껍질을 벗기다	81
급여가 깎이다	157	꽃에 물을 주다	110
급여가 오르다	157	꽃을 기르다	110
기계를 점검하다	162	꽃을 심다	110
기내식을 먹다	235	꽃을 키우다	109
기념품을 구입하다	212	꾸미다	65
기념품을 사다	196	꾸준히 운동하다	137
기도하다	258	꿰매다	75
기름에 굽다	82	끓이다	82
기름에 튀기다	82	끼어들다 (~ 앞으로)	236
기립 박수를 보내다 (~에게)	210, 211		
기쁨의 눈물을 흘리다	146		
기사에게 행선지를 말하다	232	**ㄴ**	
기소하다	254		
기저귀를 갈다	184	나무를 기르다	110
기지개를 켜다	101	나무를 심다	110
기차로 ~를 여행하다	194	나불거리다	26
기차로 (~에) 가다	194, 230	나이프를 사용하다	88
기차를 갈아타다	194	낙엽을 갈퀴로 긁어모으다	111
기차를 타다	230	난방기를 켜다/끄다	114
기차의 좌석을 선택하다	233	난산을 하다	182
기차표를 구입하다 (~행)	194	난임 전문 병원에 다니다	182
기차표를 끊다	233	난자를 냉동하다	183
기차표를 예매하다	233	남은 음식을 포장해서 집에 가져가다/가져오다	96
기차표를 예매하다 (~행)	194	남의 손바닥을 때리다	40
기초 대사율을 높이다	137	남자 쪽이 불임이다	182
기침하다	122	납치하다	253
기타 연주법을 배우다	211	내놓다 (음식을)	89
기타를 연주하다	102, 211	내려 주다 (~를)	238
기프티콘 바코드를 찍다	92	내려야 할 버스 정거장/지하철역을 확인하다	231
기프티콘으로 음료를 구매하다	92	내릴 정류장을 지나치다	231
기프티콘을 음료로 교환하다	92	내시경 수술을 받다	133
기형아 선별 검사를 받다	180	냅킨으로 입을 닦다	89
기획서를 쓰다	154	냉각수를 교체하다	243
기획서를 제출하다	154	냉각수를 보충하다	243
긴장을 풀다	64	냉대하다	149
김매다	165	냉동 보관하다	80
김치를 담그다	82	냉동고[냉동실]에 넣다	80
깁스를 하다	127	냉동고[냉동실]에서 꺼내다	80
까치발로 서다 (발끝으로 서다)	60	냉동하다	80
깍둑썰기하다	81	냉소하다	31
깨작거리다	89	냉장 보관하다	80

냉장고 문을 열다/닫다	113	눈썹을 밀다	20
냉장고[냉장실]에 넣다	80	눈썹을 뽑다 (족집게로)	20
냉장고[냉장실]에서 꺼내다	80	눈썹을 치켜 올리다 (당황, 놀람, 경멸의 의미로)	20
냉장고를 정리하다	105	눈을 가늘게 뜨다	22
냉장고의 온도를 조절하다	113	눈을 가리다	22
냉찜질하다	127	눈을 감다	21
네일 디자인을 고르다	174	눈을 깜박이다	22
네일 스티커를 제거하다	174	눈을 내리깔다	22
네일을[네일 아트를] 받다	42, 174	눈을 뜨다	21
네트워크 연결이 끊어지다	221	눈을 마주치지 않다	147
넥타이를 고쳐 매다	71	눈을 붙이다	22
넥타이를 매다	71	눈을 비비다	22
넥타이를 풀다	71	눈을 사르르/지그시 감다	21
넷플릭스로 영화를 보다	209	눈을 찡긋하다	22
넷플릭스를 보다	103, 199	눈을 치켜뜨다 (지루함, 짜증, 불만을 나타내는 표정)	21, 31
넷플릭스를 해지하다	199	눈을 흘기다	21
넷플릭스에 가입하다	199	눈이 간지럽다	124
넷플릭스에서 TV 프로그램/영화/다큐멘터리를 보다	199	눈이 감기다	123
노래를 다운로드하다	211	눈이 높다	150
노래를 따라 부르다	211	눈이 따끔거리다	124
노래를 스트리밍하다	211	눕다	60
노려보다 (~를)	21		
노사 협의가 결렬되었다	163		
노인을 학대하다	253	ㄷ	
노조를 결성하다	163		
노트북에 글을 쓰다	103	다리가 부러지다	50
노트북을 켜다/끄다	113	다리가 쑤시다	125
노환으로 죽다	138	다리가 저리다	50
논에 물을 대다	164	다리를 걸어 넘어뜨리다	50
논에 물을 빼다	164	다리를 구부리다	49
농구 경기를 보다	200	다리를 긁다	49
농구 경기를 보러 가다	200	다리를 꼬고 앉다	49
농구를 하다	200	다리를 꼬다	49
농약을 치다	165	다리를 끌다	50
뇌물을 주다	250	다리를 다치다	50
눈 하나 깜짝 안 하다	22	다리를 떨다	49
눈곱이 끼다	122	다리를 벌리고 앉다	49
눈물을 흘리다	31, 122, 148	다리를 벌리다	49
눈사태로 피해를 입다 (사람이)	248	다리를 뻗다[쭉 펴다]	49
눈사태로 피해를 입다 (지역이)	248	다리를 오므리다	49
눈살을 찌푸리다	20	다리를 절다 (오른쪽/왼쪽)	50
눈썹을 그리다	20	다리를 절단하다	50

다리를 주무르다 49
다리를 쭉 펴고 49
다리에 깁스를 하다 50
다리에 쥐가 나다 50
다림질하다 74, 112
다시 만나다 150
다양한 경험을 쌓게 하다 187
다음 진료를 예약하다 135
다이어트 식단을 짜다 136
다이어트를 시작하다 136
다이어트하다 136
다지다 81
다치다 126
단추를 채우다 70
단추를 풀다 70
달걀을 깨다 84
담당 부서로 전화를 돌리다 161
담요로 몸을 감싸다 64
답사를 가다 193
당선증을 받다 257
당일 여행을 가다 (~로) 192
대기 명단에 이름을 올리다 94
대리모를 통해 아기를 낳다 183
대모가 되다 259
대변을 보다 107, 123
대부가 되다 259
대소변 가리는 훈련을 시키다 185
대안학교에 보내다 189
대장 내시경 검사를 받다 131
대출을 받다 167
대통령 선거를 실시하다 256
대통령에 출마하다 257
대화를 나누다 93
댓글을 (맨 위에) 고정하다 226
더운물로 목욕하다 63
더운물로 샤워하다 63
더치페이하다(각자 내다) 96
덤으로 주다 170
덤으로[증정품으로] 받다 170
데이트 신청을 하다 150
데이트 폭력을 저지르다 252
데이트하다 150

도마에서 ~를 자르다[썰다] 86
도망치다 250
도슨트(안내인)의 설명을 들으며 작품을 감상하다 212
도시락을 싸다 104
도시의 야경을 감상하다 206
독방에 수감되다 255
돌돌이로 반려동물의 털을 제거하다 111
돌잔치를 하다 186
동계 훈련을 하다 265
동물을 학대하다 253
동영상을 보내다 218
동전을 넣다 76
동전을 준비하다 76
두 손을 깍지 끼다 (자신의) 38
두통이 있다 124
뒤집다 83
뒷광고를 하다 226
드라이브인 극장에서 영화를 보다 209
드라이클리닝 맡기다 74
등(짝)을 후려치다 43
등산 동호회(산악회)에 가입하다 202
등산 용품을 구입하다 202
등산로를 따라가다 203
등산모를 쓰다 202
등산복을 입다 202
등산하다 202
등산하러 가다 200
등산화 끈을 단단히 묶다 202
등산화를 신다 202
등에 ~를 업다 43
등에 청진기를 대다 44
등을 긁다 44
등을 기대다 (~에) 43
등을 돌리다 (~에게) 43
등을 떠밀다 43
등을 토닥거리다 43
등을 펴다 43

ㄸ

딱지를 떼다 128

딸꾹질하다	122	매일 체중을 재다	137
땀복을 입고 운동하다	137	매장 문을 닫다 (매일 저녁)	160
땀을 흘리다	122	매장 문을 열다 (매일 아침)	160
떼를 쓰다 (아이가)	186	매춘부로 일하다	252
똑바로 누워서 자다	100	매표소에서 페리 표를 구매하다	235
똑바로 서다	60	맥박을 재다	129
똥을 누다	107, 123	맨손체조를 하다	103
		머리 숙여 인사하다	17
		머리가 빠지다	19

ㄹ

		머리를 감다	18, 106, 173
러닝머신에서 뛰다	201	머리를 긁다 (난처하여)	17
렌탈하다 (가전제품을)	115	머리를 기르다	19
렌터카를 빌리다	195	머리를 넣다 (~에)	70
로션을 바르다	106	머리를 다듬다	18, 173
룸 서비스를 시키다	205	머리를 다치다	17
리모델링하다(다른 형태로 만들다)	116	머리를 뒤로 묶다	19
리모컨으로 채널을 바꾸다	198	머리를 드라이하다	173
리액션하다	146	머리를 땋다	19
		머리를 때리다	17
		머리를 말리다	18, 106

ㅁ

		머리를 말리다	106
		머리를 박박 깎다	18
마당에 조경 공사를 하다	110	머리를 빗다	18, 106
마라톤을 하다	200	머리를 손질하다 (미용실에서)	18
마루를 새로 깔다	117	머리를 손질하다 (직접)	18, 106
마사지를 받다	173	머리를 숙이다	17
마사지를 받다	206	머리를 스포츠머리로 깎다	173
마스크를 착용하다	162	머리를 심다	19
마시다	93	머리를 쓰대[굴리다]	17
마실 음료를 고르다	92	머리를 쓰다듬다	17
마약을 밀수하다	252	머리를 염색하다 (다른 사람이)	18
마약을 복용하다	252	머리를 염색하다 (직접)	18, 173
마음이 있다	150	머리를 완전히 밀다	173
마취가 되다	133	머리를 자르다[깎다]	18, 173
마취에서 깨어나다	133	머리를 쥐어뜯다 (절망, 분노 등으로)	147
막힌 변기를 뚫다	107	머리를 쥐어뜯다 (절망이나 괴로움으로)	19
말다툼하다	149	머리를 쥐어짜다	17
말로 타이르다	187	머리를 짧게 자르다	173
맛집에 가다	196	머리를 틀어 올리다	19
맛집을 찾아보다	196	머리를 펌하다	18, 173
맛집의 후기를 살펴보다	196	머리를 포니테일로 묶다 (동작)	19
		머리를 풀다	19

머리를 하는 동안 잡지를 읽다	173	목을 풀다	30
머리를 하다	173	목이 뻣뻣하다[뻐근하다]	124
머리를 헝클다	19	목이 아프다	124
머리를 헹구다	18	몰카를 촬영하다	252
먹다	104	몸에 비누칠을 하다	63
메뉴 추천을 부탁하다	94	몸을 (왼쪽으로/오른쪽으로) 돌리다[틀다]	61
메뉴를 고르다	94	몸을 가누다	62
메신저앱으로 대화하다	218	몸을 굽히다	43
메이크업을 받다	173	몸을 꼼지락거리다	61
면도하다	106	몸을 낮추다	62
면세로 구입하다	172	몸을 녹이다	63
면세점에서 ~(물건)을 구입하다	172	몸을 뒤로 기울이다	61
면허가 정지되다	240	몸을 뒤로 젖히다	61
면허가 취소되다	240	몸을 따뜻이 하다	64
면회를 오다	265	몸을 떨다	62
명예를 훼손하다	251	몸을 밀치다	65
모기장을 걷다	204	몸을 수색하다	65
모기장을 치다	204	몸을 숨기다	65
모내기를 하다	164	몸을 앞으로 굽히다	61
모닥불을 피우다	204	몸을 앞으로 기울이다	61
모델 촬영을 하다	213	몸을 옹송그리다	62
모래찜질을 하다	207	몸을 왼쪽으로/오른쪽으로 기울이다	61
모로 눕다	60	몸을 움츠리다	62
모를 심다	164	몸을 웅크리고 눕다	60
모바일 뱅킹을 하다	220	몸을 청결하게 유지하다	63
모자를 거꾸로 쓰고 있다	71	몸을 치장하다	65
모자를 벗다	71	몸을 편하게 하다	64
모자를 쓰다	71	몸을 풀다	62
모자를 푹 눌러 쓰고 있다	71	몸을 흔들다	61
모종을 심다	165	몸이 아프다	124
모판을 준비하다	164	몸조심하다	64
목걸이를 하다	72	묘지를 방문하다	141
목에 ~이 걸리다	30	무고하다	251
목에 스카프를 두르다	71	무기징역을 선고 받다	255
목욕하다	63, 106	무너진 건물에 갇히다	246
목을 가다듬다	30	무릎걸음으로 가다	52
목을 돌리다	30	무릎을 구부리다	52
목을 뒤로 젖히다	30	무릎을 꿇고	52
목을 매다	30	무릎을 꿇다	52
목을 조르다	30	무릎을 끌어안다	52
목을 졸라 죽이다	30	무릎을 때리다	52
목을 주무르다	30	무릎을 맞대고	52

무릎을 맞대다	52
무릎을 베다	52
무릎을 세우고	52
무릎을 세우다	52
무릎을 치다	52
무릎이 까지다	52, 126
무릎이 쑤시다	125
무면허 운전을 하다	251
무빙워크를 이용하다	171
무선 인터넷을 이용하다	221
무시하다	148
무죄 판결을 받다	254
무치다	82
묵주 기도를 드리다	258
문고리를 바꿔 달다	119
문을 바꿔 달다	119
문의 사항을 청취하다	161
문자를 보내다	218
물건 값을 계산하다	170
물건을 고르다	170
물건을 비교하다	170
물약을 복용하다	125
물에 빠지다	247
물을 뿌리다 (~에)	74
물을 쏟다	95
뮤지컬을 보다	208
뮤지컬을 보러 가다	208
뮤지컬표를 예매하다	208
미사를 드리다 (성당에서)	258
미사포를 쓰다	259
미세먼지로 고생하다 (사람이)	249
미세먼지로 고생하다 (지역이)	249
미소 짓다	31
미술 전시회에 가다	212
미술 학원에 보내다	188
믹서로 ~를 갈다	86
민사 소송을 제기하다 (~를 대상으로) 민	254
밀가루를 반죽하다	84
밀당하다	150
밀어서 납작하게 만들다	84
밀어서 스마트폰의 잠금을 풀다	218

ㅂ

바깥쪽 차선으로 주행하다	237
바느질하다	75
~ 바늘	128
바늘귀에 실을 끼우다	75
바닥 매트의 먼지를 털어 내다	243
바닥을 (대)걸레질하다	111
바디 로션을 바르다	106
바람피우다 (~를 두고)	151
바비큐 파티를 하다	110
바비큐를 해 먹다	204
바지/치마/소매 길이를 줄이다 (남에게 의뢰)	75
바지/치마/소매 길이를 줄이다 (직접)	75
바지를 골반에 걸치다	48
바지의 지퍼를 올리다	70
바짓단을 접다	71
박수 치다	210
반기다	146
반듯이 눕다	60
반려동물 용품을 구입하다	214
반려동물과 놀다	214
반려동물에게 간식을 주다	214
반려동물에게 예방접종을 시키다	214
반려동물에게 줄 간식을 만들다	214
반려동물에게인식칩을 심다	214
반려동물을 돌보다	112
반려동물을 동물병원에 데리고 가다	214
반려동물을 등록하다	214
반려동물을 안락사시키다	215
반려동물을 입양하다	214
반려동물을 키우다	214
반려동물의 장례식을 치러 주다	215
반반씩 내다	96
반신욕을 하다	63
반응하다	146
반죽을 발효시키다	84
반죽을 치대다	84
반지를 하다	72
반품하다 (~를)	176
반하다	150
발 각질 케어를 받다	174

발 스트레칭을 하다	54	발톱을 칠하다	57
발(길)을 돌리다	54	발톱이 빠지다	57
발가락을 구부리다	57	밥솥으로 밥을 하다	85
발가락을 꼼지락거리다	57	밥을 짓다[하다]	82
발가락을 물다	57	방귀 뀌다	122
발가락을 주무르다	57	방바닥에 이부자리를 펴다	101
발가락을 쥐다	57	방진복을 착용하다	162
발가락을 짝 펴다	57	방진화를 착용하다	162
발꿈치를 들고 걷다	56	방향 지시등을 켜다	237
발꿈치를 들다	56	방화하다	253
발끝으로 걷다	56	밭에 거름을 주다	165
발로 밟다 (~를)	54	배가 고프다	45
발로 차다 (~를)	54	배가 나오다	45
발목 잡히다	55	배가 들어가다	45
발목을 교차하다	55	배가 부르다	45
발목을 돌리다	55	배가 아프다	45
발목을 몸쪽으로 당기다	55	배가 침몰하다	246
발목을 삐다[접질리다]	55, 128	배구 경기를 보다	200
발목을 펴다	55	배구 경기를 보러 가다	200
발바닥에 굳은살이 박히다	56	배구를 하다	200
발바닥에 물집이 잡히다	56	배낭여행을 가다	192
발바닥을 간질이다	56	배낭을 메다	202
발바닥을 긁다	56	배달 날짜를 정하다	172
발을 구르다	54	배달앱으로 음식을 주문하다	96
발을 구르다 (화가 나서)	147	배당금을 받다	167
발을 끊다	55	배드민턴을 치다	200
발을 내딛다	54	배란일을 체크하다	182
발을 들여 놓다 (~업계에)	55	배려하다	148
발을 마사지하다	54	배로 ~에 가다	234
발을 맞추다 (~와)	54	배를 깔고 눕다	45
발을 멈추다	54	배를 내밀고	45
발을 빼다 (관계를 끊다)	55	배를 내밀다	45
발을 질질 끌다	54	배를 문지르다	45
발을 헛디디다	54	배를 타다	234
발이 걸려 넘어지다	54	배송 정보를 조회하다	176
발인하다	140	배송 주소를 입력하다	175
발톱에 네일을 받다	174	배송 지연으로 판매자에게 항의하다	176
발톱을 관리 받다	174	배송비를 지불하다	175
발톱을 깎다	57	배에서 꼬르륵 소리가 나다	45, 122
발톱을 다듬다	57	배추 농사를 짓다	164
발톱을 세우다 (비유적 표현)	57	백미러로 뒤를 보다	236
발톱을 숨기다 (비유적 표현)	57	백사장에 눕다	207

백사장에서 놀다	207	병원에서 임신을 확인하다	180
백신을 맞다	131	병으로 죽다	138
밴드를 붙이다	126	보고서를 작성하다	154
뱃살이 빠지다	45	보궐선거를 실시하다	256
뱉다	89	보복 운전을 하다	251
버무리다	83	보석금을 내고 석방되다	255
버스 노선도를 확인하다	231	보석을 신청하다	255
버스 시간표를 확인하다	231	보안 검색을 받다	197
버스로 ~를 여행하다	194	보안 검색을 통과하다	197
버스로 ~에 가다	230	보안 점검을 하다	162
버스로 가다	194	보이스피싱으로 사기를 치다	250
버스를 갈아타다	194	보일러/난방기를 세게 틀다(온도를 올리다)	114
버스를 놓치다	230	보일러/난방기를 약하게 틀다(온도를 내리다)	114
버스를 잡다	230	보일러를 교체하다	117
버스를 타다	230	보일러를 켜다/끄다	114
버스에 물건을 두고 내리다	231	보채는 아기를 달래다	184
버스에 오르다	230	보초를 서다	264
버스에서 내리다	230	보험사에 연락하다	241
버스에서 자리를 잡다	231	보험회사 제출용 서류를 발급 받다	135
버스에서 하차 버튼을 누르다	231	복강경 수술을 받다	133
버스표를 구입하다 (~행)	194	복부 초음파 검사를 받다	130
버스표를 예매하다 (~행)	194	복사하다	155, 222
번지점프, 스카이다이빙 같은 익스트림 스포츠를 즐기다	200	복역하다 (~ 동안)	255
번호를 부르다	160	복통이 있다	124
벌금형을 받다	255	볶다	83
벌떡 일어나다	60	볼을 붉히다	29
벌컥벌컥 마시다	88	볼을 비비다	29
범죄를 저지르다	250	볼을 쓰다듬다	29
법을 어기다	254	부고를 내다	138
법을 지키다	254	부대에 복귀하다	265
베개 커버를 갈다	101	부치다	82
베란다를 물청소하다	109	부흥회에 참석하다	261
베란다를 트다	116	분만 중이다	181
베란다를 홈카페로 꾸미다	109	분변 검사를 하다	131
베란다에 인조잔디를 깔다	116	분유를 먹이다	184
벼 농사를 짓다	164	분해서 이를 갈다	27
벼를 베다/추수하다	164	분향하다	262
벽난로를 설치하다	118	불경을 (소리 내어) 읽다	262
변기의 물을 내리다	107	불공드리다	262
변론하다	254	불량품을 잡아내다	162
병가를 내다	156	불룩한 배로	45
병원에 진료 예약을 하다	129	불법 도박을 하다	250

불에 손을 쬐다	40
불을 지르다	253
불침번을 서다	264
붓다	84
붕대를 감다	127
붙여 넣다	222
브레이크 오일을 교환하다	243
브레이크 오일을 점검하다	243
브레이크를 밟다	237
블랙박스를 확인하다	239
블로그를 운영하다	225
블로그에 게시물을 올리다	225
비난하다	147
비데를 사용하다	107
비료를 주다	164
비밀번호를 입력하여 스마트폰의 잠금을 풀다	219
비상등을 켜다	237
비웃다	31, 148
(비치) 파라솔을 빌리다	207
비틀거리다	62
비행기 탑승교를 지나다	234
비행기 트랩을 오르다/내리다	234
비행기가 추락하다	246
비행기로 ~를 여행하다	194
비행기로 ~에 가다	234
비행기로 가다	194
비행기를 갈아타다	194, 235
비행기를 타다	234
비행기에 탑승하다	234
비행기표를 구입하다 (~행)	194
비행기표를 예매하다 (~행)	194
빈 컵과 쟁반을 반납하다	93
빗자루로 쓸다	111

ㅃ

빨래를 개다	74
빨래를 건조기에 넣다	74
빨래를 건조기에서 꺼내다	74
빨래를 걷다	74, 108
빨래를 널다 (빨랫줄에)	73, 108

빨래를 말리다	74
빨래를 삶다	74
빨래를 탈수하다	73
빨래를 헹구다	73
빨래하다	73, 108
빵을 굽다	104
빨다	81
뺑소니를 치다	251
뺨을 꼬집다	29
뺨을 때리다	29
뺨을 부풀리다	29
뼈가 부러지다	128
뿌리다	84

ㅅ

사고 위치를 표시하다	241
사고로 죽다	138
사과하다	147
사교육을 시키다	188
사귀다 (~와)	149, 150
사귀다 (남녀가)	149
사기를 치다	250
사랑싸움을 하다	151
사망 신고를 하다	140
사면 받다	255
사문서를 위조하다	251
사산하다	182
사업을 하다	167
사용한 컵과 쟁반을 반납하다	93
사원증을 찍다	162
사이가 멀어지다	149
사이드미러로 뒤를 보다	236
사이버 범죄를 저지르다	251
사이좋게 지내다	149
사이즈를 문의하다	172
사전 투표	256
사전 투표를 하다	256
사직서를 내다	158
사진과 함께 후기를 올리다	176
사진을 보내다	218

사진을 보정하다	213	샤워 헤드를 교체하다	118
사진을 인화하다	213	샤워를 해 소금기를 씻어내다	207
사진을 찍다	196, 213	샤워하다	63, 106
사진을 찍어 달라고 부탁하다	196	서랍을 정리하다	111
사진을 편집하다	213	서류 작업을 하다	154
사진의 구도를 잡다	213	서핑을 하다	207
사체를 유기하다	253	섞다	83
사형을 선고 받다	255	선거 결과를 발표하다	257
산모 수첩을 쓰다	180	선거 운동을 하다	257
산불로 피해를 입다 (사람이)	249	선거로 ~를 뽑다	256
산불로 피해를 입다/파괴되다 (지역이나 사물이)	249	선거를 실시하다	256
산사태로 피해를 입다 (사람이)	248	선거에서 이기다	257
산사태로 피해를 입다 (지역이)	248	선거에서 지다	257
산업 재해를 당하다	247	선탠을 하다	207
산에서 길을 잃다	203	선팅을 하다	243
살인미수에 그치다	253	선풍기를 켜다/끄다	114
살해하다	253	설거지하다	104
삶다	82	설교를 듣다	260
삼각대에 카메라를 올리다	213	설법을 듣다	262
삼키다	88	설치하다	113
상담을 해 주다	161	섬유유연제 시트를 넣다	76
상사에게 혼나다/깨지다	155	섬유유연제를 넣다	73, 108
상소하다 (상급 법원에)	255	성경 공부를 하다	261
상여금을[보너스를] 받다	158	성경을 읽다	261
상을 차리다	87	성경을 필사하다	261
상을 치우다	87	성당에 다니다	258
상처를 거즈로 덮다	127	성매매를 하다	252
상처를 꿰매다[봉합하다]	128	성묘하다	141
상처를 소독하다	126	성범죄를 저지르다	252
상품에 대해 문의하다	170	성지 순례를 가다	193
상품을 계산하다 (점원이)	160	성추행하다	252
상품을 고르다	172	성폭행하다	252
상한 부분을 도려내다	81	성호를 긋다	258
새로 도배하다 (방을)	117	성희롱하다	252
새벽 예배에 가다	260	세계 일주를 하다	193
생리 중이다	123	세관을 통과하다	197
생리를 하다	123	세례를 받다	259
생리전증후군으로 고생하다	123	세례명을 정하다	259
생리통이 있다	123, 124	세상을 떠나다	138
생산하다	167	세수하다	106
생선 내장을 빼다	81	세쌍둥이를 임신하다	180
생선을 손질하다	81	세제를 넣다	73, 76, 108

세제와 섬유 유연제 시트를 구입하다	76	손가락을 빨다	42
세차하다 (다른 사람이)	242	손가락을 빨다(간신히 먹고 살다)	42
세탁 코스를 선택하다	76	손가락을 접다	41
세탁기 문을 닫고 손잡이를 돌려 밀폐하다	76	손가락을 쫙 펴다	41
세탁기를 돌리다	73, 108	손가락질하다 (～를)	41
세탁기를 선택하다	76	손걸레로 닦다	111
세탁기에 빨래를 넣다	73, 76, 108	손등에 입을 맞추다	40
세탁기에서 빨래를 꺼내다	73, 108	손등으로 이마의 땀을 닦다	40
세탁물을 건조기에 넣다	76	손등으로 입을 닦다	40
세탁물을 분류하다	73, 108	손목을 돌리다	38
세탁물을 세탁기에 투입하다	76	손목을 삐다	38, 128
세탁조를 청소하다	108	손목을 잡다	38
세탁하다	73, 108	손바닥을 맞대다 (서로)	40
셀카를 찍다	213	손발이 저리다	125
셀카봉을 이용해 셀카를 찍다	213	손빨래하다	73
셀프 주유하다	242	손세차를 하다(직접)	242
셔츠의 커프스 단추를 채우다	71	손세차하다	110
셔터 스피드를 조정하다	213	손으로 입을 가리다	24
소금에 절이다	82	손으로 턱을 괴다	28
소금에 절인	82	손으로 햇빛을 가리다	39
소리 내어 웃다	31	손을 내리다	38
소매를 걷다	71	손을 내밀다 (～에게)	39
소매에 팔을 넣다	70	손을 넣다 (～에)	39
소매치기를 하다	250	손을 들고	38
소변 검사를 받다	129	손을 들다	38
소변을 보다	107, 123	손을 떨다	40
소비하다	167	손을 비비다	40
소식을 하다	136	손을 빼다 (～에서)	39
소파에 눕다	12	손을 뿌리치다 (～의)	39
소파에 몸을 파묻다	64	손을 씻다	39, 106
소화제를 복용하다	125	손을 움켜쥐다 (～의)	39
속도를 내다	237	손을 잡고	38
속도를 늦추다	237	손을 잡다 (～의)	38
속도위반으로 딱지를 떼다	238	손을 잡다 (두 사람이)	38
손가락 마디를 꺾어서 소리를 내다	42	손을 펴다	39
손가락 하나 까딱하지 않다	42	손을 허리에 대고	40
손가락에 반지를 끼다	41	손을 허리에 대다	40
손가락에서 반지를 빼다	41	손을 호호 불다	40
손가락으로 ～를 가리키다	41	손을 흔들다	39
손가락으로 ～를 만지다	41	손이 떨리다	40
손가락으로 ～의 수를 세다	41	손톱에 네일 스티커를 붙이다	174
손가락을 베이다	42	손톱에 매니큐어를 칠하다	42

손톱에 젤네일을 받다	174
손톱에 젤네일을 붙이다 (직접)	174
손톱으로 긁다[할퀴다]	42
손톱을 (짧게) 깎다	42
손톱을 관리 받다	174
손톱을 깎다	107
손톱을 다듬다	42
손톱을 물어뜯다 (긴장해서)	42
손톱이 부러지다	42
손톱이 빠지다	42
쇼핑을 즐기다	196
수건으로 머리를 감싸다	18
수다 떨다	93
수도 배관을 교체하다	118
수리를 받다	115
수면제를 복용하다	125
수목장을 하다	140
수술 동의서에 서명하다	132
수술 일시를 잡다	132
수술 전 주의 사항을 듣다	132
수술 후 가스를 배출하다	134
수술 후 실밥을 뽑다	134
수술 후 회복실로/일반 병실로 옮겨지다	134
수술 후 회복하다	134
수술실로 옮겨지다	132
수술을 받다	133
수습 기간을 보내다	158
수영하러 가다	200
수채화를 그리다	212
수하물 찾는 곳에서 짐을 찾다	197
수학 학원에 보내다	188
수학여행을 가다	193
수혈을 받다	134
수확하다	165
숟가락 쓰는 훈련을 시키다	185
숟가락으로 ~(음식)를 뜨다	88
숟가락을 사용하다	88
숨은 참조로 ~에게 이메일을 보내다	223
스마트폰 잠금을 풀다	218
스마트폰으로 인터넷에 접속하다	219
스마트폰으로 인터넷을 이용하다	219
스마트폰을 PC와 동기화하다	220
스마트폰을 TV에 미러링하다(스마트폰 화면을 TV로 보다)	220
스마트폰을 무음 모드로 바꾸다	220
스마트폰을 보여 주다 (~에게)	186
스마트폰을 잠그다	218
스마트폰을 진동 모드로 바꾸다	220
스마트폰의 배경화면을 바꾸다	220
스마트폰의 설정을 바꾸다	220
스스로 목숨을 끊다	138
스케이트 타러 가다	200
스케일링을 받다	27
스쿠버 다이빙을 하다	207
스쿼트를 하다	201
스키 타러 가다	200
스킨을 바르다	106
스테이크를 썰다	95
스토킹하다	252
스파게티를 포크에 돌돌 말다	95
스파를 즐기다	206
스팸메일을 영구 삭제하다	224
습식 사우나를 즐기다	206
승무원에게 도움을 청하다	235
승진하다 (~로)	159
승차를 거부하다 (택시 기사가)	232
승합차를 개조해 캠핑카로 만들다	204
승합차를 운전하다	236
시끄럽게 소리 내며 먹다	89
시럽을 추가하다	92
시력 검사를 하다	131
시말서를 제출하다	156
시선[눈길]을 돌리다	21
시신을 매장하다	140
시신을 염습하다	138
시신을 영안실에 안치하다	138
시신을 화장하다	140
시작 버튼을 누르다	76
시장에 출마하다	257
시주하다	262
시험관 시술(체외 수정)을 하다	183
식기세척기를 돌리다	86, 105
식기세척기에 그릇을 넣다	86, 105
식기세척기의 전원을 켜다	86, 105

식료품 장을 보다	112
식물에 물을 주다	109, 110
식물을 키우다	109
식사를 주문하다	94
식사를 하다	87
식욕 억제제를 복용하다	137
식은땀을 흘리다	122
식이 요법을 하다	136
식탁에 수저를 놓다	94
식탁을 차리다	104
식탁을 치우다	104
신발을 벗다	72
신발을 신다	72
신발을 신어 보다	172
신발장을 정리하다	111
신병 훈련을 받다	263
신생아 용품을 구매하다	181
신입사원 교육을 시키다	158
신입사원을 모집하다	158
신입사원을 채용하다	158
신진대사를 촉진하다	137
신체검사를 받다	263
신호를 위반하다	238
신혼여행을 가다	193
실눈을 뜨다	22
실버 버튼 언박싱을 하다	226
실버 버튼을 받다	226
심부름을 시키다 (~에게 …하는)	187
심술부리다	147
심야 영화를 보다	208
심전도 검사를 받다	130
심폐소생술을 실시하다	128
십일조를 내다	261
싱크홀로 피해를 입다 (사람이)	249
싱크홀로 피해를 입다/파괴되다 (지역이)	249

🙏

싸 주다 (음식을)	89
싸우다	149
쌀을 물에 불리다	80

쌀을 씻다	80
쌍둥이를 임신하다	180
썸 타다	150
쓰레기를 내다버리다	112
쓰레기를 분류하다	112
쓰레기통을 비우다	112
씹다	88

⭕

아기 방을 꾸미다	181
아기를 ~에게 맡기다	185
아기를 달래서 재우다	184
아기를 등에 업다	184
아기를 목욕시키다	184
아기를 보행기에 태우다	185
아기를 분만실에서 신생아실로 옮기다	181
아기를 안다	184
아기를 유모차에 태우다	184
아기를 재우다	184
아기를 침대에 누이다	184
아기를 트림시키다	184
아기와 눈을 맞추다	185
아기에게 자장가를 불러 주다	184
아동을 학대하다	253
아르바이트를 하다	167
아부하다	43, 148
아이 건강 검진을 받게 하다	186
아이가 생기지 않다	182
아이를 갖다	180
아이쇼핑하다	172
아이에게 예방 접종을 시키다	186
아이의 선생님과 상담하다	186
아첨하다	148
아침 식사를 하다	104
아침을 먹다	87
아파트 베란다에서 추락하다	247
아프다	124
악기 연주법을 배우다	211
악기를 연주하다	211
악수하다	38

약을 쓰다	147	양념한	82
악플을 달다	225	양말의 구멍을 꿰매다	75
안대를 하다 (수면용)	100	양수가 터졌다	181
안심번호를 사용하다	175	양식을 하다	166
안전 운전을 하다	238	양어장을 하다	166
안전 점검을 하다	162	양육 수당을 받다	186
안전거리를 유지하다	237	양육 수당을 신청하다	186
안전띠를 매다/풀다	236	양치질을 하다	27
안전띠를 착용하고 있다	236	양치질하다	106
안절부절못하다	61	양팔을 내리다	35
안쪽 차선으로 주행하다	237	양팔을 들다	35
알람을 끄다	101	양팔을 앞으로 뻗다	35
알람을 맞추다 (~시로)	100	얕보다	148
알약을 복용하다	125	어구를 손질하다	166
암벽 등반을 하다	202	어깨가 결리다[뻐근하다]	124
앙코르를 청하다	211	어깨동무를 하고	34
앞광고를 하다	226	어깨동무를 하다	34
앞접시[개인접시]를 부탁하다	95	어깨를 감싸 안다	34
앞치마를 두르다	86	어깨를 나란히 하고 서다	34
액세서리를 착용해 보다	172	어깨를 나란히 하다 (비유적)	34
앱으로 택시를 호출하다	232	어깨를 들썩거리다	34
앱을 검색하다	219	어깨를 움츠리다	34
앱을 깔다[설치하다]	219	어깨를 으쓱하다	34
앱을 다운로드하다	219	어깨를 주무르다	34
앱을 사용하다	219	어깨를 토닥이다	34
앱을 삭제하다	219	어깨를 펴다	34
앱을 업데이트하다	219	어깨에 ~를 둘러매다	34
야간 등산을 하다	202	어깨에 걸치다	72
야간 훈련을 하다	264	어린이집에 보내다	186
야구 경기를 보다	200	어선을 정박하다	166
야구 경기를 보러 가다	200	어울려 다니다	149
야구를 하다	200	억지로 삼키다	89
야식을 먹다	87	얼굴을 붉히다	31
야호라고 외치다	203	얼굴을 찡그리다	31
약을 복용하다	125, 135	엄지척을 하다	41
약을 복용하다 (특정 약을)	125	업무 보고를 하다	154
약한 불로 끓이다	82	업무를 인계하다	163
약혼하다	151	업무를 할당하다	154
얇게 썰다	81	업무상 기밀을 누설하다	251
양념에 재워 두다	82	업무상 재해를 입다	163
양념에 재워 둔	82	엉덩이를 (자리에서) 떼다	48
양념하다	82	엉덩이를 긁다	48

엉덩이를 까다 (바지를 내리다)	48	연봉 협상을 하다	157
엉덩이를 뒤로 빼다	48	연쇄 살인범	253
엉덩이를 들썩거리다	48	연쇄살인을 저지르다	253
엉덩이를 실룩거리다	48	연차 휴가를 내다	156
엉덩이를 찰싹 때리다	48	열광하다	146
엉덩이를 토닥거리다	48	열차가 탈선하다	246
엉덩이를 흔들다	48	열차를 놓치다	230
엉덩이의 먼지를 털다	48	열차를 잡다	230
엎드려서	45	염색하다 (직접)	107
엎드리다	45, 60	염주를 돌리며 기도하다	262
에어 샤워를 하다	162	엽산을 복용하다	180
에어 필터를 교환하다	243	영상통화를 하다	218
에어비앤비를 예약하다	194	영성체를 하다	259
에어비앤비에 묵다	195	영수증을 받다	232
에어컨을 세게 틀다(온도를 내리다)	114	영어 학원에 보내다	188
에어컨을 약하게 틀다(온도를 올리다)	114	영업을 끝내다 (매일 저녁)	160
에어컨을 점검하다	243	영업을 시작하다 (매일 아침)	160
에어컨을 켜다/끄다	114	영정(사진)을 들다	140
에어프라이어로 ~를 만들다	85, 114	영창에 가다	265
엔딩 크레딧을 끝까지 보다	210	영화 상영 전 광고를 보다	210
엔진오일을 교환하다	243	영화 시사회에 참석하다	209
엔진오일을 점검하다	243	영화 시사회에 초대받다	209
여권과 항공권을 제시하다	172	영화가 개봉되다, 영화를 개봉하다	208
여럿이 나눠서 내다	96	영화를 보다	103, 208
여론조사를 하다	257	영화를 보러 가다	208
여론조사에 응하다	257	영화를 보며 음료를 마시다	210
여름휴가를 가다	156	영화를 보며 팝콘을 먹다	210
여분의 접시를 부탁하다	95	영화제에 가다	209
여자 쪽이 불임이다	182	영화표를 예매하다	208
여행 가다	192	옆으로 누워서 자다	100
여행 경로를 정하다	194	예방 접종을 하다	131
여행 계획을 세우다	194	예배에 참석하다	260
여행 사진과 후기를 SNS/블로그에 올리다	197	예불을 드리다	262
여행 짐을 꾸리다	192	오븐에 고기를 굽다	85
여행을 가다 (~박 …일)	192	오븐에 빵을 굽다	85
여행을 마치고 돌아오다	197	오션뷰를 감상하다	206
역기를 들어 올리다	201	오이 피클을 만들다	82
연고를 바르다	126	오줌을 누다	107, 123
연극을 보다	208	오토바이를 타다	233
연극을 보러 가다	208	옥상을 방수 처리하다	117
연극표를 예매하다	208	온라인 쇼핑을 하다	175
연등에 불을 밝히다	262	온라인으로 미사를 드리다	258

온라인으로 영화를 예매하다	208	원푸드 다이어트를 하다	136
온라인으로 예배를 드리다	260	월급을 받다	157
온찜질하다	127	웹사이트를 즐겨찾기 하다	222
옷깃을 세우다	71	웹사이트를 해킹하다	222
옷을 갈아입다	72	웹사이트에 가입하다	221
옷을 껴입다	72	웹사이트에 로그인하다	222
옷을 벗다	70	웹사이트에 접속하다	221
옷을 수선하다	75	웹사이트에서 로그아웃하다	222
옷을 입다	70, 101	웹사이트에서 탈퇴하다	221
옷을 입어 보다	172	위 내시경 검사를 받다	131
옷을 직접 만들다	75	위로하다	148
옷을 차려입다	65	위문편지를 받다	265
옷을 털다 (세탁기에서 꺼낸)	73	윗몸일으키기를 하다	201
옷장을 정리하다	111	윙크하다	22, 31
와이파이를 검색하다	220	유격 훈련을 하다	265
와이퍼를 교환하다	243	유골을 납골당에 안치하다	140
와인 리스트를 부탁하다	94	유골을 뿌리다	140
외상후스트레스증후군(PTSD)에 시달리다	247	유골함을 들다	140
요가를 하다	103, 201	유괴하다	253
요리하다	104	유기견을 입양하다	214
요요 현상이 오다	137	유기묘를 입양하다	214
요통이 있다	124	유방 X선 촬영을 하다	130
욕실 청소를 하다	107, 111	유방 초음파 검사를 받다	130
욕실 타일을 교체하다	118	유산소 운동을 하다	137, 201
욕조를 뜯어내고 샤워부스를 설치하다	118	유산하다	182
욕조를 설치하다	118	유죄 판결을 받다	254
욕조를 청소하다	107	유치원에 보내다	186
욕조에 물을 받다	106	유통시키다	167
욕조에서 반신욕을 하다	206	유튜브 동영상을 보다	227
욕하다	147	유튜브 라이브 방송을 보다	227
용종을 떼어내다	131	유튜브 라이브 방송을 진행하다	226
우는 아기를 달래다	184	유튜브 영상/음악을 다운로드하다	198
우물거리다	88	유튜브 영상에 '좋아요'를 누르다	198, 227
우버 택시를 부르다	232	유튜브 영상에 댓글을 달다	227
우회전하다	236	유튜브 영상을 공유하다	227
운동하다	137	유튜브 영상을 보다	198
운전 연수를 받다	236	유튜브 영상을 보여 주다 (~에게)	186
운전면허증을 갱신하다	236	유튜브 음악을/영상을 다운로드하다	227
운전면허증을 따다	236	유튜브 채널을 개설하다	199, 226
운전을 배우다	236	유튜브 채널을 구독하다	198, 227
웅크리다	62	유튜브를 보다	103
워셔액을 보충하다	243	유튜브에 영상을 올리다	226

유튜브에 올릴 영상을 촬영하다/제작하다	199, 226	의자에 등을 기대고 앉다	61
유튜브에 올릴 영상을 편집하다	199, 226	이간질하다 (~ 사이를)	149
유튜브에서 ~를 차단하다	227	이를 갈다	27
유튜브에서 광고를 건너뛰다	227	이를 교정하다	27
유튜브에서 라이브 방송을 보다	198	이를 닦다	27
유튜브에서 라이브 방송을 하다	198	이를 드러내며 웃다	31
유튜브에서 음원을 추출하다	227	이를 뽑다	27
유화를 그리다	212	이를 쑤시다 (이쑤시개로)	27
육군에 입대하다	263	이를 악물다	27
육아 휴직 중이다	185	이를 치료하다	27
육아 휴직을 하다	185	이름을 부르다	160
육아를 전담하다	185	이마를 두드리다	20
육아책을 읽다	189	이마를 맞대(고 의논하)다	20
으깨다	83	이마를 짚어 보다 (열이 있는지)	20
은퇴하다	159	이마를 찡그리다	20
은행에 예금하다	167	이마를 탁 치다	20
음료 값을 계산하다	92	이마의 땀을 닦다	20
음료 서비스를 받다	235	이메일 계정 환경을 설정하다	224
음료를 주문하다	92	이메일 계정에 로그인하다	223
음식 사진을 찍다	95	이메일 계정에서 로그아웃하다	223
음식값을 계산하다	96	이메일 계정을 만들다	223
음식물 쓰레기를 처리하다	105	이메일 계정을 삭제하다	224
음식에 관해 불평하다	95	이메일 계정이 휴면 계정으로 바뀌다	224
음식에서 머리카락을 발견하다	95	이메일에 답장을 보내대[하다]	155, 223
음식을 권하다	87	이메일에 파일을 첨부하다	223
음식을 나눠 먹다	87	이메일을 나에게 보내다	223
음식을 덜어 먹다	87	이메일을 미리 보기하다	224
음식을 만들다	104	이메일을 백업하다	224
음식을 추가로 주문하다	95	이메일을 보내다	155, 223
음식을 포장 주문하다	96	이메일을 삭제하다	224
음식을 흘리다	95	이메일을 스팸 처리하다	224
음악을 듣다	211	이메일을 쓰다	223
음주 단속에 걸리다	240	이메일을 임시 저장하다	224
음주 운전	240	이메일을 전달하다	223
음주 운전으로 체포되다	240	이메일을 확인하다	155
음주 운전을 하다	240, 251	이부자리를 개다	101
음주 측정기를 불다	240	이불을 덮다	101
음주 측정을 거부하다	240	이불을 차다 (자면서)	101
응급 치료를 받다	128	이앙기를 사용하다	164
응급실에 실려 가다	247	이에 금을 씌우다	27
의료 사고가 발생하다	247	이유식을 만들다	185
의심의 눈초리로 보다	21	이자를 받다	167

이직하다	159	
이혼 소송을 제기하다 (~에게)	254	
이혼하다 (~와)	151	
익사하다	247	
인공 호흡을 하다	128	
인공수정을 하다	183	
인덕션을 켜다/끄다	113	
인덕션의 온도를 조절하다	113	
인스타그램 계정을 만들다	225	
인스타그램 계정이 있다	225	
인스타그램에 ~를 올리다	225	
인스타그램에 가입하다	225	
인스타그램에서 ~를 차단하다	227	
인스타그램에서 ~를 팔로우하다	225	
인스타그램을 이용하다	225	
인신매매하다	253	
인터넷 게임을 하다	222	
인터넷 뱅킹을 사용하다	222	
인터넷 서핑을 하다	103	
인터넷[온라인] 쇼핑을 하다	222	
인터넷에 접속하다	221	
인터넷을 깔다[설치하다]	221	
인터넷을 서핑하다	221	
일어나다	60	
일주일치 식단을 짜다	112	
일회용 교통카드 보증금을 환급받다	230	
일회용 교통카드를 구입하다	230	
임산부 배려석에 앉다	231	
임신 ~주/개월이다	180	
임신 테스트를 하다	180	
임신성 고혈압에 걸리다	180	
임신성 당뇨병에 걸리다	180	
임신하다	180	
입관하다	139	
입구에서 표를 확인받다	210	
입대하다	263	
입덧을 하다	180	
입마개를 하다 (개가)	215	
입맛을 다시다	25	
입술에 ~를 바르다	25	
입술에 손가락을 갖다 대다 (입을 다물라는 신호)	25	
입술을 깨물다	25	

입술을 삐죽 내밀다	25	
입술을 오므리다	25	
입술을 핥다	25	
입술이 떨리다, 입술을 떨다	25	
입술이 트다[갈라지다]	124	
입원 수속을 하다	132	
입원 중이다	132	
입원하다	132	
입을 꼭[굳게] 다물다	24	
입을 다물다	24	
입을 닦다	24	
입을 맞추다 (말을 맞추다)	24	
입을 맞추다 (뽀뽀하다)	24	
입을 벌리다, 입을 열다 (말하다, 이야기를 꺼내다)	24	
입을 오물거리다	24	
입을 옷을 고르다	72	
입을 크게 벌리다	24	

ᄌ

자궁 경부암 검사를 받다	130	
자기 몸을 돌보다	64	
자대 배치를 받다	263	
자동 세차를 하다	242	
자동차로 가다	194	
자동차를 운전하다	236	
자동차를 카페리에 싣다	235	
자르다	81	
자리를 양보하다	231	
자리를 예약하다	94	
자리를 잡다 (카페 등에서)	93	
자리에 앉다	210	
자리에서 일어나다	60	
자면서 몸을 뒤척이다	100	
자면서 이를 갈다	100	
자살폭탄 테러를 하다	253	
자살하다	138	
자세를 바로 하다	61	
자연 임신을 시도하다	183	
자연 재해를 겪다 (사람이)	248	
자연 재해를 입다 (지역이)	248	

자연분만하다	181	재활용 쓰레기를 분리(배출)하다	112
자전거를 타다	233	저녁 식사를 하다	104
작업복으로 갈아입다	162	저녁을 굶다	136
작품을 감상하다	212	저녁을 먹다	87
잔디를 깎다	110	저탄고지 다이어트를 하다	136
잔업을 하다	163	적기 교육을 시키다	188
잔에 물을 따르다	94	적성을 찾게 도와주다	188
잘 자라고 인사하다 (~에게)	100	전광판에서 번호를 확인하다	92
잘게 썰다	81	전구를 갈다	119
잘난 체하다	148	전기주전자로 물을 끓이다	86, 114
잘못된 주문을 처리하다	160	전도하다	261
잠 못 들고 뒤척이다	100	전동 킥보드를 타다	233
잠꼬대를 하다	100	전등을 켜다/끄다	113
잠들다	100	전문가용 카메라를 구입하다	213
잠에서 깨다	60, 101	전문성[직무 능력]을 개발하다	158
잠옷을 입다/벗다	101	전시품을 감상하다	212
잠을 못 자고 뒤척이다	60	전시회 관람 예약을 하다	212
잠을 자다	100	전신 화상을 입다	247
잠자리에 들다	100	전자레인지에 ~를 데우다	85, 114
잠자리에서 일어나다	101	전자발찌를 차다	55
잡은 해산물을 나누다/저장하다	166	전학시키다	189
잡초를 뽑다	110, 165	전화기를 고속 충전하다	220
장갑을 끼다	72	전화기를 충전하다	220
장갑을 벗다	72	전화로 음식을 주문하다	96
장갑을 착용하다	162	전화를 걸다	218
장례식을 하다	139	전화를 돌려주다	155
장바구니에 넣다	175	전화를 받다	155, 161, 218
장바구니에 담다	170	절약하다	44
장보기 목록을 작성하다	112	절에 다니다	258
장사하다	167	절을 하다	262
장을 보다	112	점심 식사를 하다	104
장판을 새로 깔다	118	점심을 먹다	87
재난 지역에서 구호 활동을 하다	265	점호하다	263
재봉틀로 ~를 박다	75	접촉사고가 나다	246
재봉틀을 사용하다	75	접촉사고를 내다	241
재생 속도를 1.25/1.5배속으로 하다	227	젓가락 쓰는 훈련을 시키다	185
재선 불출마하다	257	젓가락으로 ~(음식)를 집다	88
재선거를 실시하다	256	젓가락을 사용하다	88
재직증명서를 떼다	158	젓다	83
재채기하다	122	정강이가 까지다	53
재판하다	254	정강이를 부딪치다	53
재활용 쓰레기를 내다버리다	112	정강이를 차다	53

정기 검진을 받다	131	종교를 믿다	258
정맥[링거] 주사를 맞다	135	종아리를 때리다	53
정물화를 그리다	212	종아리를 마사지하다	53
정미소에서 쌀을 도정하다	164	종아리를 맞다	53
정부로부터 출산 축하금을 받다	182	종업원을 부르다	94
정수기로 물을 받다	114	좋아하다	150
정원에 잔디를 깔다	110	좋은 습관을 길러 주다	187
정자 은행에서 받은 정자를 사용하다	183	좌석을 찾아서 앉다	235
젖을[모유를] 먹이다	184	좌회전하다	236
제대하다	265	주걱으로 밥을 푸다	87
제동을 걸다	237	주먹으로 책상을 내리치다	147
제사를 지내다	141	주먹을 쥐다	39
제습기를 틀다/끄다	115	주문 내역을 조회하다	176
제왕절개로 낳다	181	주문을 받다	160
제품 촬영을 하다	213	주문하다 (…에서 ~를)	175
제품을 검수하다	162	주문한 음료를 받다	92
제품을 비교하다	175	주방 저울로 ~의 무게를 달다	86
제한 속도를 지키다	237	주방 후드를 켜다	86, 105
제휴 카드로 할인받다	171	주방 후드를 켜다/끄다	113
젤네일을 제거하다	174	주사를 맞다	131
조각품을 감상하다	212	주식에 투자하다	167
조기 유학을 보내다	189	주유구를 열다	242
조깅하러 가다	200	주유하다	242
조난을 당하다	203	주일학교 선생님을 하다	261
조문객을 맞이하다	139	주전자로 물을 끓이다	86
조문하다	139	주차장에서 차를 빼다	110
조산하다	182	주차하다	110, 238
조식 뷔페를 먹다	206	죽다	138
조업을 나가다	166	준비 운동을 하다	62, 201
조업을 마치고 복귀하다	166	줄 서서 기다리다	94
조의 화환을 보내다	139	즙을 짜다	81
조의금을 전달하다	139	증언하다	254
조의를 표하다	139	지껄이다	26
조조 영화를 보다	208	지능 검사를 받게 하다	189
조직 검사를 받다	131	지문을 인식하여 스마트폰의 잠금을 풀다	219
조회수가 ~회를 돌파하다	226	지방흡입술을 받다	137
족욕을 하다	54	지붕을 방수 처리하다	117
졸리다	123	지압을 받다	127
졸업 여행을 가다	193	지자체장 선거를 실시하다	256
졸음 운전	239	지정 차로로 달리다	237
졸음 운전을 하다	239	지진으로/지진 해일로 피해를 입다 (사람이)	249
졸음이 쏟아지다	123	지진으로/지진 해일로 피해를 입다 (사물이)	249

지진으로/지진 해일로 피해를 입다/파괴되다/
황폐화되다 (지역이)   249

지퍼를 내리다[열다]   70

지퍼를 올리다   70

지폐를 동전으로 교환하다   76

지폐를 위조하다 (~짜리)   250

지하철 개찰구를 통과하다   231

지하철 노선도를 확인하다   231

지하철 시간표를 확인하다   231

지하철로 ~에 가다   230

지하철에 물건을 두고 내리다   231

지하철에 오르다   230

지하철에서 내리다   230

지하철에서 자리를 잡다   231

지하철에서 화재가 발생하다   246

지하철을 타다   230

지혈하다   127

직진하다   236

직화로 굽다   83

진공청소기로 차량 내부를 청소하다   243

진단받다 (~라고)   131

진동벨이 울리다   92

진료를 받다   129

진통 중이다   181

진통이 ~분 간격으로 있다   181

진통이 있다   181

진통제를 복용하다   125

질투하다   148

짐을 부치다   234

짐을 좌석 위 짐칸에 넣다   235

짐을 좌석 위 짐칸에서 내리다   235

집수리 견적서를 받다   116

집안일을 시키다   187

집에 단열 공사를 하다   117

집을 개조하다   116

집을 수리하다[보수하다]   116

집을 청소하다   111

집의 인테리어를 새로 하다(도배, 페인트칠 등을 새로
하다)   116

집행유예를 선고 받다   255

ㅉ

짜증내다   147

쩝쩝거리다   89

쭈그리고 앉다   62

찌다   82

ㅊ

차가 펑크 나다   241

차고 문을 열다/닫다   110

차다 (애인을)   151

차를 점검하다   242

차박을 하러 가다   204

차선을 바꾸다   236

차양을 치다   204

차에 치이다   246

차에 휘발유를 가득 채우다   242

찬물로 목욕하다   63

찬물로 샤워하다   63

찬송가를 부르다   260

찬장에 넣다   80

참조로 ~에게 이메일을 보내다   223

창고에 ~를 넣다   109

창고에 ~를 쌓아 두다   109

창고에 물건을 보관하다   109

창고에서 ~를 꺼내다   109

창밖을 내다보다   12

창틀을[새시를] 교체하다   118

창틀의 먼지를 닦다   111

채널을 이리저리 돌리다   198

채소를 다듬다[손질하다]   80

채소를 데치다   82

채소를 따다   110

채소를 씻다   80

채소를 키우다   109

채소에 물을 주다   109, 110

채썰다   81

채혈하다   129

책상다리를 하고 앉다   49

책상에 엎드리다   61

책을 읽다	12	치통이 있다	124
책을 읽어 주다	186	치팅 데이를 갖다	137
처방받다	131	친해지다	149
철분제를 복용하다	180	침낭에서 자다	204
청력 검사를 하다	131	침낭을 말다	204
청소기를 돌리다	111	침낭을 펴다	204
청소기를 충전하다	111	침대 시트를 갈다	101
청혼하다	151	침대를 정리하다	101
체에 ~를 거르다	86	침대에서 떨어지다 (자다가)	101
체온을 재다	129	침대에서 벌떡 일어나다	60
체육관[헬스클럽]에 가다	201	침을 맞다	127
체중을 감량하다	136	칭얼대는 아기를 달래다	184
체지방을 줄이다	137	칭찬하다	146, 187
체크아웃하다	195		
체크인하다	195		
체포되다	250	**ㅋ**	
초과 근무 수당을 받다	156		
초과 근무를 하다	156	카탈로그를 구입하다	212
초등학교에 보내다	186	카트에 담다	170
초상화를 그리다	212	칼로 ~(음식)를 자르다	88
초음파 검사를 받다	130	캐리커처를 그리다	212
초음파 검사를 하다	180	캠핑을 가다	204
초점을 잡다	213	캠핑카를 구입하다	204
촛불을 밝히다	262	캠핑카를 렌트하다	204
추모제를[추도식을] 열다	141	캣타워를 만들다	215
추월하다	237	캣타워를 조립하다	215
축구 경기를 보다	200	커튼콜을 외치다	210
축구 경기를 보러 가다	200	커피 메이커로 커피를 내리다	86
축구를 하다	200	커피를 내리다	104
출국 수속을 하다	234	커피를 마시며	93
출근 카드를 찍다	154	컬러링북에 색칠하다	212
출근하다	154	컴퓨터로 글을 쓰다	103
출사를 나가다	213	컴퓨터를 켜다/끄다	113
출산 예정이다	181	코가 막히다	124
출산하다	181	코를 골다	23, 100
출장을 가다 (~로)	155	코를 긁다	23
치간 칫솔을 쓰다	106	코를 박고 있다	23
치간칫솔질을 하다	27	코를 벌름거리다 (화가 나서)	23
치료를 받다	129	코를 찡그리다	31
치료받다	126	코를 킁킁하다	23
치마를 골반에 걸치다	48	코를 파다[후비다]	23
치실질을 하다	27, 106	코를 풀다	23

코를[콧물을] 닦다	23	턱을 들다	28
콘서트[연주회] 표를 예매하다	211	턱을 만지다	28
콘서트[연주회]에 가다	211	턱을 쓰다듬다	28
콜센터에 전화하다	161	턱을 아래로 당기다	28
콧물을 흘리다	122	텃밭에 비료를 주다	110
콩 농사를 짓다	164	텃밭에 채소를 기르다	110
쿠키 찍는 틀을 사용하다	84	테니스를 치다	200
크루즈 여행을 하다	192	테러를 저지르다	253
크림을 바르다	106	테이크아웃하다	93
큰 박수를 보내다 (~에게)	210	텐트 밖으로 나오다	204
큰코다치다	23	텐트 안으로 들어가다	204
키오스크에서 주문하다	92	텐트를 걷다	204
킥킥[키득]거리다	31	텐트를 치다	204
		토막 내다	81
		토스트를 굽다	85
ㅌ		통근버스를 타고 출퇴근하다	162
		통근하다	154
타이어를 점검하다/교환하다	243	통제하다	187
탁구를 치다	200	통증을 견디다	124
탁자로 몸을 굽히다	61	통증이 있다	124
탈영하다	265	통화 내용을 녹음하다	161
탕에 몸을 담그다	63	통화하다	218
태교로 ~를 하다	181	퇴근 카드를 찍다	154
태아 염색체 검사를 받다	180	퇴근하다	154
태우다 (~를)	238	퇴사하다	159
태풍으로 피해를 입다 (사람이)	248	퇴원 수속을 밟다	135
태풍으로 피해를 입다 (사물이)	248	퇴원하다	135
태풍으로 피해를 입다/파괴되다/황폐화되다 (지역이)	248	퇴직하다	159
택시 기사가 미터기를 끄다	232	투자하다 (~에)	167
택시 기사가 미터기를 누르다	232	투표 용지를 투표함에 넣다	256
택시 요금 야간 할증료를 내다	232	투표 용지에 기표하다	256
택시 요금을 지불하다 (신용카드로/현금으로)	232	투표 인증 사진을 찍다	256
택시로 ~에 가다	230	투표에 기권하다	256
택시를 잡다	232	투표하다	256
택시를 타다	230	투표하다 (~(후보)에게)	256
택시를 호출하다	232	튕기다	150
택시에 물건을 두고 내리다	231	트랙터로 땅을 갈아엎다	164
택시에 오르다	230	트럭을 운전하다	236
택시에서 내리다	230	트림하다	122
탯줄을 자르다	181	트위터 계정을 만들다	225
턱받이를 해 주다	185	트위터 계정이 있다	225
턱을 내밀다	28	트위터를 이용하다	225

트위터에 ~를 올리다	225	팩스를 보내다/받다	155
트위터에 가입하다	225	페리를 예약하다	235
트위터에서 ~를 차단하다	227	페이스북 계정을 만들다	225
트위터에서 ~를 팔로우하다	225	페이스북 계정이 있다	225
트윗하다	225	페이스북에 ~를 올리다	225
특근을 하다	163	페이스북에 가입하다	225
틀어박혀 있다	148	페이스북에서 ~를 차단하다	227
		페이스북에서 ~를 팔로우하다	225
		페이스북을 이용하다	225
ㅍ		펴 바르다 (버터, 잼 등을)	84
		폐가전제품 수거를 신청하다	115
파업하다	163	폐차하다	242
파워 워킹을 하다	201	포니테일 머리를 하다	19
파일을 공유하다	222	포인트(적립금)을 사용하다	175
파종하다	165	포인트를 적립하다	160, 171
판결을 내리다	254	포장해 주다	160
판매자에게 문의 글을 남기다	176	포크로 ~(음식)를 찍다	88
판매하다	167	포크를 사용하다	88
팔꿈치로 찌르다	37	포털 사이트에서 정보를 검색하다	221
팔꿈치로 헤치고 가다	37	폭발 사고가 일어나다	246
팔꿈치를 ~에 올려놓고	37	폭설로 피해를 입다 (사람이)	248
팔꿈치를 ~에 올려놓다	37	폭설로 피해를 입다 (지역이)	248
팔에 매달리다	36	폭염으로 피해를 입다 (사람이)	248
팔을 구부려 알통을 만들다	35	폭염으로 피해를 입다 (지역이)	248
팔을 구부리다	35	폭우로 피해를 입다 (사람이)	248
팔을 벌리고	35	폭우로 피해를 입다 (사물이)	248
팔을 벌리다	35	폭우로 피해를 입다/파괴되다/황폐화되다 (지역이)	248
팔을 베고 옆으로 눕다	35	폭행하다	252
팔을 비틀다 (~의)	36	표백하다	74
팔을 뻗다	35	표절하다	251
팔을 뿌리치다	36	풀을 먹이다 (~(옷)에)	74
팔을 잡다	36	품을 줄이다 (남에게 의뢰)	75
팔을 잡아끌다	36	품을 줄이다 (직접)	75
팔을 휘두르다	35	풍경화를 그리다	212
팔을[소매를] 걷어붙이다	35	프레젠테이션을 하다	154
팔짱을 끼고[낀 채] (타인과)	36	프린터로 출력하다	155
팔짱을 끼고[낀 채] (혼자)	36	플랭크를 하다	201
팔짱을 끼다 (타인과)	36	피가 나다	126
팔짱을 끼다 (혼자)	36	피아노 연주법을 배우다	211
팔찌를 하다	72	피아노 학원을 보내다	188
패키지여행을 하다	192	피아노를 연주하다	12, 211
패턴을 입력하여 스마트폰의 잠금을 풀다	219	필라테스를 하다	201

필름 카메라로 사진을 찍다	213
필요한 후속 조치를 취하다	161

ㅎ

하계 훈련을 하다	265
하고 싶은 말을 참다	26
하산하다	203
하염없이 울다	147
하우스에서 재배하다	165
하이킹하러 가다	200
하이파이브를 하다	40
하품하다	101, 122
학부모 참관 수업에 참여하다	189
학원에 보내다	188
한 다리로 서다	50
한 발로 균형을 잡다	60
한 발로 서다	60
한약으로 살을 빼다	136
한쪽 무릎을 꿇다	52
한파로 고생하다 (사람이)	248
한파로 고생하다 (지역이)	248
할인 쿠폰을 적용하다	175
합장하다	39, 262
항공 방제(농약 공중 살포)를 하다	164
항공권을 예매하다	234
항생제를 복용하다	125
해고당하다	159
해군에 입대하다	263
해동하다	80
해병대에 입대하다	263
해산물을 어시장에서 경매하다	166
해수욕을 가다	207
해수욕을 하다(바다에서 수영을 하다)	207
해외 출장을 가다	155
해외여행을 하다	192
행군하다	264
행주로 식탁을 닦다	86
향을 피우다	262
허겁지겁 먹다	89
허리[상체]를 뒤로 젖히다	43

허리가 아프다	44
허리띠를 졸라매다	44
허리띠를 채우다	70
허리띠를 풀다	70
허리띠를 하다	44
허리를 굽실거리다	43
허리를 굽히다	43
허리를 다치다	44
허리를 뒤틀다	44
허리를 삐다	44
허리를 펴다	43
허벅지를 꼬집다 (꿈인지 생시인지 믿기지 않아)	51
허벅지를 꼬집다 (자신의)	51
허벅지를 때리다 (남의)	51
허벅지를 쓰다듬다 (남의)	51
헌금을 내다	260
헤어드라이어로 머리를 말리다	115
헤어지다	150
혀로 한쪽 볼을 부풀리다	29
혀를 굴리다	26
혀를 깨물다	26
혀를 날름거리다	26
혀를 내밀다	26
혀를 놀리다	26
혀를 빼물고	26
혀를 빼물다 (강아지 등이)	26
혀를 차다	26
현장 시찰단을 안내하다	163
현장 학습에 보내다	189
혈압을 재다	129
혈압이 내려가다	123
혈압이 올라가다	123
혈액 검사를 받다	129
형광등을 LED등으로 교체하다	119
형사 소송을 제기하다 (~를 대상으로) 민	254
형을 선고 받다 (~년)	255
형을 선고하다	255
호스텔에 묵다	195
호스텔을 예약하다	194
호캉스를 가다	205
호캉스를 하다	205
호텔 바에서 칵테일을 마시다	205

호텔 뷔페를 이용하다	195
호텔 뷔페에서 먹다	195
호텔 수영장에서 수영하다	205
호텔 피트니스 센터를 이용하다	205
호텔방을 예약하다	194
호텔에 묵다	195
호텔에 체크인하다	205
호텔에서 체크아웃하다	205
혼내다	147, 187
혼수상태에 빠지다	134
홍수로 피해를 입다 (사람이)	248
홍수로 피해를 입다 (사물이)	248
홍수로 피해를 입다/파괴되다/황폐화되다 (지역이)	248
화내다	147
화를 내다	187
화를 벌컥 내다	147
화산 폭발로 피해를 입다 (사람이)	249
화산 폭발로 피해를 입다/파괴되다 (지역이)	249
화상을 입다	247
화장실을 이용하다	93, 96
화장을 지우다	107
화장하다	107
화재가 발생하다	246
화해를 청하다	149
화해하다	149, 150
환대하다	146
환불받다	176
환호하다	146, 211
환호하며 맞이하다	146
환호하며 박수 치다	146
황사로 고생하다 (사람이)	249
황사로 고생하다 (지역이)	249
회복하다	64
회사 인트라넷에 접속하다	155
회사에 지각하다	156
회사에서 이메일 계정을 받다	223
(동료들과) 회식을 하다	157
회의하다	154
횡령하다	250
후기를 작성하다	176
후보자로 등록하다	257
후보자를 지지하다	257
후임자에게 업무/책무를 설명하다	159
후임자에게 업무/책무를 인계하다	159
후진하다	236
훌쩍이다 (코를)	23
훔치다	250
휘저어 거품을 내다 (달걀 등을)	83
휠 얼라인먼트를 받다	243
휴가 중이다	265
휴가를 나오다	265
휴가를 내다	156
휴게소[졸음 쉼터]에서 잠깐 자다	239
휴대폰을 끄다	210
휴대폰을 진동/무음 모드로 하다	210
휴식 시간을 갖다	163
휴식을 취하다	12
휴일에 근무하다	156
휴지걸이에 새 휴지를 걸다	107
휴지통을 비우다	224
흉터가 남다	128
흑백 사진을 찍다	213
흑흑 흐느껴 울다	31
흘낏 보다	21
흰 빨랫감과 색깔 있는 빨랫감을 분리하다	73, 108
흰머리를 뽑다	18

기타

(TV) 채널을 ~로 돌리다	113
100일을 축하하다	186
108배를 하다	262
1도 화상을 입다	247
1일 1식 다이어트를 하다	136
1일 1식을 하다	136
2교대로 일하다	162
2도 화상을 입다	247
2층 버스를 타다	230
3교대로 일하다	162
3도 화상을 입다	247
A/S(애프터서비스)를 받다	115
A/S(애프터서비스)를 신청하다	115
A를 B로 교환하다	176

A에게 B의 죽음을 알리다   138

A에게서 B를 훔치다   250

A에서 B로 환승하다   231

B형 간염 검사를 받다   131

CT 촬영을 하다   131

DM을 보내다/받다   225

ID와 비밀번호를 입력하다   222

IPTV로 영화를 보다   209

IPTV에서 영화를 보다   198

LED등으로 교체하다   119

MRI 검사를 받다   131

PT를 받다   201

P턴하다   236

QR코드를 찍다   93, 96

QT 시간을 갖다   261

SNS를 하다   103

TV를 보다   103, 198

TV를 보여 주다 (~에게)   186

TV를 켜다/끄다   113

TV의 볼륨을 키우다/줄이다   113

U턴하다   236

VOD로 TV 방송을 보다   198

X선 검사를 받다   129

ÍNDICE 색인 찾아보기

스페인어 인덱스

A

abortar	182
abotonarse	70
abrazar el hombro	34
abrigarse	72
abrir el saco de dormir	204
abrir la boca ampliamente	24
abrir la boca para decir algo	24
abrir la mano	39
abrir la tapa del tanque de gasolina	242
abrir la tienda [negocio]	160
abrir las piernas	49
abrir los brazos	35
abrir los ojos	21
abrir un canal de YouTube	199, 226
abrir/cerrar la puerta del estacionamiento	110
abrir/cerrar la puerta del refrigerador	113
abrocharse de ~	70
abrocharse/desabrocharse el cinturón de seguridad	236
abrocharse[ponerse] el cinturón	70
abstenerse de votar	256

abusar [maltratar] de un anciano	253
abusar [maltratar] de un animal	253
abusar [maltratar] de un niño	253
acariciar la barbilla	28
acariciar la cabeza de alguien	17
acariciar la mejilla [de alguien]	29
acariciar[tocar] la pierna de alguien	51
acceder a Internet con el teléfono inteligente	219
acceder a la intranet de la empresa	155
acceder al sitio web	221
acelerar	237
aclarar la garganta	30
acercarse (a ~)	149
aconsejar	187
acortar[ajustar] el ancho[pecho] de la ropa	75
acortar[ajustar] el largo del pantalón/ de la falda/de la manga	75
acosar	252
acostado	45
acostar al bebé en la cama	184
acostarse	60
acostarse boca abajo	45, 60
acostarse boca arriba	60

acostarse con el brazo debajo de la cabeza 35

acostarse de lado[costado] 60

acostarse en el regazo de alguien 52

acostarse en el sofá 102

acostarse en la mesa 61

acostarse en posición fetal 60

acostarse en una playa de arena 207

acostarse usando el brazo como almohada 35

activar/desactivar la placa de inducción 113

actualizar una aplicación [app] 219

actuar hoscamente 147

acumular puntos 160, 171

acurrucarse 62

acurrucarse en el sofá 60, 64

acusar ~ 254

adelantar ~ 237

adjuntar un archivo al correo electrónico 223

administrar una piscifactoría 166

adoptar un gato 214

adoptar un gato abandonado 214

adoptar un perro[cachorro] 214

adoptar un perro abandonado 214

adoptar una mascota 214

afeitarse 106

afeitarse el pelo[la cabeza] 18

afeitarse la cabeza por completo 173

afeitarse las cejas 20

afilar las garras 57

afinar[calentar] la garganta 30

agachar el cuerpo 62

agacharse 43, 62

agarrar ~ con los palillos 88

agarrar ~ con un tenedor 88

agarrar la mano de alguien 39

agarrar la muñeca de alguien 38

agarrar los dedos de los pies 57

agarrar[sujetar] el brazo de alguien 36

agarrarse de las manos 38

agitar 83

agitar el brazo 35

agitar la mano 39

agrandar la sala 116

agredir ~ 252

agredir físicamente durante el noviazgo 252

agredir sexualmente 252

agregar ~ a la lista de la compra 175

agregar al carrito 175

agregar (el) detergente 73, 76, 108

agregar la hoja de suavizante 76

agregar suavizante 73, 108

agregar[rellenar] líquido limpia parabrisas
[líquido de lavado] 243

ahogarse 247

ahorcarse 30

ahorrar 44

aislar la casa 117

ajustar la temperatura de la placa de
inducción 113

ajustar la temperatura del refrigerador 113

ajustar la velocidad del obturador 213

alentar 148, 187

alimentar al gato 214

alimentar al perro 214

alistarse en ~ 263

almacenar cosas en un almacén 109

almidonar (la ropa) 74

almorzar 104

almorzar[comer] en la cafetería 163

alquilar ~ 115

alquilar un coche 195

alquilar una autocaravana 204

alquilar una sombrilla (de playa) 207

amamantar 184

amasar la masa 84

ambos tener la misma posición 34

amontonarse ~ en un almacén 109

amortajar a un cadáver 138

ampliar el balcón 116

añadir [poner ~ en la bolsa de compras 170

añadir ~ al carrito de compras 175

añadir jarabe a ~ 92

añadir[poner] ~ al carrito 170

anclar el barco de pesca 166

andar con ~ 149

andar de puntillas	56	arar la tierra con un tractor	164
animar	146, 211	armar la tienda de la tienda de	204
animarse	148	armar una torre para gatos	215
anunciar los resultados de las elecciones	257	arrancarse el pelo (en desesperación)	19, 147
apagar el teléfono móvil	210	arrastrar el pie	54
apagar la alarma	101	arrastrar la pierna	50
aparcar	110	arreglar la ropa	75
apasionarse de ~	146	arreglar[acomodar] la corbata	71
apelar (ante un tribunal superior)	255	arreglar[reparar] un coche averiado	242
aplastar	83	arreglarse	65
aplaudir	146, 210	arreglarse el pelo	173
aplaudir para una llamada de cortina	210	arreglarse las uñas	42
aplicar crema (en la cara)	106	arreglarse[recortarse] el pelo	18
aplicar cupón de descuento	175	arremangar	71
aplicar esmalte en las uñas	42	arrodillarse	52
aplicar eutanasia a una mascota	215	arrodillarse en una rodilla	52
aplicar loción corporal (en el cuerpo)	106	arrugar la nariz	31
aplicar pesticidas	165	arrullar a bebé para que se duerma	184
aplicar tónico (en la cara)	106	asaltar indecentement	252
aplicar un vendaje en ~	127	asar (a la parrilla)	83
aplicar una tirita a ~	126	asar a fuego	83
aplicar[ponerse] ~ en los labios	25	asar carne entera	83
aplicar[ponerse] ungüento[pomada] a ~	126	asar la carne al horno	95
aplicarloción (en la cara)	106	asar la carne en el horno	85
aplicarse uñas del gel	174	asar la carne a la parilla	95
apoyar a un candidato	257	asearse los dientes	27
apreciar la obra escuchando la explicación del docente	212	asentir con la cabeza	16
apreciar las esculturas	212	asesinar ~	253
apreciar las exhibiciones	212	asesino en serie	253
apreciar las obras	212	asfixiar a alguien hasta la muerte	30
apreciar las pinturas	212	asignar el trabajo	154
aprender a conducir [manejar]	236	asistir a misa	258, 260
aprender a tocar el piano	211	asistir a misa en línea	258
aprender a tocar la guitarra	211	asistir a un avivamiento	261
aprender a tocar un instrumento musical	211	asistir a un servicio budista	262
apretar	81	asistir a una clase abierta para padres	189
apretar el puño	39	asistir al estreno de una película	209
apretar los dientes	27	asistir al servicio de rezo en línea	260
apretarse el cinturón	44	aspirar el interior del coche	243
apuntar	41	aspirar el piso	111
arar la tierra con un cultivador	164	atar bien los cordones de las botas de montaña	202

atarse[anudarse] la corbata 71
atarse[hacerse] el pelo en una cola de caballo 19
atarse[hacerse] el pelo hacia atrás 19
atragantarse 30
aumentar el metabolismo 137
aumentar el salario 157
aumentar la masa muscular 137
aumentar la presión arterial 123
aumentar la tasa metabólica basal 137
aumentar la velocidad 237
aumentar/disminuir el volumen de la televisión 113
ausentarse sin permiso oficial 265
autobús de la empresa 162
avisar[anunciar] un obituario de ~ 138
ayudar ~ a encontrar la aptitud 188
ayudar ~ con estudios de 과목 186
ayudar ~ construir [desarrollar] un buen hábito 187
ayudar al bebé a aprender a caminar 185
ayunar (durante ~) 132

B

bajar ~ 238
bajar de peso con medicina herbal 136
bajar el equipaje del compartimento superior del asiento 235
bajar la barbilla 28
bajar la cabeza 16
bajar la velocidad 237
bajar las manos 38
bajar los brazos 35
bajar los ojos 22
bajar[descender] de una montaña 203
bajarse del autobús 230
bajarse del metro 230
bajarse del taxi 230
bajarse la cremallera de ~ 70
bajarse los pantalones 48
balancear las caderas 48
bañar al bebé 184

bañar al gato 215
bañar al perro 215
bañarse 63
bañarse con agua caliente/fría 63
barrer con la escoba 111
batir 83
be considerate to ~ 148
beber ~ 93
beber cócteles en el bar del hotel 205
besar 24
besar el dorso de la mano de alguien 40
besar la mano 40
blanquear la ropa 74
bloquear ~ en Facebook 227
bloquear ~ en Instagram 227
bloquear ~ en Twitter 227
bloquear ~ en YouTube 227
bloquear el teléfono inteligente 218
bostezar 101, 122
broncearse 207
bucear 207
burlarse 31
burlarse de ~ 148
buscar en Google 221
buscar información en un sitio del portal 221
buscar un buen restaurante 196
buscar una aplicación 219
buscar una red wifi 220

C

caer al[en el] agua 247
caer desde un lugar de construcción 247
caer desde un lugar de la azotea de un edificio... 247
caer desde un lugar el balcón de un apartamento 247
caer en coma 134
caerse de la cama mientras duerme 101
caerse el pelo 19
caerse la uña del pie 57
caerse[desprenderse] las uñas 42

calentar 201

calentar ~ en el microondas 62, 85

calentar agua en un hervidor eléctrico 114

calentar en el microondas 114

calentarse 63

calentarse las manos junto al fuego 40

calmar a un bebé que llora 184

calmar al bebé inquieto 184

calmar al bebé irritable 184

cambiar A por B 176

cambiar de autobús 194

cambiar de avión 194, 235

cambiar de canal a uno y otro en la televisión 198

cambiar de canal con el control remoto 198

cambiar de carriles 236

cambiar de tren 194

cambiar el arenero de los gatos 215

cambiar el billete por monedas 76

cambiar el canal a ~ 113

cambiar el filtr de aire 243

cambiar el fondo de pantalla de tu teléfono 220

cambiar el teléfono móvil en modo silencio 220

cambiar el teléfono móvil en modo vibración 220

cambiar la configuración del teléfono inteligente 220

cambiar la funda de la almohada 101

cambiar las sábanas de la cama 101

cambiar limpiaparabrisas 243

cambiar luces fluorescentes a luces LED 119

cambiar tarjetas de regalo por bebidas 92

cambiar un pañal 184

cambiar una cuenta de correo electrónico a una cuenta inactiva 224

cambiar[reemplazar] el espejo 119

cambiar[reemplazar] el pomo de la puerta 119

cambiar[reemplazar] la puerta 119

cambiar[reemplazar] una bombilla 119

cambiarse a otra empresa 159

cambiarse a ropa de trabajo 162

cambiarse de ropa 72

cambiarse de trabajo 159

caminar con los talones arriba 56

caminar energéticamente[rápidamente] 201

cancelar la suscripción a Netflix 199

cantar el himno militar 265

cantar junto (con ~) 211

cantar un himno 260

cantar una canción de cuna al bebé 184

capacitar a nuevos empleados [trabajadores] 158

carcajear 31

cargar ~ en la espalda 43

cargar el teléfono 220

cargar la aspiradora 111

cargar un coche en un transbordador de coches 235

cargar[poner] la ropa en la lavadora 76

carne a la parilla 95

carne al horno 95

casarse con ~ 151

casi quedarse dormido 123

causar un choque[colisión] 241

ceder un asiento a ~ 231

celebrar elecciones de administración local 256

celebrar elecciones para diputado [parlamentario] 256

celebrar elecciones parciales 256

celebrar reelecciones 256

cenar 104

cenar tarde 87

centrifugar la ropa 73

cepillar los dientes del gato 215

cepillar los dientes del perro 215

cepillarse los dientes 27, 106

cerrar[darse de baja] la cuenta de uno en un sitio web 221

cerrar la boca 24

cerrar la boca firmemente 24

cerrar la puerta y girar la manija para sellarla 76

cerrar la tienda [negocio] 160

cerrar las piernas 49

cerrar los ojos 21

cerrar los ojos suavemente 21

cerrar sesión en su cuenta de correo electrónico 223

cerrar sesión en un sitio web 222

cerrar un ojo 22

cerrar/abrir la válvula de gas 85

cerrar[apagar] el gas 85

charlar 93

chascar la lengua 26

cheat on ~ 151

chismear 26

chocar esas cinco 40

chupar los dedos 42

circular por el acotamiento 237

clasificar la basura 112

clasificar la ropa 108

clasificar los reciclables 112

cocinar 104

cocinar arroz en una arrocera 85

cocinar el arroz 82

cocinar[asar] en aceite 82

cocinar[hacer] ~ en [con] freidora 114

cocinar[hacer] ~ en la freidora de aire 85

cojear (en la pierna derecha/izquierda) 50

colapsar un edificio 246

colar ~ por un tamiz 86

colgar la ropa (en el tendedero) 73, 108

colgarse de los brazos 36

colocar un nuevo rollo de papel en el soporte 107

colocar una urna funeraria en el osario 140

colorear en un libro de colorear 212

comer ~ 87, 104

comer ~ a toda prisa 89

comer ~ como merienda nocturna 87

comer carne envuelta en hojas de lechuga y perilla 88

comer como un pajarito 136

comer con desgana 89

comer en el buffet del hotel 195

comer en un área de descanso de la carretera 195

comer palomitas ve una película 210

comer poco 136

comer ruidosamente con la boca abierta 89

comer una comida al día 136

comer una comida en vuelo[comida de avión, comida a bordo] 235

comer[tener] el almuerzo 87

comer[tener] el desayuno 87

comer[tener] la cena 87

comer[tener] una merienda 87

cometer asesinatos en serie 253

cometer un acto de terrorismo 253

cometer un atentado suicida 253

cometer un crimen sexual 252

cometer un delito 250

cometer un delito cibernético 251

cometer una infracción por exceso de velocidad 238

cometer violencia machista 252

comparar precios 170, 175

comparar productos 170, 175

compartir archivos 222

compartir comida con otros 87

compartir un vídeo de YouTube con ~ 227

compartir/almacenar pescados y mariscos capturados 166

comprar 167

comprar artículos para mascotas 214

comprar ~ desde … 175

comprar ~ en la tienda libre de impuestos 172

comprar ~ en la tienda libre de impuestos del aeropuerto 197

comprar ~ libre de impuestos 172

comprar artículos de senderismo 202

comprar el detergente y hojas de suavizante 76

comprar en la tienda en línea 175

comprar entradas de cine 208

comprar productos para bebé recién nacido 181

comprar recuerdos 196

comprar un billete de autobús (hacia ~) 194

comprar un billete de autobús express 233

comprar un billete de avión 234

comprar un billete de avión (hacia ~) 194

comprar un billete de ferry en la taquilla 235

comprar un billete de tren 233

comprar un billete de tren (hacia ~) 194

comprar un catálogo 212

comprar un recuerdo	212	
comprar una autocaravana	204	
comprar una bebida con una tarjeta de regalo	92	
comprar una cámara profesional	213	
comprar una casapara gatos	215	
comprar una tarjeta de transporte desechable	230	
comprar[pedir] ~ para llevar	93	
comprobar el correo electrónico	155	
comprobar el historial de pedidos	176	
comprobar el horario del autobús	231	
comprobar el horario del metro	231	
comprobar el mapa de las rutas de autobús	231	
comprobar el mapa de las rutas de metro	231	
comprobar el precio (de ~)	172	
comprobar la fecha de ovulación	182	
comprobar la parada de autobús/la estación de metro para bajarse	231	
comprometerse con ~	151	
comulgar	259	
con el vientre abultado	45	
con la lengua afuera	26	
con la mano arriba	38	
con las manos en la cintura	40	
con las piernas estiradas	49	
con las rodillas juntas	52	
con las rodillas levantadas	52	
con los brazos abiertos	35	
con los brazos cruzados	36	
con los brazos cruzados con otra persona	36	
con los brazos sobre los hombros	34	
con los codos puestos en ~	37	
condenar	147, 255	
conducción bajo los efectos del alcohol	240	
conducción soñolienta[somnoliento]	239	
conducir bajo los efectos del alcohol	240	
conducir bajo los influjos del alcohol	251	
conducir con seguridad	238	
conducir con sueño[cansancio]	239	
conducir en el carril designado	237	
conducir en el carril exterior	237	
conducir en el carrill interior	237	
conducir sin licencia[carné]	251	
conducir un camión	236	
conducir un vehículo	236	
conducir unacamioneta	236	
conectar a Internet	221	
confesarse	259	
configurar la alarma para ~	100	
configurar una cuenta de correo electrónico	224	
configurar una red	221	
confirmar el embarazo en el hospital	180	
congelar ~	80	
congelar óvulos	183	
congestión nasa	124	
conocer al cliente	155	
conseguir cambio	76	
conseguir una mesa[asiento]	93	
consolar	148	
consumir	167	
consumir drogas	252	
contar con los dedos	41	
contar los votos	257	
contestar el teléfono	218	
contratar nuevos empleados [trabajadores]	158	
controlar ~	187	
convencer a ~	187	
convertirse a ~	258	
copiar	155, 222	
coquetear con ~	150	
correr en una cinta eléctrica	201	
correr un maratón	200	
cortar	81	
cortar ~ con un cuchillo	88	
cortar ~ en cubos	81	
cortar ~ en pedazos	81	
cortar con ~	151	
cortar el cordón umbilical	181	
cortar el pelo del gato	215	
cortar el pelo del perro	215	
cortar el pie	55	
cortar en filetes	81	
cortar en rodajas	81	
cortar en tiras	81	

cortar la carne	95
cortar la carne con tijeras (de cocina)	95
cortar las verduras	80
cortar una relación	55
cortar[picar] ~ en una tabla de cortar	86
cortarse el dedo	42
cortarse el pelo	18, 173
cortarse el pelo corto	173
cortarse las uñas	107
cortarse las uñas (cortas)	42
cortarse las uñas de los pies	57
cortarse uñas de los pies	107
cosechar ~	165
cosechar el arroz	164
coser	75
coser ~ en la máquina de coser	75
coser el agujero del calcetín	75
crear una cuenta de correo	223
crear una cuenta de Facebook	225
crear una cuenta de Instagram	225
crear una cuenta de Twitter	225
creer en ~	258
cremar	140
criar peces en una piscifactoría	166
criticar	147
cruzar las piernas	49
cruzar los brazos	36
cruzar los brazos con otra persona	36
cruzar los tobillos	55
cubrir la herida con una gasa	127
cubrirse con la colcha	101
cubrirse del sol con las manos	39
cubrirse la boca con la mano	24
cucharear ~	88
cuidar de uno mismo	64
cuidar las mascotas	112
cuidarse las uñas de las manos/de los pies	174
cultivar ~ en invernadero	165
cultivar árboles	110
cultivar arroz	164
cultivar col	164
cultivar flores	109, 110

cultivar frijoles	164
cultivar plantas	109
cultivar vegetales	109
cultivar verduras en el jardín	110
cumplir ~ en prisión	255
cumplir las exigencias del cliente	160

D

dañar [difamar] la reputación de alguien	251
dar ~ como un regalo gratis [obsequio]	170
dar ~ educación adecuada	188
dar a luz a ~	181
dar a luz a un bebé a través de la gestación subrogada	183
dar a luz a un niño muerto	182
dar a luz por cesárea	181
dar a luz por parto natural	181
dar a luz prematuramente	182
dar codazos	37
dar el diezmo	261
dar el pésame	139
dar el primer paso	55
dar golosinas a mascotas	214
dar la bienvenida ~	146
dar la bienvenida a ~	146
dar la bienvenida[saludar] a los dolientes	139
dar la espalda a ~	43, 149
dar la mano a alguien	39
dar la vuelta al mundo	193
dar leche de fórmula	184
dar leche materna	184
dar limosna	262
dar respiración artificial	128
dar respiración boca a boca	128
dar risa	31
dar seguimiento a las medidas necesarias	161
dar un gran aplauso a ~	210
dar un paso	54
dar un pulgar hacia arriba	41
dar un saludo	263

dar una nalgada en el trasero — 48

dar una ofrenda, hacer una ofrenda de dinero — 260

dar una ovación de pie a ~ — 210, 211

dar una palmada en el hombro a alguien — 34

dar una palmadita en el trasero de alguien — 48

dar vueltas en la cama y no poder dormir — 100

dar vueltas y vueltas — 60

dar vueltas y vueltas mientras duerme — 100

dar[ofrecer] un soborno a ~ — 250

darle a alguien un pellizco en la mejilla — 29

darle a la lengua — 26

darle la bienvenida a los clientes — 160

darle un codazo — 37

darle una bofetada a alguien — 29

darse a la fuga — 251

darse la mano (con alguien) — 38

darse la vuelta de paso — 54

darse una variedad de experiencias a ~ — 187

debatir — 20

decidir la fecha de entrega — 172

decidir un nombre de bautismo [nombre cristiano] — 259

decir al conductor adónde ir — 232

decir al conductor el destino — 232

decir buenas noches a ~ — 100

declararse un incendio — 246

decorar el balcón como una cafetería de casa — 109

decorar la habitación del bebé — 181

defecar — 107, 123

defender — 254

dejar ~ — 238

dejar al bebé con ~ — 185

dejar caer la comida — 95

dejar el cuerpo en una morgue — 138

dejar una cicatriz — 128

dejarse[crecer] el pelo — 19

delinear[dibujar] las cejas — 20

demandar ~ — 254

depilarse las cejas (con pinzas) — 20

depositar el dinero en el banco — 167

derramar el agua — 95

derramar lágrimas — 122, 148

desabrocharse [quitarse] el cinturón — 70

desabrocharse de ~ — 70

desacelerar — 237

desarmar la tienda de la tienda de — 204

desatarse[quitarse] la corbata — 71

desatascar el inodoro — 107

desayunar — 104

desbloquear el teléfono inteligente — 218

desbloquear el teléfono inteligente con una huella digital — 219

desbloquear el teléfono inteligente deslizándolo — 218

descalzarse — 72

descansar — 102

descargar el inodoro — 107

descargar música/vídeos de YouTube — 227

descargar una aplicación [app] — 219

descargar una canción — 211

descargar vídeos/música de YouTube — 198

descarrilarse un tren — 246

descascarar el arroz en un molino de arroz — 164

descongelar ~ — 80

descontar el precio — 170

desechar los residuos de alimentos — 105

desempaquetar el botón dorado — 226

desempaquetar el botón plateado — 226

desenganchar la ropa del tendedero — 74

desertar[huir] del ejercito (military) — 265

desguazar un coche — 242

desherbar — 165

desinfectar heridas — 126

deslizar para desbloquear el teléfono inteligente — 218

desmaquillarse[quitarse] el maquillaje — 107

despeinarse el pelo — 19

desperezarse — 101

despertar de la anestesia — 133

despertarse — 60, 101

desplazarse en ~ — 154

despreciar — 148

destripar el pescado — 81

desvestirse — 70

detener el sangrado	127
devolver tazas y bandejas usadas	93
devolver tazas y bandejas vacías	93
devorar	89
diagnosticar como ~	131
dibujar	102
dibujar [pintar] una imagen (de ~)	212
dibujar un retrato de ~	212
dibujar una caricatura (de ~)	212
disculparse con ~ (alguien)	147
discutir	20
discutir con ~	149
disfrutar de deportes extremos como puentismo y paracaidismo	200
disfrutar de las compras	196
disfrutar del espectáculo en un campo militar	265
disfrutar del spa	206
disfrutar del turismo	196
disfrutar la sauna húmeda	206
disfrutar la sauna seca	206
disfrutar la vista del mar	206
disfrutar la vista nocturna de la ciudad	206
disminuir la presión arterial	123
distanciarse de ~	149
distribuir	167
dividir la cuenta	96
divorciarse	151
divorciarse de ~	151
doblar	74
doblar el pantalón	71
doblar la manga de la camisa	71
doblar las piernas	49
doblar las rodillas	52
doblar los brazos	35
doblar los dedos	41
doblar los dedos de los pies	57
doblarse hacia adelante	61
dolor de ~	124
dolor de espalda	44
dolor de garganta	124
donar[ofrecer] dinero/arroz/un edificio/ una propiedad…	262
dormir	22, 100
dormir de lado[de costado]	100
dormir derecho[boca arriba]	100
dormir en un saco de dormir	204
dormir un rato en un área de descanso	239
drenar el agua del campo de arroz	164
ducharse	63, 106
ducharse con agua caliente/fría	63

E

echarse un siesta	22
editar un vídeo para subirlo a [en] YouTube	226
editar una foto	213
editar unl vídeo para subir a [en] YouTube	199
el coche se estropea	241
el estómago gruñe de hambre	45
el fiscal exige [pide] ~	254
el hombre es estéril	182
el horno	85
el hueso está roto	128
el objeto está dañado por fuertes lluvias	248
el objeto está dañado por inundaciones	248
el objeto está dañado por un terremoto/ tsunami	249
el objeto está dañado por un tifón	248
elegir ~	175
elegir ~ por votación	256
elegir cosas[productos]	170
elegir diseños de uñas	174
elegir un menú[plato]	94
elegir un producto	172
elegir una bebida	92
eliminar correo electrónico	224
eliminar cuenta de correo electrónico	224
eliminar el moho	118
eliminar el pelo de las mascotas con un rodillo quita pelusas	111
eliminar las malas hierbas	110
eliminar permanentemente el correo spam [no deseado]	224
eliminar pólipo	131

eliminar una aplicación [app]	219	encender/apagar la estufa de gas	85
eliminar uñas de gel	174	encender/apagar la luz	113
elogiar a ~	146, 187	encender/apagar la televisión	113
elogiarse a sí mismo	148	encerrarse	148
embarcar en un avión	234	encoger los hombros	34
emitir documentos para enviar a la compañía de seguros	135	encontrar el asiento y sentarse	235
		encontrar un pelo en la comida	95
empapelar ~	254	encorvar el cuerpo	62
empezar a trabajar en ~	55	encorvar los hombros	34
empezar una dieta	136	enderezar la postura	61
empujar con el codo	37	enderezar los hombros	34
empujar el cuerpo de alguien	65	enfadarse	147
empujar la barbilla	28	enfadarse al conducir	251
empujar la espalda de alguien	43	enfadarse con ~	187
enamorarse de ~	150	engañar	250
encarcelar a ~ en prisión	255	enhebrar el hilo en la aguja	75
encarcelar a ~ en un centro de detención	255	enjabonarse el cuerpo	63
encarcelar a ~ en una celda de aislamiento	255	enjuagar la ropa	73
		enjuagarse el pelo	18
encender el aire acondicionado alto	114	enjuiciar	254
encender el aire acondicionado bajo	114	enlistarse en el ejército	263
encender el incienso	262	enlistarse en la fuerza aérea	263
encender el intermitente	237	enlistarse en la fuerza armada	263
encender el lavavajillas	86, 105	enlistarse en la infantería de marina	263
encender la calefacción alta/el calentador alto	114	enojarse con ~	187
encender la calefacción baja/el calentador bajo	114	enrollar el saco de dormir	204
		enrollar la lengua	26
encender la campana de la cocina	105	enrollar los espaguetis en el tenedor	95
encender la campana extractora de cocina	86	ensanchar las fosas nasales	23
encender la secadora	108	enseñar [entrenar] al niño a ir al baño	185
encender las luces de emergencia	237	enseñar al bebé a caminar	185
encender una linterna de loto	262	enseñar al bebé a usar palillos	185
encender una vela	262	enseñar al bebé a usar una cuchara	185
encender/apagar calefacción	114	enterrar las cenizas de alguien debajo de un árbol	140
encender/apagar calentador	114		
encender/apagar el aire acondicionado	114	entrar al teatro	210
encender/apagar el deshumificador	115	entrar en la tienda de campaña	204
encender/apagar el humificador	115	entrar y salir de la oficina en el autobús de la empresa	162
encender//apagar el portátil	113		
encender/apagar el purificador de aire	115	entrecerrar los ojos	22
encender/apagar el ventilador	114	entregar ~ para llevar a casa	89
encender/apagar la campana de la cocina	113	entregar al sucesor	159
encender/apagar la computadora	113		

entregar dinero de condolencias   139

entregar el trabajo [reponsabilidad] de uno a ~   163

entrenar   62

entrenar a socializar un perro   215

entrenar a un cachorro a ir al baño   215

entrenar con un entrenador personal   201

entusiasmarse con ~   146

enviar ~ a la academia de arte   188

enviar ~ a la academia de inglés   188

enviar ~ a la academia de matemáticas   188

enviar ~ a la academia de piano   188

enviar ~ a la escuela primaria   186

enviar ~ a la guardería   186

enviar ~ a una academia privada   188

enviar ~ a una escuela alternativa   189

enviar ~ al jardín de infantes   186

enviar ~ clases particulares   188

enviar ~ en una experiencia de campo   189

enviar ~ para estudiar en el extranjero (a una edad temprana)   189

enviar a ~ un correo electrónico CC   223

enviar a ~ un correo electrónico CCO   223

enviar a hacer un recado a~   187

enviar fotos   218

enviar un correo electrónico   155, 223

enviar un correo electrónico a sí mismo   223

enviar un mensaje de texto   218

enviar una corona funeraria[fúnebre]   139

enviar vídeos   218

enviar/recibir fax   155

enviar/recibir un DM (mensaje directo)   225

envolver ~   160

envolver el cadáver en la mortaja   138

envolver sobras y llevar/traer a casa   96

envolverse el pelo con una toalla   18

envolverse en una manta   64

equilibrarse en una pierna   60

eructar   122

eructar al bebé   184

escabechar pepinillo   82

escanear el código de barras de una tarjeta de regalo   92

escanear el código QR   96

escanear la tarjeta de identificación del empleado(ID)   162

escaparse   250, 251

escoger ropa de vestir/trajes/camisas   72

esconder las garras   57

esconderse[ocultarse] el cuerpo   65

escribir en el cuaderno de maternidad [diario de embarazo]   180

escribir en el portátil   103

escribir en la computadora   103

escribir un comentario en un vídeo de YouTube   227

escribir un correo electrónico   223

escribir una reseña [opinión sobre el producto]   176

escuchar a ~   148

escuchar atentamente a ~   28

escuchar el sermón del monje   262

escuchar las precauciones antes de la cirugía   132

escuchar música   211

escuchar un sermón   258, 260

escuchar una consulta   161

escupir ~   89

escurrir un arrozal   164

esparcir estiércol[fertilizante] en el campo   165

esparcir las cenizas   140

espolvorear   84

establecer una fecha y hora para la cirugía   132

estacionar[aparcar] el vehículo   238

estacionarse   110

estafar   250

estafar a través de una llamada   250

estar alcoholizado   240

estar arrodillado   52

estar atado a ~   55

estar comprometido con ~   151

estar con el cuello rígido   124

estar concentrado leyendo   23

estar de parto   181

estar de pie sobre una pierna   50

estar de vacaciones   265

estar de vacaciones en un hotel	205	estrecharse a sí mismo	38
estar dolorido de los hombros	124	estrellarse un avión	246
estar embarazada (de ~)	180	estremecerse	62
estar embarazada de mellizos	180	estrenarse una película	208
estar embarazada de trillizos	180	estudiar la biblia	261
estar en guardia	264	evangelizar	261
estar en huelga	163	evitar hacer contacto visual con ~	147
estar en libertad condicional (porque fue un preso modelo)	255	evitar[apartar] la mirada	21
estar en peligro	203	exceder la velocidad	238
estar en recuperación	126	explicar al sucesor	159
estar en un accidente automovilístico	246	explosión de gas	246
estar en una dieta de un solo alimento	136	expresar condolencias de ~	139
estar enamorado de ~	150	exprimir	81
estar encantados de ver[conocer] ~	146	exprimir la cabeza	17
estar enfermo	124	expulsar gases después de una cirugía	134
estar enojado	147	extender los brazos hacia adelante	35
estar entumecido (en manos y pies)	125	extender los dedos	41
estar esperando un bebé (para dar a luz)	181	extraer música de un vídeo de YouTube	227
estar hospitalizado	132	extraer sangre	129
estar incapacitado por maternidad/paternidad	185		
estar inquieto	61	**F**	
estar juntos por ~	150		
estar lleno	45	facturar en el aeropuerto	234
estar por encima del límite de velocidad	238	fallecer	138
estar rodilla con rodilla	52	falsificar documentos privados	251
estar sacudiendo las piernas	49	falsificar un billete de ~	250
estar sangrando en ~	126	felicitar	146
estar separado	149	fermentar la masa	84
estar sobre un pie	60	fertilizar	164
estirar el cuerpo	101	fertilizar el jardín	110
estirar el pie	54	festejar 100 días	186
estirar el tobillo	55	fijar [poner] un comentario de YouTube en la parte superior [arriba]	226
estirar el tobillo hacia el cuerpo	55	filtrar[revelar, regalar] información confidencial de la empresa	251
estirar la espalda[cintura]	43	firmar el formulario de consentimiento de la cirugía	132
estirar la masa	84		
estirar las piernas	49	flexionar el brazo para hacer bíceps	35
estirar los brazos	35	formar un sindicato	163
estirar los dedos de los pies	57	fotocopiar	155
estornudar	122	fregar el piso	111
estrangular a alguien	30	freír en aceite	82

frenar 237

frotar el vientre[barriga] 45

frotarse las manos 40

frotarse los ojos 22

fruncir el ceño 20, 31

fruncir la boca 25

fruncir la frente 20

fruncir los labios 25

fugarse 251

G

ganar en una elección 257

ganar intereses 167

ganar puntos 160, 171

generar un sudor frío 122

girar a la derecha 236

girar a la izquierda 236

girar el cuello 30

girar el cuerpo (hacia la izquierda/derecha) 61

girar el tobillo 55

girar la cabeza (hacia ~) 16

girar la muñeca 38

golpear ~ 252

golpear el escritorio con el puño 147

golpear en la cabeza (a alguien) 17

golpear la espalda de alguien 43

golpear la pantorrilla 53

golpear la rodilla[el regazo] 52

golpearse en la frente 20

golpearse la espinilla en ~ 53

Googlear 221

gotear la nariz 122

grabar conversaciones telefónicas 161

grabar un vídeo para subirlo a [en] YouTube 226

grabar vídeos en secreto 252

grabar/hacer un vídeo para subir a [en] YouTube 199

gritar de alegría 146, 211

gritar histéricamente 147

gritar hurra 203

gruñir el estómago 122

gruñir los dientes 27

guardar un correo electrónico temporalmente 224

guardar una copia de un correo electrónico 224

guiar al equipo de inspección de campo 163

guiñar 22, 31

H

hablar 93

hablar con el maestro de su hijo 186

hablar en sueños 100

hablar en una aplicación de mensajería 218

hablar por teléfono 218

hacer [participar en] entrenamiento de invierno 265

hacer [participar en] entrenamiento de verano 265

hacer [participar en] entrenamiento guerrillero 265

hacer [recibir] un examen físico 263

hacer ~ 104, 172

hacer ~ para la educación prenatal 181

hacer 108 reverencias 262

hacer abdominales 201

hacer algo malo 147

hacer anuncios abiertamente 226

hacer anuncios en secreto 226

hacer apuestas ilegales 250

hacer ayuno intermitente 136

hacer berrinche 186

hacer carga rápida del teléfono 220

hacer check-in en hotel 205

hacer check-out en un hotel 205

hacer check-in en ~ 195

hacer check-in en el aeropuerto 234

hacer check-out en ~ 195

hacer clic 'Me gusta' en un vídeo de YouTube 227

hacer clic en 'Me gusta' en vídeos de YouTube 198

hacer composición fotográfica 213

hacer compras en línea	175	hacer papeleo	154
hacer compras por Internet [en línea]	222	hacer pesas con las mancuernas	201
hacer contacto visual (con un bebé)	185	hacer pilates	201
hacer contrabando de drogas	252	hacer pipí	107, 123
hacer desarrollo profesional	158	hacer planchas anaeróbicas	201
hacer dieta	136	hacer popó	107, 123
hacer dieta Keto (dieta baja en carbohidratos y alta en grasas)	136	hacer RCP (reanimación cardiopulmonar)	128
hacer ejercicio	62	hacer revisión del aire acondicionado	243
hacer ejercicio aeróbico	137, 201	hacer revisión del coche	242
hacer ejercicio consistentemente	137	hacer senderismo	202
hacer ejercicio de calentamiento	201	hacer sentadillas	201
hacer ejercicio en un traje de sauna	137	hacer tostadas	85
hacer ejercicio regularmente	137	hacer tráfico de personas ~	253
hacer ejercicios a manos libres	103	hacer trámites de salida [trámites de emigración]	234
hacer ejercicios de calentamiento	62	hacer trampa	250
hacer el arroz	82	hacer Twitter	225
hacer el servicio militar	263	hacer un funeral a una mascota	215
hacer enfoque fotográfico	213	hacer un giro en P	236
hacer entrenamiento con pesas	201	hacer un giro en U	236
hacer entrenamiento nocturno	264	hacer un festejo de los 100 días	186
hacer escala	235	hacer un informe	154
hacer escalada de rocas	202	hacer un plan de viaje	194
hacer fila	94	hacer un viaje (a ~)	192
hacer FIV (la fecundación in vitro)	183	hacer un viaje nacional	192
hacer golosinas para la mascota	214	hacer un vídeo para subirlo a [en] YouTube	226
hacer inseminación artificial	183	hacer una acusación falsa	251
hacer kimchi	82	hacer una campaña electoral	257
hacer la cama	101	hacer una casapara gatos	215
hacer la cama en el piso	101	hacer una devolución de ~	176
hacer la comida para lactantes	185	hacer una dieta de una comida al día	136
hacer la compra	112	hacer una extracción dental	27
hacer la cuenta con los dedos	41	hacer una hoguera	204
hacer la lista de la compra	112	hacer una investigación de ~	193
hacer la maleta [equipaje]	192	hacer una llamada telefónica	218
hacer la revisión de la entrada	210	hacer una monodieta	136
hacer las paces	149	hacer una mueca	25
hacer las paces con ~	149	hacer una parrillada	204
hacer masa de harina	84	hacer una parrillada[fiesta de carne asada]	110
hacer negocio	167	hacer una presentación	154
hacer negocio con ~	167	hacer una profunda reverencia hasta el piso	262
hacer paisajismo para jardín	110	hacer una propuesta del proyecto	154

hacer una prueba de embarazo 180
hacer una reserva para ~ (personas) 94
hacer una ruta de viaje 194
hacer una tomografía computarizada 131
hacer una torre para gatos 215
hacer una usurpación 250
hacer una videollamada 218
hacer una vista previa de correo electrónico 224
hacer una zancadilla a ~ 50
hacer Yoga 201
hacer[practicar] yoga 103
hacer[preparar] café 104
hacer[programar] una cita en el hospital 129
hacer[tener] un servicio conmemorativo 141
hacerle cosquillas en la planta del pie (a alguien) 56
hacerle un dobladillo al pantalón 71
hacerlo chatarra 242
hacerse [tomarse] una ecografía 180
hacerse [tomarse] una prueba de cromosomas fetales 180
hacerse [tomarse] una prueba de detección de anomalías 180
hacerse amigo (de ~) 149
hacerse cargo del cuidado de los niños 185
hacerse chequeos regulares 131
hacerse la manicura 42, 174
hacerse la pedicura 174
hacerse la permanente 18
hacerse la prueba de la hepatitis B 131
hacerse la prueba de PAP (papanicolaou) 130
hacerse las uñas 42, 174
hacerse querer 150
hacerse su propia ropa 75
hacerse un análisis de orina 129
hacerse un análisis de sangre 129
hacerse un análisis fecal 131
hacerse un corte de pelo deportivo 173
hacerse un ECG(electrocardiograma) 130
hacerse un moño 19
hacerse un transplante de pelo 19
hacerse una biopsia de ~ 131
hacerse una colonoscopia 131

hacerse una ecografía 130
hacerse una ecografía abdominal 130
hacerse una ecografía de mama 130
hacerse una gastroscopia 131
hacerse una limpieza dental 27
hacerse una mamografía 130
hacerse una permanente en el pelo 173
hacerse una prueba de audición 131
hacerse una prueba de rayos X 129
hacerse una prueba de visión 131
hacerse una radiografía 129
hacerse una resonancia magnética 131
hacerse una revisión dental 131
hacerse una selfie 213
hacerse una selfie con un palo de selfies 213
hacerse[someterse] una liposucción 137
hackear un sitio web 222
halagar 148
hervir 82
hervir a fuego lento 82
hervir el agua en la tetera 86
hervir el agua en la tetera eléctrica 86
hervir la ropa 74
hervir verduras 82
hornear (el pan) 83, 104
hornear pan en el horno 85
hospedarse en Airbnb 195
hospedarse en hostel 195
hospedarse en hotel 195
hospitalizar 132
hostigar sexualmente 252
huir 250
humillarse 43
hundirse un barco 246
hurgarse la nariz 23

I

ignorar 148
ignorar la señal 238
impermeabilizar el techo 117

impermeabilizar la azotea	117	
implantar microchip a la mascota	214	
imprimir	155	
imprimir una foto	213	
incendiar ~	253	
incinerar	140	
inclinar el cuello hacia atrás	30	
inclinar el cuerpo hacia la izquierda/derecha	61	
inclinar la cabeza (hacia atrás/hacia adelante/ hacia la izquierda/hacia la derecha)	16, 17	
inclinar la espalda[cintura]	43	
inclinar[agachar] la cabeza	17	
inclinarse hacia adelante	61	
inclinarse sobre la mesa	61	
indicar el rango oficial y el nombre	264	
inflar la mejilla con la lengua	29	
inflar las mejillas	29	
informar a A de la muerte de B	138	
ingresar la contraseña para desbloquear el teléfono inteligente	219	
ingresar la dirección de envío	175	
ingresar la patrón para desbloquear el teléfono inteligente	219	
ingresar su ID de usuario y contraseña	222	
iniciar sesión en su cuenta de correo electrónico	223	
iniciar sesión en un sitio web	222	
insertar la moneda	76	
inspeccionar productos	162	
instalar ~	113	
instalar césped artificial en el balcón	116	
instalar Internet	221	
instalar un módem	221	
instalar una aplicación [app]	219	
instalar una chimenea	118	
intentar asesinar a alguien	253	
introducir el código de despacho de aduana personal	175	
invertir en ~	167	
invertir en acciones	167	
ir ~ un autobús	230	
ir ~ un autobús express	230	
ir ~ un metro	230	
ir ~ un taxi	230	
ir ~ un tren	230	
ir al templo	258	
ir a ~ en avión	234	
ir a ~ en barco	234	
ir a acampar	204	
ir a acampar en coche	204	
ir a correr	200	
ir a escalar	200	
ir a hacer senderismo	200	
ir a la cárcel militar	265	
ir a la iglesia	260	
ir a la iglesia católica	258	
ir a la iglesia protestante	258	
ir a la oficina	154	
ir a la prisión[cárcel]	255	
ir a misa	258	
ir a nadar	200	
ir a nadar en el mar	207	
ir a patinar	200	
ir a pescar	166	
ir a senderismo	200	
ir a un buen restaurante	196	
ir a un concierto	211	
ir a un festival de cine	209	
ir a un viaje de graduación	193	
ir a una clínica de fertilidad	182	
ir a una exposición de arte	212	
ir a una peregrinación a ~	193	
ir a ver a un médico	129	
ir a ver escaparates	172	
ir a ver un musical	208	
ir a ver un partido de baloncesto	200	
ir a ver un partido de béisbol	200	
ir a ver un partido de fútbol	200	
ir a ver un partido de voleibol	200	
ir a ver una obra de teatro	208	
ir a ver una película	208	
ir a[visitar] un lugar turístico	196	
ir al baño	107, 123	
ir al gimnasio	201	
ir al trabajo	154	

ir de camping 204

ir de excursión escolar 193

ir de luna de miel 193

ir de mochilero 192

ir de rodillas 52

ir de senderismo nocturno 202

ir de vacaciones 265

ir de vacaciones a un hotel 205

ir de vacaciones anuales 156

ir de viaje (hacia ~) 192

ir de viaje de mochilero 192

ir de viaje de negocios a ~ 155

ir de viaje de negocios al extranjero 155

ir de viaje en un día (a ~) 192

ir en autobús 194

ir en avión 194

ir en coche 194

ir en tren 194

ir hacia atrás el vehículo 236

ir[tomar] de vacaciones de verano 156

irritarse 147

irse a la cama, irse a dormir 100

J

join the militaryunirse al ejército 263

jubilarse 159

jugar al bádminton 200

jugar al baloncesto 200

jugar al béisbol 200

jugar al fútbol 200

jugar al golf 200

jugar al tenis 200

jugar al tenis de mesa 200

jugar al voleibol 200

jugar con las mascotas 214

jugar en una playa de arena 207

jugar juegos de Internet [en línea] 222

juntar las manos delante del pecho 39

juntar las mejillas 29

juntar las palmas de las manos 39

juntar las palmas en frente del pecho como si estuviera rezando 262

juzgar 254

juntar nuestras[tus/sus] palmas 40

L

la mujer es estéril 182

la pierna está entumecida 125

la zona dañada por polvo amarillo 249

la zona dañada por sequía 249

la zona dañada por un socavón 249

la zona dañada por una avalancha de nieve 248

la zona dañada por una fuerte nevada 248

la zona dañada por una ola de calor 248

la zona dañada por una ola de frío 248

la zona dañada/destruida por erupciones volcánicas 249

la zona dañada/destruida/devastada por un tifón 248

la zona dañada/destruida/devastada por un terremoto/tsunami 249

la zona dañada/destruido/devastado por fuertes lluvias 248

la zona dañada/destruido/devastado por inundaciones 248

la zona está dañada por un desastre natural 248

la zona u objeto dañada/destruido por los incendios forestales 249

labios agrietados 124

ladear la cabeza, mover de lado la cabeza 16

lamer 26

lamerse los labios 25

lamerse los labios mientras se come 89

lanzar aerosol de pesticidas 164

las negociaciones entre obreros y patrones se rompieron 163

lastimarse en ~ 126

lastimarse la cabeza la cabeza 17

lastimarse la cintura 44

lastimarse la pierna 50

lavar a mano (algo) 73

lavar el arroz 80

lavar el coche (por otra persona) 242

lavar el coche a mano 110, 242

lavar la fregona 111

lavar la ropa 73, 108

lavar la ropa usando la lavadora 108

lavar las verduras 80

lavar los platos 104

lavarse el pelo 18, 106, 173

lavarse la cara 106

lavarse las manos 39, 106

leer a ~ 186

leer la Biblia 261

leer las escrituras budistas (en voz alta) 262

leer libro sobre crianza 189

leer un libro 102

leer un libro a ~ 186

leer una revista mientras se arregla el pelo 173

lesionarse 126

lesionarse en el trabajo 163

lesionarse/morir en el trabajo 247

levantar el cuello de la camisa 71

levantar la barbilla 28

levantar la cabeza 16

levantar la mano 38

levantar las cejas 20

levantar las rodillas 52

levantar los brazos 35

levantar los talones 56

levantar[quitar] el trasero de la silla 48

levantarse 60, 101

levantarse (de ~) 60

levantarse de repente 60

levantarse de un salto 60

licuar ~ con licuadora 86

limpiar con el trapo[con un paño húmedo] 111

limpiar el arenero del gato 215

limpiar el balcón con agua 109

limpiar el baño 107, 111

limpiar el baño del gato 215

limpiar el pescado 81

limpiar el polvo de los marcos de las ventanas 111

limpiar el refrigerador 105

limpiar la bañera 107

limpiar la casa 111

limpiar la mesa 87, 104

limpiar la mesa con un paño de cocina 86

limpiar la tina de la avadora 108

limpiar las alfombrillas 243

limpiar los desechos del perro 215

limpiarse con el hilo dental 27

limpiarse el sudor de la frente 20

limpiarse el sudor de la frente con el dorso de la mano 40

limpiarse la boca 24

limpiarse la boca con el dorso de la mano 40

limpiarse la boca con la servilleta 89

limpiarse la nariz[los mocos] 23

limpiarse los dientes (con palillos) 27

llamar a un taxi Uber 232

llamar a una ambulancia 247

llamar al centro de atención al cliente 161

llamar al cliente 155

llamar al nombre 160

llamar al número 160

llamar al servicio [atención al cliente] 115

llamar un taxi 232

llamar un taxi con la aplicación[a través de una aplicación] 232

llamarle la atención a alguien 155

llegar tarde al trabajo 156

llenar el coche con gasolina 242

llenar el tanque 242

llenar la bañera 106

llenar uno mismo el tanque de gasolina del coche 242

llevar ~ 238

llevar ~ en el hombro 34

llevar a emergencias 247

llevar a la mascota a un hospital veterinario 214

llevar a la sala funeraria el ataúd para el entierro 140

llevar accesorios anillo 72

llevar accesorios aretes	72	
llevar accesorios collar	72	
llevar accesorios pulsera	72	
llevar al bebé en la espalda	184	
llevar al niño al pediatra para un chequeo (regular)	186	
llevar aparatos de ortodoncia	27	
llevar el cinturón de seguridad	236	
llevar el delantal de cocina	86	
llevar la gorra al revés	71	
llevar trenza	19	
llevar un ataúd en el coche fúnebre	140	
llevar una cola de caballo	19	
llevar una foto del difunto	140	
llevar una mochila	202	
llevar una urna funeraria	140	
llevar[tener] el anillo en el dedo	41	
llevar[usar] el sombrero	71	
llevar[usar] los guantes	72	
llevar[usar] los zapatos	72	
llevarse (bien) (con~)	149	
llorar	31, 148	
llorar de alegría[felicidad]	146	
llorar lágrimas de alegría[felicidad]	146	
llorar sin cesar	147	
lloriquear	31	
luchar con ~	149	
luchar por amor	151	

M

maldecir[insultar] a ~	147	
malversar	250	
manejar un correo como spam	224	
mano a mano	38	
mantener ~ congelado	80	
mantener ~ en el congelador	80	
mantener ~ en el refrigerador	80	
mantener alejado de ~	55	
mantener el cuerpo limpio	63	
mantener el equilibrio	62	

mantener el límite de velocidad	237	
mantener el paso con ~	54	
mantener la barbilla en alto	28	
mantener refrigerado	80	
mantener una distancia segura	237	
mantenerse caliente	64	
mantenerse en vigilancia nocturna	264	
maquillarse	107	
marcar el lugar del accidente	241	
marcar un sitio web	222	
marchar	264	
marchar a marchas forzadas	264	
marinado	82	
marinar	82	
masajear el cuello [de alguien]	30	
masajear las pantorrillas	53	
masajear las piernas	49	
masajear los dedos de los pies	57	
masajear los hombros de alguien	34	
masajear los pies	54	
masticar ~	88	
matar ~	253	
mejorar	64	
menospreciar	148	
menstruar	123	
meter cizaña entre A y B	149	
meter la cabeza en ~	70	
meter la mano en ~	39	
mezclar	83	
mirar con sospecha[recelo]	21	
mirar de reojo	21	
mirar disimuladamente	21	
mirar fijamente[ferozmente]	21	
mirar hacia abajo	22	
mirar hacia atrás en el espejo lateral	236	
mirar hacia atrás en el espejo retrovisor	236	
mirar por la ventana	102	
mirarse en el espejo	65	
moler	81	
moler la carne	81	
molestar	252	
montar en bicicleta	233	

montar en motocicleta 233

montar en patineta eléctrica 233

morderse la lengua 26

morderse las uñas (por nervios) 42

morderse los dedos de los pies 57

morderse los labios 25

mordisquear en ~ 89

morir 138

morir de enfermedad 138

morir en de vejez 138

morir en un accidente 138

morir por exceso de trabajo 247

morir solo 138

"mostrar la tarjeta de embarque y la identificación
en el torniquete" 235

mostrar teléfono inteligente a ~ 186

mostrar teléfono TV a ~ 186

mostrar una reacción 146

mostrar videos de YouTube a ~ 186

motivar a ~ 187

mover hacia atrás la cadera 48

mover las caderas hacia arriba y abajo 48

mover los dedos de los pies 57

mover los hombros hacia arriba y abajo 34

mover un bebé de la sala de partos a la
sala neonatal 181

mover[menear] la cabeza 16

mover[sacudir] las caderas 48

muerte solitaria 138

murmullar 24

N

nadar en el mar 207

nadar en la piscina del hotel 205

navegar por Internet 103, 221

nclinarse hacia atrás 61

negar con la cabeza 16

negarse a llevar a un pasajero 232

negarse a una prueba de alcoholímetro 240

negociar el salario anual 157

no dar pie ni patada 42

no mirar a alguien a los ojos 147

no mover ni un dedo 42

no pestañear[parpadear] 22

no poder concebir 182

no poder quedarse embarazada 182

no poder tener un bebé 182

no tiene sensibilidad en la pierna 125

O

obstruir la ejecución de los deberes oficiales 251

obtener ~ como un regatear el precio 170

obtener agua de un purificador de agua 114

obtener descuentos con una membresía 171

obtener un anticipo 158

obtener un carné de conducir 236

obtener un reembolso 176

obtener una copia del certificado de empleo 158

obtener una cuenta de correo electrónico
de la empresa 223

obtener una inyección 131

obtener una receta ~ 131

obtener[recibir] un bono 158

ocurrir una explosión 246

ofrecer comida 87

ofrecer el asiento a ~ 231

ofrecer una oración budista 262

olvidar algo en el bus 231

olvidar algo en el metro 231

olvidar algo en un taxi 231

orar 258

orar[rezar] en el hogar 260

ordenar algo a ~ 187

organizar cajones 111

organizar el armario 111

organizar la ropa 74

organizar la zapatera 111

organizar y doblar las sábanas 101

orinar 107, 123

P

pagar ~   172

pagar individual[cada quien lo suyo]   96

pagar la cuenta   96

pagar la tarifa del taxi (con tarjeta de crédito/efectivo)   232

pagar la tarifa nocturna de taxi   232

pagar mitad y mitad   96

pagar por ~   170

pagar por el envío   175

pagar por la comida   96

pagar por las bebidas   92

pagar por sexo   252

palmas juntas   40

palmear a alguien   34

palmear a alguien en la espalda   43

parar   54

parar en el acotamiento   237

pararse hombro con hombro   34

parlotear   26

parpadear los ojos   22

participar en un grupo de estudio de la Biblia   261

participar en una visita guiada   196

pasar [detenerse] en un área de descanso de la autopista   233

pasar ~   237

pasar el control de seguridad   197

pasar el puente de embarque del avión   234

pasar en la luz roja   238

pasar por caja   160

pasar por el control de inmigración del aeropuerto   197

pasar por el procedimiento de alta   135

pasar por el torniquete del metro   231

pasar por la aduana   197

pasar por un área de descanso en la carretera   195

pasar por un detector de metales   234

pasar por un lavado automático de coches   242

pasar por un proceso de hospitalización   132

pasar rato con ~   149

pasar un período de prueba   158

pasear al perro   214

patear a ~   54

patear a alguien en la espinilla   53

patear el pie   54

patear la colcha   101

patear por enfado   147

pedir ~ hacer tareas dómesticas   187

pedir ~ limpieza en seco   74

pedir ~ para llevar   96

pedir ~ para tomar una foto de ...   196

pedir ajustar el ancho[pecho] de la ropa   75

pedir ajustar el largo del pantalón/de la falda/de la manga   75

pedir ayuda a una azafata   235

pedir comida por la aplicación   96

pedir comida por teléfono   96

pedir en el quiosco   92

pedir entrega de los productos comprados   171

pedir información de viaje en el centro de información turística   195

pedir la cuenta   96

pedir la lista de vinos   94

pedir más[extra] comida   95

pedir matrimonio   151

pedir servicio de habitaciones (para ~)   205

pedir un precio más bajo (소비자가)   170

pedir un presupuesto para reparar la casa   116

pedir una bebida   92

pedir una cita a ~   150

pedir una recomendación del menú   94

pedir una repetición   211

pedir[ordenar] la comida   94

pedur ~ en...   175

pegar   222

pegar[golpear] en el muslo de alguien   51

pegarle a alguien en la palma   40

pegarse en la pantorrilla   53

pegarse uñas de pegatinas en las uñas de los dedos   174

pegarse uñas postizas de gel   174

peinarse   18, 106

peinarse con el secador   173

peinarse con la raya a la izquierda/derecha 19

peinarse en la peluquería 18

peinarse[cepillarse] el pelo 18

peinarse[hacerse] el pelo 106

pelar 81

pelearse con ~ 149

pellizcar la mejilla de alguien 29

pellizcarse el muslo 51

pellizcarse el muslo para ver si está soñando 51

pensar profundamente 17

perder el equilibrio 54

perder en una elección 257

perder grasa del abdomen 45

perder la conexión de Internet(red) 221

perder la paciencia 147

perder los estribos 147

perder pelo 19

perder peso 136

perder un autobús 230

perder un tren 230

perder/arruinar la salud 64

perderse en las montañas 203

perforarse las orejas 28

persignarse 258

pesar[medir] ~ con una báscula de cocina 86

pesarse todos los días 137

picar 81

picar finamente 81

piernas entumecidas 125

pintar al óleo 212

pintar con [en] acuarelas 212

pintar un bodegón 212

pintar un cuadro 102

pintar un paisaje 212

pintarse las uñas 42

pintarse las uñas de los pies 57

pisar algo con el pie 54

pisar el freno 237

plagiar ~ 251

planchar 112

planchar la ropa 74

planear un viaje 194

planificar la comida de una semana 112

planificar una dieta 136

plantar árboles 110

plantar flores 110

plantar germinado de arroz 164

plantar las cenizas directamente debajo de un árbol 140

plantar semilleros 164

plantar una plántula[planta de semillero] 165

podar[cortar] el césped 110

polarizar los vidrios del coche 243

poner [cargar] los productos comprados en el maletero de un coche 171

poner ~ en el almacén 109

poner ~ en el congelador 80

poner ~ en el mueble 80

poner ~ en el refrigerador 80

poner al bebé a dormir 184

poner al bebé en el andador 185

poner al bebé en el cochecito 184

poner bozal al perro 215

poner el cadáver en un ataúd 139

poner el cerebro a trabajar 17

poner el césped en el jardín 110

poner el codo en ~ 37

poner el delantal de cocina 86

poner el equipaje en el compartimento superior del asiento 235

poner el estetoscopio en la espalda 44

poner el estómago boca abajo 45

poner el lavavajillas 105

poner el mosquitero 204

poner el nombre en la lista de espera 94

poner el teléfono móvil en modo vibración/silencio 210

poner gasolina en el coche 242

poner la aspiradora 111

poner la cara roja 31

poner la comida en el plato y comer 87

poner la cuchara y los palillos en la mesa 94

poner la mesa 87

poner la papeleta en una urna 256

poner la ropa en la lavadora 73, 108

poner la ropa en la secadora	74, 76
poner las manos en la cintura	40
poner los brazos sobre los hombros	34
poner los ojos en blanco	21, 31
poner los platos en el lavavajillas	105
poner nuevo piso laminado	117
poner nuevo piso vinílico	118
poner papel tapiz nuevo (en una habitación)	117
poner puntos	128
poner un recipiente en el lavavajillas	86
poner un sitio web en la lista de favoritos	222
poner un toldo	204
poner una bolsa caliente en ~	127
poner una bolsa fría en ~	127
poner una cámara en un trípode	213
poner una tirita en ~	126
poner[colgar] ~ en el armario	74
ponerle correa[pechera] al perro	214
ponerle el babero al bebé	185
ponerse ~	101, 172
ponerse a dieta de régimen alimentario	136
ponerse accesorios anillo	72
ponerse accesorios aretes	72
ponerse accesorios collar	72
ponerse accesorios pulsera	72
ponerse bien	64
ponerse botas de senderismo	202
ponerse celoso	148
ponerse colorado	29
ponerse de acuerdo	24
ponerse de pie	60
ponerse de puntillas	60
ponerse de rodillas con ~	52
ponerse derecho[de pie]	60
ponerse el abrigo en el hombro	72
ponerse el anillo en el dedo(동작)	41
ponerse el cinturón	44
ponerse el dedo en los labios	25
ponerse el pantalón en la pelvis	48
ponerse el sombrero	71
ponerse en contacto con la compañía de seguro de coches	241
ponerse en cuclillas	62
ponerse la falda en la pelvis	48
ponerse la ropa	70
ponerse la ropa de trabajo	162
ponerse los guantes	72
ponerse los zapatos	72
ponerse ropa de senderismo	202
ponerse sombrero de senderismo	202
ponerse un antifaz para dormir	100
ponerse un empaste de oro	27
ponerse/quitarse el pijama	101
ponerse[colocar] gemelos	71
ponerse[meterse] el brazo en la manga	70
ponerse[usar] una bufanda alrededor del cuello	71
postularse para la reelección	257
preguntar a ~ salir	150
preguntar por el precio (de ~)	170, 172
preguntar por la talla	172
preguntar sobre productos	170
prender fuego a ~	253
preocuparse sobre ~	17
preparar el almuerzo	104
preparar la mesa	104
preparar[hacer] café con una cafetera	86
presentar el pasaporte y el billete de avión	172
presentar un informe del trabajo	154
presentar un procedimiento civil contra ~	254
presentar un procedimiento de divorcio a ~	254
presentar un procedimiento penal contra ~	254
presentar una disculpa por escrito con la explicación	156
presentar una propuesta del proyecto	154
presentarse como candidato a alcalde	257
presentarse como candidato a parlamentario	257
presentarse como candidato a presidente	257
presionar el botón de inicio	76
presionar el botón para bajar del autobús	231
presionar el botón STOP en el autobús	231
previsualizar un correo electrónico	224
probarse ~	172
procesar [manejar] el pedido incorrecto	160

procesar ~   254

producir   167

producirse un incendio en el metro   246

programar la temperatura de la secadora   76

programar una cirugía   132

programar una cita para el próximo tratamiento   135

proponerse   151

proporcionar información o un consejo   161

publicar ~ en Facebook   225

publicar ~ en Instagram   225

publicar ~ en Twitter   225

publicar comentarios/subir fotos en + SNS + 이름   103

publicar fotos de viajes y reseñas en las redes sociales/el Blog   197

publicar reseñas negativas   225

publicar un comentario en un vídeo de YouTube   198

publicar una reseña con fotos.   176

publicar[dejar] una pregunta al vendedor   176

~ puntos   128

Q

quebrarse[romperse] las uñas   42

quedar atrapado en un punto de control de alcoholemia   240

quedarse adentro   148

quedarse atrapado en un edificio colapsado   246

quedarse dormido   100

quedarse dormido al volante   239

quejarse de la comida   95

quemarse   247

quitar el mosquitero   204

quitar la bañera e instalar   118

quitar la bañera e instalar una cabina de ducha   118

quitar la ropa del tendedero   108

quitar[cortar] la parte podrida   81

quitar[retirar] puntos después de una cirugía   134

quitarle la grasa a la carne   80

quitarse cera de la oreja   28

quitarse el anillo del dedo   41

quitarse el sombrero   71

quitarse la ropa   70

quitarse la vida   138

quitarse las uñas de pegatinas   174

quitarse los guantes   72

quitarse los zapatos   72

quitarse un diente   27

quitarse uñas de gel   174

R

rallar   81

rascar con las uñas   42

rascarse el trasero   48

rascarse la cabeza   17

rascarse la espalda   44

rascarse la nariz   23

rascarse la planta del pie   56

rascarse las piernas   49

raspadura en la rodilla   126

rasparse la espinilla   53

rastrear un paquete   176

rastrillar las hojas   111

ratear   250

reaccionar   146

realizar compras de alimentos   112

realizar el pago   175

realizar labores de socorro en las zonas de desastre   265

realizar un control de protección   162

realizar un control de seguridad   162

realizar un homenaje[rito ancestral]   141

realizar una elección   256

realizar una elección presidencial   256

realizar[celebrar] un funeral   139

rebanar   81

rebanar la carne   95

rebasar a otro vehículo   236

recargar la tarjeta del transporte   230

rechazar el brazo de alguien	36	reclutar nuevos empleados [trabajadores]	158
rechazar la mano de alguien	39	recoger el equipaje en el área de recogida de equipaj	197
rechinar los dientes	27	recoger los artículos en la ventanilla de entrega del aeropuerto	172
rechinar los dientes al dormir	100	recoger tu pedido de bebida	92
recibir cantidad por adelantado	158	recoger verduras	110
recibir [contestar] llamada	161	reconciliarse	150
recibir acupresión	127	reconciliarse con ~	149
recibir alineación de llantas	243	recortar el salario	157
recibir ayuda del gobierno por tener un bebé	182	recortarse el pelo	173
recibir catequesis	261	recostarse	43
recibir dividendos	167	recostarse en la silla	61
recibir el botón dorado	226	recuperarse	64
recibir el botón plateado	226	recuperarse después de una cirugía	134
recibir el cambio	232	redecorar la casa	116
recibir el salario	157	redirigir un correo electrónico	223
recibir entrenamiento de reclutamiento	263	reducir el vientre[barriga]	45
recibir manutención infantil	186	reducir la grasa corporal	137
recibir primeros auxilios	128	reducir/aumentar el fuego del gas	85
"recibir reembolso del depósito de la tarjeta desechable del transporte"	230	reemplazar anticongelante [refrigerante]	243
recibir reparaciones de ~	115	reemplazar con luces LED	119
recibir servicio al cliente de ~	115	reemplazar el aceite de los frenos	243
recibir tratamiento de emergencia	128	reemplazar el aceite del motor	243
recibir tratamiento médico	129	reemplazar el cabezal de la ducha	118
recibir tratamiento médico en ~	126	reemplazar el calentador	117
recibir tratamiento para quitar la piel muerta de los pies	174	reemplazar la tubería de agua	118
recibir un certificado de elección	257	reemplazar las luces fluorescentes por luces LED	119
recibir un masaje	173, 206	reemplazar los azulejos del baño	118
recibir un préstamo	167	reemplazar los marcos de las ventanas	118
recibir un recibo	232	reflejar la pantalla desde el teléfono inteligente hasta la televisión	220
recibir un servicio de bebidas	235	regañar (a) ~	155, 187
recibir una carta de consuelo	265	regar en arrozales	164
recibir una inyección IV(intravenosa)	135	regar flores	109, 110
recibir una transfusión de sangre	134	regar plantas	109, 110
recibir[aplicarse] acupuntura	127	regar vegetales	109
recibir[contestar, tomar] una llamada[el teléfono]	155	regar verduras	110
recibir[obtener] pago de horas extras	156	regatear el precio	170
reclamar al vendedor por el retraso de la entrega	176	registrar con código QR	93
reclinarse hacia atrás	43, 61	registar[buscar] el cuerpo de alguien	65
		registrar equipaje	234

registrar la entrada con tarjeta	154	reservar una entrada para una obra de teatro	208
registrar la llegada en ~	195	reservar una habitación de Airbnb	194
registrar la llegada en un hotel	205	reservar una habitación de hostel	194
registrar la mascota	214	reservar una habitación de hotel	194
registrar la salida con tarjeta	154	reservar una mesa para ~ (personas)	94
registrar la salida en ~	195	respaldarse	43
registrar salida en hotel	205	respetar las señales de tráfico	238
registrarse como candidato	257	respetar/ignorar las reglas de circulación	238
registrarse con códigos QR	96	responder [recibir] una llamada (teléfono)	218
registrarse en un sitio web	221	responder una encuesta de opinión	
regresar de la pesca	166	responder a las consultas de los clientes	160
regresar de un viaje	197	responder a las quejas de los clientes	160
reír	31	responder a un correo electrónico	155, 223
reírse	148	responder las necesidades del cliente	160
reírse de ~	31	retirar las costras de ~	128
relajarse	64	retirarse de ~	55, 159
rellenar anticongelante [refrigerante]	243	retocar una foto	213
remendar el calcetín	75	retocarse las uñas de los pies	57
remodelar la casa	116	retroceder	236
remodelar una camioneta en una autocaravana	204	revisar [inspeccionar] la máquina	162
remojar el arroz en el agua	80	revisar las reseñas de buenos restaurantes	196
remojarse los pies (en agua tibia)	54	revisar un coche	242
remover	83	revisar/reemplazar llantas	243
renovar el piso	117	revisaraceite de frenos	243
renovar un carné de conducir	236	revisaraceite de motor	243
renunciar	158	revolver	83
renunciar (a una empresa)	159	rezar	258
reparar redes de pesca	166	rezar con el rosario	262
reparar[renovar] la casa	116	rezar el rosario	258
reportar la muerte de alguien	140	rezarle a Buda	262
reservar entradas para el cine	208	ridiculizar	31, 148
reservar un billete de autobús (hacia ~)	194	robar ~	250
reservar un billete de autobús express	233	robar B de A	250
reservar un billete de avión (hacia ~)	194	robar una cartera	250
reservar un billete de tren (hacia ~)	194, 233	rociar sobre ~	74
reservar un ferry	235	rocoger ~	238
reservar un vuelo de avión	234	rodar los ojos	31
reservar una entrada de cine en línea	208	rodilla raspada	126
reservar una entrada de una exposición	212	romper con ~	150
reservar una entrada para un concierto	211	romper la ley	254
reservar una entrada para un musical	208	romper un huevo	84

romperse la pierna 50

romperse un hueso 128

rompió aguas 181

roncar 23, 100

S

sacar ~ con la cuchara 88

sacar ~ del almacén 109

sacar ~ del congelador 80

sacar ~ del refrigerador 80

sacar arroz con una espátula de arroz 87

sacar el auto del estacionamiento[aparcamiento] 110

sacar el vientre 45

sacar fotografías 213

sacar la cabeza 16

sacar la lengua (a ~) 26

sacar la mano de ~ 39

sacar la red 166

sacar la ropa 108

sacar la ropa de la lavadora 73, 76, 108

sacar la ropa de la secadora 74

sacar pus de ~

sacar y meter la lengua hacia adentro y afuera 26

sacar[arrancar, quitar] una cana 18

sacar[arrancar] las malas hierbas 165

sacarle fotos a la comida 95

sacudir la ropa (de la lavadora) 73

sacudir los hombros 34

sacudir[mover] el cuerpo 61

sacudir[mover] la pelvis 48

sacudirse el trasero 48

salado 82

salar 82

salir a tomar fotos 213

salir al mar 166

salir con ~ 149, 150

salir de la oficina 154

salir de la tienda de campaña 204

salir del hospital 135

salir del trabajo 154

salirse de la cama 101

saltar anuncios en YouTube 227

saltarse la cena 136

saltarse[pasarse] una parada para bajar 231

saltear 83

saludar 263

saludar a clientes 160

saludar a los antepasados y cuidar sus tumbas 141

saludar con grandes aplausos 146

saludar con la mano 38

santiguarse 258

sazonado 82

sazonar 82

scold regañar 147

secar el arroz con un secador 164

secar la ropa 74

secarse el pelo 18, 106, 173

secarse el pelo con el secador 115

secuestrar a ~ 253

seguir ~ en Facebook 225

seguir ~ en Instagram 225

seguir ~ en Twitter 225

seguir la ley 254

seguir la ruta de senderismo 203

seguir recto 236

seleccionar el ciclo de lavado 76

seleccionar la lavadora 76

seleccionar productos defectuosos 162

seleccionar que beber 92

seleccionar un asiento en el autobús express 233

seleccionar un asiento en el tren 233

sembrar semillas 165

señalar con el dedo 41

sentarse con las piernas abiertas 49

sentarse con las piernas cruzadas 49

sentarse con las piernas cruzadas en el suelo 49

sentarse en el asiento para mujeres embarazadas 231

sentarse en un asiento prioritario 231

sentarse respaldado en la silla 61

sentenciar	255
sentir ardor en los ojos	124
separar basura reciclable	112
separar la ropa blanca y de color	73
separar la ropa para lavar	73
separar ropa blanca y de color	108
sepultar a un difunto	140
ser amigable	
ser anestesiado	133
ser arrestado	250
ser ascendido[promovido]	159
ser ascendido[promovido] a ~	159
ser asignado a una unidad de combate	263
ser atropellado por un vehículo	246
ser bautizado	259
ser condenado a una multa	255
ser confinado [encerrado] en la cárcel	265
ser dado de alta del hospital	135
ser dado de baja (del servicio militar)	265
ser declarado culpable	254
ser declarado inocente	254
ser despedido	159
ser detenido por conducir ebrio	240
ser encadenado a ~	55
ser ingresado en el hospital	132
ser invitado al estreno de una película	209
ser liberado bajo fianza	255
ser madrina	259
ser maestro de la escuela dominical	261
ser maquillado	173
ser multado	255
ser padrino	259
ser perdonado	255
ser puesto en libertad condicional	255
ser reducido [conmutado] a ~	255
ser sentenciado a ~ años en prisión	255
ser sentenciado a cadena perpetua	255
ser sentenciado a libertad provisional	255
ser sentenciado a muerte	255
ser todo oídos	148
ser transportado a un hospital militar	265
ser trasladado a la sala de recuperación/ a la sala general después de la cirugía	134
ser trasladado al quirófano	132
serviceasistir a la misa temprano en la mañana	260
servir ~	89
servir ~ con un cucharón	87
servir en el ejército	263
sigue masticando ~	88
sincronizar el smartphone con PC	220
sobornar ~	250
sobresalir la lengua (de un perro)	26
solicitar la recolección de residuos de electrodomésticos	115
solicitar manutención infantil	186
solicitar un plato extra	95
solicitar un plato individual	95
solicitar una fianza	255
solicitar[llamar] un empleado[camarero]	94
sollozar	31
soltarse el pelo	19
someterse a una cirugía de abdomen abierto	133
someterse a una cirugía de tórax abierto	133
someterse a una cirugía endoscopia	133
someterse a una cirugía laparoscópica	133
sonar el timbre	92
sonarse la nariz	23
sonreír	31
sonrojarse	29, 31
soplar en sus manos	40
soplar en un alcoholímetro	240
soportar [tolerar] el dolor	124
sorberse la nariz	23
sostener al bebé	184
sostener la barbilla en la mano	28
subastar la captura en el mercado de pescado	166
subir [publicar] una publicación en el blog	225
subir documentos para la aprobación (a alguien	154
subir un vídeo a [en] YouTube	199, 226
subir/bajar la rampa del avión	234

subirse a un avión	234
subirse a un taxi	230
subirse al autobús	230
subirse al metro	230
subirse la cremallera de ~	70
subirse la cremallera del pantalón	70
sudar	122
sufrir de anorexia	136
sufrir de SPM (síndrome premenstrual)	123
sufrir el síndrome del trastorno de estrés postraumático (TEPT)	247
sufrir erupciones volcánicas	249
sufrir fuertes lluvias/inundaciones	248
sufrir incendios forestales	249
sufrir polvo amarillo/polvo fino	249
sufrir por una ola de calor	248
sufrir por una ola de frío	248
sufrir sequía	249
sufrir un accidente laboral	247
sufrir un accidente médico	247
sufrir un desastre natural	248
sufrir un socavón	249
sufrir un terremoto/tsunami	249
sufrir un tifón	248
sufrir una avalancha de nieve/avalancha de tierra	248
sufrir una fuerte nevada	248
suicidarse	138
sujetar las rodillas	52
sumergirse en una [la] bañera	63
surfear	207
suscribirse a Netflix	199
suscribirse a un canal de YouTube	198, 227
suturar una herida	128

T

tambalearse	62
taparse las orejas	28
taparse[cubrirse] los ojos	22
temblar las manos	40, 62
temblar los labios	25

tener [criar] una gato	214
tener [criar] una mascota	214
tener [criar] una perro[cachorro]	214
tener ~ semanas/meses de embarazo	180
tener algo para ~	150
tener altas expectativas	150
tener anorexia	136
tener ansiedad en las piernas	49
tener cien mil/un millón de suscriptores	226
tener cólicos menstruales	123
tener comezón en los ojos	124
tener contracciones	181
tener diabetes gestacional	180
tener dolor de cabeza	124
tener dolor de espalda	124
tener dolor de estómago	45, 124
tener dolor de muelas	124
tener dolor en ~	124
tener dolor menstrual	123, 124
tener dolores de parto	181
tener el bebé antes de lo esperado	182
tener el carné revocado	240
tener el carné suspendido	240
tener el coche remolcado	239
tener el pelo teñido	18
tener el periodo[la regla]	123
tener el vientre[barriga] abultado	45
tener hambre	45
tener hipertensión gestacional	180
tener hipo	122
tener inspección de seguridad	197
tener la licencia revocada	240
tener la licencia suspendida	240
tener la nariz tapada	124
tener la pierna amputada	50
tener la pierna rota	50
tener las monedas listas	76
tener las piernas entumecidas	50
tener las rodillas raspadas	52
tener legañas en los ojos	122
tener los hombros rígidos	124
tener malestar en la articulación	125

tener malestar en la pierna 125

tener malestar en la rodilla 125

tener más de ~ vistas 226

tener náuseas matutinas 180

tener palabras con ~ 149

tener picazón en los ojos 124

tener quemaduras por todo mi cuerpo 247

tener rabietas 186

tener sed 123

tener sentimientos por ~ 150

tener sueño 123

tener tanto sueño que uno no puede mantener los ojos abiertos 123

tener un accidente 246

tener un accidente automovilístico [accidente de tráfico] 241

tener un accidente de trabajo 163

tener un bebé 180

tener un blog 225

tener un calambre en la pierna 50

tener un callo en la planta del pie 56

tener un choque 246

tener un desayuno buffet 206

tener un día libre 137

tener un efecto yoyo[rebote] 137

tener un ligue con ~ 150

tener un neumático pinchado 241

tener un parto difícil 182

tener un régimen alimenticio 136

tener un servicio de adoración local 260

tener un tutor ~ 188

tener una amarga experiencia 23

tener una ampolla en la planta del pie 56

tener una cena[reunirse] (con compañeros del trabajo) para cenar o tomar algo 157

tener una charla 93

tener una cirugía [operación de ~] 133

tener una cita con ~ 149, 150

tener una comida 87

tener una cuenta de Facebook 225

tener una cuenta de Instagram 225

tener una cuenta de Twitter 225

tener una discusión con ~ 149

tener una férula[un yeso] en la pierna 50

tener una fiesta de primer cumpleaños 186

tener una herida en 17

tener una nariz que moquea 122

tener una quemadura 247

tener una quemadura de primer grado 247

tener una quemadura de segundo grad 247

tener una quemadura de tercer grado 247

tener una rabieta 147

tener una reunión 154

teñirse el pelo 107, 173

teñirse[pintarse] el pelo 18

terminar de trabajar 154

terminar una relación con alguien 151

testificar 254

tiene contracciones [dolores de parto] cada ~ minutos 181

tirar de la oreja (de alguien) 28

tirar del brazo de alguien 36

tirar la basura 112

tirar la basura reciclada 112

tirar la red 166

tirar un cuerpo 253

tirarse del pelo en desesperación 19

tirarse un pedo 122

tocar con el dedo a ~ 41

tocar el claxon 237

tocar el piano 102, 211

tocar el suelo con la frente 43

tocar la frente (para sentir si [alguien] tiene fiebre) 20

tocar la guitarra 102, 211

tocar un instrumento musical 211

tocarse la barbilla 28

tocarse la frente 20

tolerar algo con dificultad 26

tomando el café 93

tomar [realizar] una encuesta de opinión 257

tomar [responder] una encuesta de opinión 257

tomar ácido fólico 180

tomar analgésico 125

tomar antibióticos 125

tomar antigripal	125
tomar asiento	210
tomar asiento en el autobús	231
tomar asiento en el metro	231
tomar digestivos	125
tomar el caldo	88
tomar el pedido	160
tomar el seguimiento necesario	161
tomar foto del modelo	213
tomar foto del producto	213
tomar fotos	213
tomar fotos con una cámara de rollo	213
tomar fotos de ~	196
tomar fotos en blanco y negro	213
tomar incapacidad (descanso por maternidad/ paternidad)	185
tomar la mano de alguien	38
tomar la presión arterial	129
tomar la temperatura corporal	129
tomar lecciones de conducción	236
tomar medicina	125
tomar medicina de ~	125
tomar medicina líquida	125
tomar medicina[pastillas]	135
tomar pastillas	125
tomar pastillas de hierro	180
tomar pastillas en polvo	125
tomar somnífero	125
tomar supresor de apetito	137
tomar un autobús	230
tomar un autobús de dos pisos	230
tomar un autobús express	230
tomar un baño caliente/frío	63
tomar un baño de arena	207
tomar un baño de la parte inferior del cuerpo	63
tomar un baño de la parte inferior del cuerpo en la bañera	206
tomar un barco	234
tomar un descanso	102, 163
tomar un día por enfermedad	156
tomar un metro	230
tomar un paquete turístico	192
tomar un pase de lista	263
tomar un refresco mientras ve una película	210
tomar un taxi	230, 232
tomar un tiempo de oración	261
tomar un tren	230
tomar una ducha de aire	162
tomar una ducha para quitarse la sal	207
tomar una foto como evidencia de la votación	256
tomar una prueba de IQ (coeficiente intelectual)	189
tomar vacaciones [un día libre, tiempo libre remunerado]	156
tomar vacaciones anuales	156
tomar~	93
tomarse el pulso	129
tomarse un baño	63
torcer el brazo de alguien	36
torcer la cintura	44
torcerse en el tobillo	55, 128
torcerse la cintura	44
torcerse la muñeca	38, 128
toser	122
tostar	85
trabajar a tiempo parcial [media jornada]	167
trabajar como prostituta	252
trabajar en un día festivo	156
trabajar horas extras	156, 163
trabajo en dos turnos	162
trabajo en tres turnos	162
traficar con drogas	252
tragar ~	88, 89
tragar ~ rápidamente	88
transbordar de A a B	231
transcribir la Biblia	261
transferir ~ a otra escuela	189
transferir una llamada	155
transferir una llamada al departamento a cargo	161
transmitir en vivo en YouTube	198, 226
transmitir una canción	211
tratar ~ como realeza	146
tratar como un VIP	146

tratar de concebir [quedar embarazada] naturalmente 183

tratar los dientes 27

tronarse los nudillos para hacer un sonido 42

tropezar 54

tropezar con ~ 54

tropezar con alguien 50

tuitear 225

U

un taxista apaga el taxímetro 232

un taxista presiona [inicia] el taxímetro 232

unirse [registrar] en Facebook 225

unirse [registrar] en Instagram 225

unirse [registrar] en Twitter 225

unirse a un club de escalada 202

untar (mantequilla, mermelada) 84

usar cepillos interdentales 106

usar el baño 93, 96

usar el bozal 215

usar el buffet del hotel 195

usar el cerebro 17

usar el gimnasio del hotel 205

usar el lavavajillas 86

usar esperma de un banco de esperma 183

usar Facebook 225

usar guantes 162

usar hilo dental 106

usar Instagram 225

usar Internet con un teléfono inteligente 219

usar Internet inalámbrico 221

usar la lavadora 73

usar máscara 162

usar molde de galletas 84

usar placa de identificación 263

usar puntos [bonificación/recompensa] 175

usar redes sociales 103

usar ropa a prueba de polvo 162

usar Twitter 225

usar un bidé 107

usar un brazalete electrónico en tobillo 55

usar un camino rodante[una cinta] desplazadora 171

usar un cuchillo 88

usar un número de seguridad 175

usar un sombrero profundo 71

usar un tenedor 88

usar un velo 259

usar una aplicación [app] 219

usar una cuchara 88

usar una férula[un yeso] en ~ 127

usar una máquina de coser 75

usar una trasplantadora de arroz 164

usar unos palillos 88

usar zapatos a prueba de polvo 162

utilizar el cepillo interdental 27

utilizar la banca móvil 220

utilizar la banca por Internet 222

V

vaciar el basurero 112

vaciar la papelera 224

vacunar a la mascota 214

vacunar a un niño 186

vacunarse 131

vacunarse contra ~ 131

vaporizar 82

vender 167

venir a visitar 265

ver el anuncio antes de la película 210

ver hasta el final hasta los créditos 210

ver la televisión 103, 198

ver Netflix 103, 199

ver películas 103

ver películas en IPTV 209

ver películas en Netflix 209

ver programas de televisión a través de servicios de trasmisión de vídeo bajo demanda (VOD) 198

ver programas de TV/películas/ documentales en Netflix 199

ver transmisión en vivo de YouTube 227

ver un musical 208

ver un partido de baloncesto 200

ver un partido de béisbol 200

ver un partido de fútbol 200

ver un partido de voleibol 200

ver un vídeo de YouTube 227

ver un vídeo de YouTube a una velocidad
de 1.25x/1.5x 227

ver una obra de teatro 208

ver una película 208

ver una película en el autocine 209

ver una película en el teatro 208

ver una película en IPTV 198

ver una película matutina 208

ver una película nocturna 208

ver una transmisión en vivo en YouTube 198

ver vídeos en YouTube 103, 198

ver[revisar] vídeos de la caja negra 239

verificar el número en la pantalla
electrónica 92

verter 84

verter agua en un vaso 94

vestirse 65, 70

viajar (a ~) 192

viajar ~ en autobús 194

viajar ~ en avión 194

viajar ~ en tren 194

viajar al extranjero 192

viajar en un crucero 192

viajar por ... días y ~ noches 192

violar 252

visitar la tumba de ~ 141

vivir [quedarse] en el dormitorio de la
fábrica 163

voltear 83

voltear la carne 95

volver a alistarse 265

votación anticipada 256

votar 256

votar anticipadamente 256

votar en una papeleta 256

votar por ~ 256

Y

yo-yo/rebote 137

YOU'RE A WINNER!